판타스틱
한국사
4

 조각난 정보 읽기에 지친
우리 아이를 위한 **통 한국사**

각종 별면과 팁, 각주 등 흩어져 있는 역사 정보를 하나의 이야기로 읽는다.

 오른쪽 왼쪽에 치우치지 않고
생각의 길을 열어 주는 **균형 잡힌 한국사**

역사적 사실을 사실 그 자체로 전하여 편향된 역사관을 심어 주지 않고 스스로 생각할 수 있는 힘을 길러 준다.

 한·중·일을 아우르며 하나로 읽는
세계 속 한국사

우물 안 개구리가 아니라, 동아시아와 세계사 속 한국을 함께 알아보는 〈생생 한중일 역사 토론〉이 진지하게 펼쳐진다.

음악, 영화, 미술, 건축, 문학, 시조 등
역사 읽기의 즐거움이 있는 **융합 한국사**

융합과 통합 교육의 시대에 역사 또한 그 흐름에 따라 분야를 넘나들며
생동감 넘치는 서술로 다각적이고 입체적인 역사 교육을 추구한다.

따로 또 같이 하루에 한 단원씩
읽어 가는 **매일매일 한국사**

방대하고 양이 많은 한국사 어떻게 읽어야 할까?
매일매일 시대별로 일주일씩 30일간 이어지는 한국사 이야기를 따라
옛이야기를 읽듯 차근차근 한 편씩 읽다 보면, 구슬을 꿰듯
하나로 이어지는 한국사와 만나게 된다.

전쟁사, 정치사, 경제사, 생활사,
현장 답사까지 **두루두루 한국사**

전쟁과 정치에 국한된 딱딱한 한국사가 아니라 귀족과 서민들의 생활사,
대중문화, 역사의 현장을 돌아보는 현장 답사 길잡이까지
생생한 한국사와 만난다.

판타스틱 한국사 4

초판 1쇄 발행 2018년 3월 20일 ＼**초판 2쇄 발행** 2019년 12월 1일
지은이 이광희 ＼**감수자** 정태윤 우현주 ＼**그린이** 이경국
펴낸이 이영선
책임편집 김문정
편집 강영선 김선정 김문정 김종훈 이민재 김연수 이현정 ＼**디자인** 정경아
독자본부 김일신 김진규 정혜영 박정래 손미경 김동욱
펴낸곳 파란자전거 ＼**출판등록** 1999년 9월 17일(제406-2005-000048호)
주소 경기도 파주시 광인사길 217(파주출판도시) ＼**전화** (031)955-7470 ＼**팩스** (031)955-7469
홈페이지 www.paja.co.kr ＼**이메일** booksea21@hanmail.net

ⓒ 이광희 · 파란자전거, 2018
ISBN 979-11-88609-04-8 74910
　　　979-11-86075-90-6 (세트)
이 도서의 국립중앙도서관 출판예정도서목록(CIP)은 서지정보유통지원시스템 홈페이지(http://seoji.nl.go.kr)와
국가자료공동목록시스템(http://www.nl.go.kr/kolisnet)에서 이용하실 수 있습니다.(CIP제어번호: CIP2018005637)

※ 사진을 제공해 주시고 게재를 허락해 주신 분들께 감사드립니다. 일부 저작권자를 찾지 못한 사진에 대해서는
　확인되는 대로 정해진 절차에 따라 사용료를 지불하겠습니다.

파란자전거는 도서출판 서해문집의 어린이 책 브랜드입니다. 페달을 밟아야 똑바로 나아가는 자전거처럼
파란자전거는 어린이와 청소년이 혼자 힘으로도 바르게 설 수 있도록 도와줍니다.

어린이제품안전특별법에 의한 제품 표시
제조자명 파란자전거 ＼**제조년월** 2019년 11월 ＼**제조국** 대한민국 ＼**사용연령** 만 10세 이상 어린이 제품

시대가 보이고
세계가 열리는

판타스틱 한국사 ④

개항 이후부터 일제 강점기까지

이광희 지음 정태윤 우현주 감수 이경국 그림

파란자전거

감수의 말

나의 삶으로 연결되는 역사를 배우다

　이 책의 감수를 맡은 저는 지금 다섯 살 딸아이를 둔 아빠입니다. 요즘 아이가 '캐리와 장난감 친구들'이라는 영상을 즐겨 봅니다. 그 영상은 '캐리'라는 이름을 가진 어른이 장난감을 가지고 노는 법을 알려 줍니다. 단순히 어떻게 사용하는가를 설명하는 것이 아니라 장난감에 생명을 불어넣어 서로 대화를 합니다. 영상을 다 본 후 아이는 꼭 비슷한 장난감을 가지고 와 놀아 달라고 합니다. 여기에서 새로운 것을 깨달았습니다.
　'아이들은 장난감을 원한 것이 아니라 이야기에 흥미를 갖은 것이구나!'
　아이들은 이야기에 빠져듭니다. 나뭇가지에도 역할을 부여하고 말을 시작하면 아이들은 재미있어합니다. 역사를 배우는 방법도 마찬가지입니다. 딱딱한 역사에 사람이 들어가고 대화를 하기 시작하면 아이들은 흥미를 갖게 됩니다. 이러한 점에서 외계에서 온 토리가 역사 분야 작가인 이 작가에게 한국사 수업을 받는다는 설정의 《판타스틱 한국사》는 아이들이 역사를 재미있게 배울 수 있는 조건을 갖추고 있습니다. 아이들은 마치 주인공 토리가 된 것으로 생각해 책에 푹 빠져들 수 있습니다. 게다가 우주라는 미지의 공간에 대한 호기심은 상상력을 더욱 자극합니다. 토리는 자신의 과거를 숨기려고 하는데, 이 작가에 의해 비밀이 하나씩 드러납니다. 토리가 어떤 외계인인지 알고 싶어서라도 아이들은 책을 놓지 못할 것입니다. 책을 끝까지 읽지 않는 습관을 가진 아이를 둔 부모님은 아이가 끝까지 역사책을 읽는 놀라운 광경을 기대하셔도 좋습니다.

역사를 학습하는 방법은 여러 가지가 있습니다. 연표를 통해 시간의 흐름을 파악하고, 영웅들을 통해 교훈을 얻고, 과거의 삶과 지금을 비교하기도 합니다. 저는 중학교, 고등학교에서 10년간 역사 교사로 생활을 하면서 수업에 대한 고민을 놓지 못했습니다. 초임 때는 교과서 내용을 요약하고 구조화하여 효율적으로 전달하려고 노력했습니다. 이 방법은 시험을 잘 보게 하는 데는 유리하지만 역사를 자신의 삶과 연결시키기는 힘듭니다. 어차피 역사란 과거 사람들이 어떻게 살았는가에 대한 이야기이기 때문에 현재 나의 삶과 관련이 있어야 도움이 됩니다. 지금은 이러한 생각을 수업에 반영하기 위해 학생들에게 질문을 받고 서로 대화하는 시간을 많이 갖습니다.

토리와 이 작가는 단순히 교사-학생의 수직적인 형태가 아니라 서로 대화하는 관계입니다. 토리는 단순히 학습자의 역할에서 벗어나 중국, 일본에서 수업을 받고 온 것을 토대로 이 작가에게 도발적인 질문을 던집니다. 외계에서 살아온 것과 지구 사람들이 살아온 것을 비교하고, 지구인의 행동에 의

문을 제기합니다. 이 작가는 토리가 흥미를 느낄 수 있게 대답을 재미있게 풀어냅니다. 장난과 칭찬을 적절히 섞어서 학습자와 친근한 관계를 유지합니다. 게다가 토리는 신비한 능력으로 이 작가를 도와주기도 합니다. 수업할 때와는 역할이 바뀌어 토리가 위험에 빠진 이 작가를 구해 줍니다. 교사와 학생이 구분되지 않는 수업이 가장 이상적인 배움입니다. 이 책을 읽은 아이들은 교사에게 질문하는 것을 망설이지 않고, 나아가 자신의 이야기를 선생님에게 설명하는 것을 두려워하지 않을 것입니다.

이외에도 이 책은 많은 장점을 가지고 있습니다. 교과서에 나오지 않는 재미있는 이야기가 많이 실려 있습니다. 단편적인 사실만을 제시한 교과서와 달리 흥미를 자극하는 역사가 많이 담겨 있습니다. 또한 서로 묻고 답하고 이야기를 주고받으면서 끊임없이 진행되기 때문에 리듬과 호흡이 좋습니다. 아이들이 《판타스틱 한국사》를 통해 역사란 사람 사는 이야기이고, 재미있는 학문이라는 것을 깨닫게 되기를 바랍니다. 첫인상이 좋으면 끝까지 좋은 느낌을 가지고 갈 수 있듯이, '역사'라는 과목에 대해 좋은 인상을 줄 수 있을 것입니다.

정태윤
수원칠보고등학교 역사 교사

추천의 말

다양하고 다각적이며
모두가 하나로 뭉쳐 재미와 신뢰를 더한다!

우리 역사를 다루는 책에서 외계인이 등장하다니 처음에는 많이 생경했고, 조금은 호기심이 발동했습니다. 자기가 살고 있는 별의 문제를 해결하기 위해 과거의 모습을 하고 있는 지구를 방문해 탐사 중이라는 토리는 중국과 일본을 방문해 역사를 배우고 이제는 한국사를 배우기 위해 이 작가를 찾아옵니다. 어린이 역사책을 15여 년간 써 온 이 작가는 외계인과의 첫 만남에 두려움이 앞섰지만, 결국 자신만의 노하우를 십분 발휘해 외계 소년 토리의 한국사 공부를 돕게 됩니다. 이렇게 《판타스틱 한국사》는 내 마음을 강렬하게 두드렸습니다.

무엇보다 지구가 토리네 별의 과거 모습이고, 토리네 별이 지구의 미래 모습이라는 상상이 참신합니다. 또한 다양하고 입체적인 설명 방식은 독자로 하여금 역사뿐만 아니라 나, 우리, 사회, 국가, 세계를 전반적으로 아우르며 생각할 수 있게끔 이끌어 나갑니다. 이 지구 절반의 사람, 여성을 제대로 대우해 주지 않던 역사를 반성하면서 고려 시대 여성이 조선 시대보다 훨씬 평등한 삶을 살았다고 알려 주는 이 작가, 지구의 미래에 살고 있는 토리는 남자와 여자가 평등하지 않은 삶을 이해하지 못합니다. 작은 땅덩이에서 시대를 거듭해 오며 개발한 각종 살상 무기를 이용해 그 땅에 터 잡고 살고 있는 사람들의 삶을 송두리째 앗아 가는 전쟁의 역사를 이해하지 못합니다. 급진이니 온건이니, 진보니 보수니 하면서 가치관이나 이해관계가 다르다는 이유로 죽고 죽이는 역사를 토리는 이해하지 못합니다. 과거를 딛고 일어선 지구의 미래는 평등과 평화의 세상입니다!

또한 토리는 우리에게 역사란 무엇인가, 역사는 왜 배우는가를 묻습니다. 지구별에 처음 왔고 한국의 역사가 생소하지만 역사를 진지하고도 재미나게 배워 가는 모습은 마치 한국사를 처음 접하는 우리의 아이들과 별반 다르지 않습니다. 토리와 함께 만나는 수많은 역사 속 인물들. 순간순간 그들이 선택한 길이 옳은지, 나라면 어땠을지 등을 상상하고, 비록 다른 시대를 살고 있지만 역사 속 인물들의 마음속을 들여다보면 그때의 상황과 심경을 가슴으로 이해하게 됩니다. 그 시대를 온전히 이해하고 싶어집니다. 그리고 나는 어떻게 살 것인가를 질문하게 됩니다. 역사 이야기의 마무리는 때론 4구절 시로, 때론 영화로, 때론 역사동화와 접목시키는 센스를 발휘하기도 합니다. 이미 중국과 일본에 다녀온 토리는 해석이 달라서 혼돈되는 문제를 이해하기 위해 한·중·일 3자 대면 동시통역 역사 토론도 진행합니다.

다양하고, 다각적입니다. 그러나 이 모두가 흩어지지 않고 하나로 똘똘 뭉쳐 재미와 신뢰를 더합니다. 역사는 현재와 과거의 대화이면서 서로 다른 세계에 대한 진심 어린 이해이고 성찰임을 알려 줍니다. 토리와 이 작가를 만날 아이들의 모습을 기대하며, 서로를 이해하고 여럿이 함께라면 더 큰 지혜를 나누는 세상을 만들 수 있다는 내공을 길러 주기를 바랍니다.

우현주
경기북과학고등학교 역사 교사, 의정부역사교사모임 회장

차 례

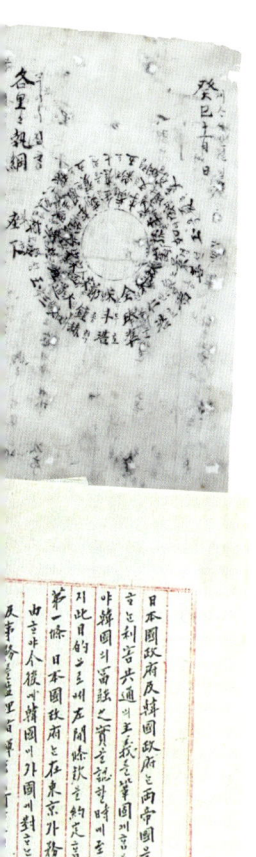

감수의 말 • 10
추천의 말 • 13

호랑이 굴로 들어간 토리 • 18

첫째 날 ···· 개방과 개혁의 소용돌이

첫 번째 이야기	김옥균의 3일 천하 • 32
두 번째 이야기	동학농민혁명의 불꽃이 타오르다 • 48
세 번째 이야기	조선의 국모를 죽이다니 • 64
네 번째 이야기	러시아 공사관으로 피신한 국왕 • 76
판타스틱 생활사 3분 특강	밀려오는 외국 제품과 빠져나가는 쌀과 콩 • 88

둘째 날 ···· 일제, 조선을 탐하다

첫 번째 이야기	대한제국과 독립협회 • 100
두 번째 이야기	러 · 일전쟁의 무대가 된 한반도 • 116
세 번째 이야기	외교권 강탈당한 을사늑약 • 128
네 번째 이야기	돌아오지 못한 헤이그 특사 3인방 • 138
판타스틱 생활사 3분 특강	신분제 폐지와 단발령 시행 • 151

셋째 날 ···· 일제 침탈에 맞서

첫 번째 이야기	의병은 살아 있다 • 162
두 번째 이야기	조선 침략의 원흉 이토를 쏘다 • 172
세 번째 이야기	독립군 요람 신흥무관학교 세우다 • 184
네 번째 이야기	망국을 대하는 지식인의 자세 • 198
판타스틱 생활사 3분 특강	근대 문물과 생활의 변화 • 208

넷째 날 ---- 독립운동 36년

첫 번째 이야기   옥중에서 울려 퍼진 만세 소리 • 226
두 번째 이야기   봉오동전투와 청산리대첩의 승리 • 248
세 번째 이야기   의열단원 김상옥의 1 대 1000 경성 시가전 • 262
네 번째 이야기   세계를 놀라게 한 훙커우공원 폭탄 투척 • 272
다섯 번째 이야기   실력으로 독립을! 물산장려운동과 대학 설립 운동 • 286
판타스틱 생활사 3분 특강   모던보이와 모던걸, 경성의 젊은이들 • 299

다섯째 날 ---- 식민지 시대 사람들

첫 번째 이야기   〈조선혁명선언〉 신채호 • 314
두 번째 이야기   한 손엔 시, 한 손엔 총 이육사 • 325
세 번째 이야기   날아라! 안창남 • 336
네 번째 이야기   끌려간 소녀들 일본군 '위안부' 이야기 • 350
판타스틱 생활사 3분 특강   일제 강점기 베스트셀러 • 373

여섯째 날 ---- 비행접시 타고 유적 답사

근대의 문을 연 개항장 제물포 • 392
조선 침략의 원흉을 응징하다 하얼빈 역 • 401
씻을 수 없는 일제의 만행 731부대 • 405
독립운동가들의 고통이 서린 서대문형무소 • 410

부록

동아시아의 역사 변천 • 418
연표로 보는 한국사와 세계사 • 420
찾아보기 • 424

착륙 직전 방향을 튼 비행접시가 어두운 밤하늘로 날아
올랐다. 창밖으로 둥근 달이 보였다. 비행접시가 달을 향해 날아갔다.
 "토리야, 지금 어디로 가는 거야? 턱손이가 계수나무 아래서 방아 찧는 토끼라도 되냐? 왜 달로 가?"
 전장으로 향하는 장수처럼 비장한 표정을 짓고 있던 토리가 말했다.
 "턱손이가 있는 정보기관이 비행접시 타고 가기엔 너무 가까워서 한 바퀴 돌고 가려고. 작전도 좀 짜고."
 "작전? 무슨 작전? 가서 턱손이 왼팔에 심어 놓은 칩만 제거해 오면 되는 거 아냐? 네 능력이면 별로 어려울 거 같지도 않은데."
 내 말에 토리는 한숨을 내쉬었다.
 "그렇지. 내 능력이면 식은 떡 먹기지. 근데 문제가 있어."
 "무슨 문제?"
 내가 의아한 표정을 짓자 토리가 안쓰러운 듯 나를 바라보았다.
 "진짜 몰라서 묻는 거야? 턱손이를 해치면 안 되잖아. 지구인 다치게 하면 우리 별로 못 돌아가니까. 그러니까 턱손이 다치지 않게 칩도 제거하고,

다시는 우리를 추적하지 못하도록 완벽하게 마무리를 지어 놓고 와야 하는 어려움이 있다는 거지."

"그러니까 뭐야, 총으로 한 방에 주인공 죽이면 끝나는데 '저놈을 반드시 생포하라!' 이래 가지고 괜히 주인공한테 칼 들고 덤벼들다 외려 주인공한테 당하는 할리우드 영화 찍을까 봐 두려운 게로구나. 너무 진부한 거 아냐? 식상하지 않냐고."

"아자씬 지금 이 판국에 할리우드 영화 소리가 나와?"

토리가 눈을 흘겼다.

"인생 뭐 별거 있냐. 할리우드 영화 안에 다 있지. 아무튼 고생해라. 턱손이 추적 물리치고 지구 역사 탐구 프로젝트 잘 마무리하고 가야지."

"아자씨 또 남 얘기하듯 하시네. 아자씬 지난번 삼국 시대 강연 끝나고 평양에 있는 고구려 고분 벽화 보러 갔다 온 거 때문에 처벌받게 되는 거 벌써 잊은 거야?"

아뿔싸. 그러고 보니 이게 남의 얘기가 아니구나. 이를 어쩐다? 턱손이를 없앨 수도 없고, 그렇다고 내가 토리와 함께 지구를 떠날 수도 없고. 하, 진퇴양난이로다. 내 걱정을 알았는지 토리가 위로하듯 말했다.

"너무 걱정 마, 아자씨. 어차피 한 번은 부딪혀야 할 문제였어. 나만 믿으라고."

도착을 알리는 계기판의 알람이 깜박였다.

★

 국가걱정원 건물은 군데군데 불이 꺼져 있었다. 우리는 정문을 돌아 건물 뒤편으로 갔다. 뭔가 멋지게 경비원들을 제압하고 건물로 진입하는 걸 상상했던 나는 조금 실망했다.

 "뭐야, 투명 갑옷 입어서 우리 모습이 보이지도 않을 텐데 왜 비겁하게 건물 뒤로 가는 거야? 토리 너 겁먹었냐?"

 "아자씨, 참 말 많네. 작전 중에 말 그렇게 많이 하면 안 돼. 괜히 소란 피워서 일 크게 벌일 필요 없으니까 그러지. 지금부터 아자씬 내 명령에 따라야 해."

 그렇게 말한 뒤 토리가 내 귀에 뭐라 뭐라 속삭였다. 나는 토리가 알려 준 대로 투명 갑옷을 벗고 뒷문을 지키고 있는 경비원을 향해 걸어갔다. 내 모습을 본 경비원이 빠른 동작으로 권총을 뽑아 들었다.

 "누구냐? 여기는 민간인 출입 금지 구역입니다. 손 들고 한 발짝도 움직이지 마시…… 억!"

 경비원의 말이 채 끝나기도 전에 토리가 감마건으로 두 사람을 얼음으로 만들어 버렸다.

 "저 사람들 조금 있다 땡, 하고 풀릴 거야. 들어갑시다."

 토리가 어깨를 으쓱하며 앞장섰다. 턱손이가 어디 있는지 아는 것처럼 거침이 없었다. 마냥 작고 귀엽던 토리의 모습이 아니었다. 당당한 전사의 향기가 느껴진다고나 할까.

나는 토리 뒤를 따라가며 지난번 내가 끌려온 곳이 여기가 아니었을까 생각했다. 그땐 눈을 가린 채 끌려온 터라 어디가 어딘지 구분하지 못했다. 미로처럼 설계된 통로를 토리는 잘도 찾아갔다. 군데군데 문이 가로막았지만 경비원은 없었다. 대신 문은 굳게 닫혀 있었다. 토리는 그 문을 가볍게 열어젖혔다.

얼마 뒤 우리는 막다른 곳일 것 같은 예감이 드는 문 앞에 섰다.

"토리야, 잠깐."

"왜 또? 작전 중에 말하지 말라니까."

"나 투명 망토 입을랜다. 총격전이라도 벌어지면 안 보이게 숨어야 하잖아."

"총격전은 무슨……. 아자씬 영화를 너무 많이 봐서 탈이야. 그런 거 없으니까 얼렁 들어갑시다. 그리고 나중에 내가 알려 준 임무도 수행해야 하니까 망토 입으면 안 돼."

영 불안했지만 토리 말을 들을 수밖에 없었다. 여기서는 토리가 대장이니까.

문이 열리자 탁자가 보였다. 거기 턱손이가 앉아 있었다. 허걱!

"기다렸다, 꼬마야."

턱손이가 마치 토리의 모습이 보이기라도 한다는 듯이 내 옆을 바라보며 말했다. 그제야 토리가 망토를 벗었다. 토리가 모습을 보이자 턱손이 옆에 있던 부하들이 놀라서 뒤로 자빠졌다. 자빠졌던 부하들이 일어나 토리에게 총을 겨누자 턱손이가 턱으로 총을 치우라는 사인을 보냈다. 역시 턱손이는 턱이 손이야.

"꼬마야, 다시 보니 반갑구나. 내 팔에 칩을 심어서 100년 동안 나를 꼼짝 못 하게 한다더니 제 발로 호랑이 굴에 기어들어 왔구나. 이런 걸 우리말로 제 꾀에 제가 넘어간다고 하지. 이제 어쩔 테냐? 여기서 빠져나가긴 어려울 테고, 무슨 공작을 벌이러 지구에 왔는지, 우리 조사에 협조하시지. 아니면 칩을 폭파시켜 보든가, 같이 죽게 말이야. 음하하하."

저 인간이 뭘 믿고 저렇게 세게 나오지? 나는 불안해 견딜 수 없었다. 칩을 폭발시켜도 죽고, 턱손이와 부하들이 총을 쏘면……, 으으 안 돼! 토리는 눈 하나 깜빡 않고 말했다.

"국장인지 된장인지 참 말 많으시네요. 우리 아자씨랑 아주 죽이 잘 맞으시겠어요. 근데요, 나는 당신하고 두 마디 이상 하고 싶지 않걸랑요. 당신 팔에 있는 칩은 내가 제거해 드릴 테니까 앞으로 우리 그만 만나는 걸로 합시다."

"그렇게는 안 되지. 귀한 손님이 제 발로 찾아오셨는데 그냥 보낼 수야 있나. 손님 대접을 해야지. 안 그래요? 이 선생?"

턱손이가 나를 바라보았다. 나는 너무 긴장한 나머지 대사를 까먹은 조연 배우처럼 아무 말도 하지 못했다. 토리는 내 맘도 모르고 제 할 말만 했다.

"국장님, 조용히 지구 역사 탐구 프로젝트 마치고 돌아가려는데 도대체 나한테 왜 이러세요?"

턱손이가 토리를 노려보며 말했다.

"넌 나에게 모욕감을 줬어!"

하, 이 인간들이 정말! 일촉즉발 순간에 개그 프로그램 녹화하는 것도 아니고.

큰 바위 하우스에서 개 사료 먹던 생각이 떠올랐는지 턱손이 얼굴이 붉으락푸르락해지더니 갑자기 탁자를 세게 내리쳤다. 그러자 부하들이 나와 토리에게 총을 겨누었다. 위기의 순간이었다. 토리는 전혀 겁을 먹지 않은 표정으로 부하들을 쏘아보았다. 그 순간 부하들의 몸이 바닥에서 붕 떠오르더니 천장에 찰싹 달라붙었다. 턱손이는 얼굴이 하얗게 변하더니 그 자리에 얼어붙었다.

토리가 턱손이에게 다가가 팔에 있는 칩을 제거했다. 그러고는 두 손을 뻗어 턱손이의 관자놀이를 눌렀다. 턱손이가 고통스런 표정을 지었다. 그러곤 곧 의식을 잃었다. 토리가 두 손을 탁탁 털었다. 토리의 관자놀이 압박 공격은 천장에 달라붙어 있는 부하들에게도 이어졌다.

"아자씨, 나 먼저 나가 있을 테니까 확인하고 나와. 꺼진 불도 다시 보자, 알지?"

단호한 목소리를 뒤로하고 토리가 방을 나갔다.

잠시 뒤 턱손이가 정신을 차렸다. 나는 턱손이에게 고개를 숙였다.

"인사드리겠습니다. 해외정보국에 새로 입사한 이길동입니다. 잘 부탁드립니다."

턱손이가 뭔가 의심하는 듯한 표정을 지었다. 이 인간이 나를 알아보면 안 되는데.

"뭐라고? 자네가 새로 입사한 신입 요원이라고? 국가걱정원에 입사하려고 10년은 꿇은 거 같군. 하하. 알았으니 나가 봐."

턱손이가 턱으로 문을 가리켰다. 저 턱을 그냥 확! 나는 아무렇지도 않은 듯 웃으며 방을 빠져나왔다.

★

비행접시에서 기다리고 있던 토리가 나를 반겨 주었다.

"턱손이 상태 어때? 아자씨가 누군지 기억 못 하지?"

"응. 내가 누군지 전혀 몰라보더라."

"당연하지. 그분 기억상실증 걸리셨걸랑. 한 10년 가려나?"

"10년? 10년은 너무 심한 거 아니냐? 그러다 회사에서 잘리면 불쌍하잖아."

"지구인 팔자가 다 그런 거지 뭐. 혹시 알아? 새옹지마라고, 잘리고 나서 더 잘 풀릴지. 너무 걱정 마."

하, 요 녀석 정말.

"근데 말이다, 턱손이 기억은 제거된 거 같은데 사람 보는 눈은 상당히 높아진 거 같더라."

"무슨 말이야?"

"내가 신입 요원이라니까 뭐라는 줄 아냐? '아니, 정우성이 여긴 웬일인가? 영화 촬영장에 안 있고.' 이러지 뭐냐."

"에이, 뻥치시네. 내가 모를 줄 알고?"

우리는 그런 농담을 주고받으며 토리섬으로 향했다. 보름달이 가까이 보이는 곳까지 다다랐다가 다시 대기권을 뚫고 내려왔다. 토리는 무슨 대단한 걸 깨달았다는 표정으로 말했다.

"역시 역사 배우길 잘했어. 엊그제 이순신 장군 수업했잖아. 장군이 한 말씀을 가슴에 새기고 작전 나가니까 하나도 겁이 안 나더라고."

"이순신 장군이 한 말씀이라니?"

"명량해전 싸움 직전에 부하들에게 그랬잖아. 사즉사, 생즉생, 죽을 놈은 죽고, 살 놈은 산다!"

어이가 없었다.

"토리야, 사즉사 생즉생이 아니고 사즉생, 생즉사야. 죽고자 하면 살고 살고자 하면 죽는다! 난 그렇게 안 가르쳤는데……. 너 혹시 나 몰래 학원물 웹툰 보냐?"

"웹툰은 무슨, 헷갈릴 수도 있지. 아무튼 살 놈은 살았잖아. 그리고 이제 턱손이 기억이 없어졌으니 우리 추적할 일 없고, 아저씨도 수업 끝나고 국가격정원에 불려 갈 일 없으니 다 잘됐지? 우리의 적도 없어졌으니 내일부터 맘 편하게 수업해 봅시다. 아, 신난다. 눈누난나~."

맞는 말이다. 이제 턱손이의 추격권에서 확실하게 벗어난 것 같다. 그 생각을 하니 마음이 한결 홀가분해진 느낌이었다.

섬에 도착할 때쯤, 토리가 잠깐, 하더니 턱손이 팔에서 제거한 칩을 밤하늘로 발사했다. 잠시 뒤 리모컨 버튼을 누르자 칩은 불꽃과 굉음을 내며 폭발했다. 내가 놀라 입을 다물지 못하자 토리가 말했다.

"뭘 놀라? 진짜 폭발하는 거라니까. 근데 이상해. 턱손이도 진짜 터지는 걸 알았을 텐데 어떻게 이걸 제거할 생각을 했지?"

토리가 고개를 갸우뚱했다.

"진짜 터지는 줄 알았겠지만 토리 네가 터뜨리지 않을 거란 것도 알았겠지."

"그걸 어떻게 알았대?"

"지난번에 큰 바위 하우스로 데려왔을 때 해치지 않고 개 사료 먹여 가며 보호해 준 거 보고 '이 외계 소년이 나를 해칠 생각은 없구나!' 생각했을 거야. 그리고 나를 믿었겠지. '이 작가가 있는 한 나를 죽이는 시나리오가 나오진 않을 것이다.' 이렇게."

토리가 무슨 말인지 못 알아듣겠다는 듯 미간을 찌푸렸다. 나는 웃으며 토리의 머리를 가볍게 어루만져 주었다. 비행접시가 섬에 착륙하자 먼 여행을 마치고 집에 돌아온 것처럼 마음이 편안했다.

첫째 날

개방과 개혁의 소용돌이

첫 번째 이야기	김옥균의 3일 천하
두 번째 이야기	동학농민혁명의 불꽃이 타오르다
세 번째 이야기	조선의 국모를 죽이다니
네 번째 이야기	러시아 공사관으로 피신한 국왕
판타스틱 생활사 3분 특강	밀려오는 외국 제품과 빠져나가는 쌀과 콩

한눈에 보는 한국·중국·일본

1863	1868	1876	1880	1881	1881. 4.
한 고종 즉위 (~1907)	일 메이지 유신, 메이지 시대 (~1912)	한 강화도 조약 체결	한 통리기무아문 설치 | 《조선책략》 도입	한 별기군 설치	한 일본에 조사 사찰단 파견

1881. 9.	1882	1883	1884	1884. 10.	1885
한 청에 영선사 파견	한 임오군란	한 미국에 보빙사 파견	중 청·프 전쟁 (~1885)	한 갑신정변	한 거문도 사건 (~1887) 중 청, 베트남의 프랑스 보호국 인정 일 청과 톈진 조약 체결

• 갑신정변 직전에 모인 개화파 핵심 인물들이다. 갑신정변의 주역인 김옥균(앞줄 가운데), 서광범(앞줄 앨범 든 사람), 유길준(뒷줄 왼쪽에서 네 번째) 등의 모습을 볼 수 있다.

첫 번째 이야기

김옥균의 3일 천하

 토리와 만난 이후 가장 편안한 밤을 보냈다. 어젯밤 턱손이 팔에 심어 놓은 칩 제거 작전을 수행하느라 스트레스를 심하게 받았는데도 전혀 피곤하지 않았다. 아무래도 턱손이의 추격권에서 완전히 벗어났다는 심리적인 안정감 덕분인 듯했다.
 거실로 나와 아침을 먹고 있는데 토리가 방에서 나왔다.
 "아저씨, 안녕?"
 나는 채소를 씹다 말고 안녕, 하고 대꾸했다.
 "지구인들은 삼시 세끼 뭘 그렇게 열심히 먹어? 귀찮게."
 "그래서 네가 외계인 소리 듣는 거야. 먹는 즐거움을 알 턱이 없지."
 "하 참, 하룻강아지 달 쳐다보는 말씀하시네. 우리가 먹는 꿀 농축 단백질

캡슐이 얼마나 맛있는데. 근데 아자씬 왜 똑같은 걸 아침마다 먹는 거야? 아자씨 그 채소 좋아하우?"

토리가 의자에 앉으며 물었다.

"아, 이거? 우리 조상인 곰 할머니가 인간이 되려고 동굴 속에서 드셨던 음식이잖니."

"곰이 먹는 음식을 아자씨가 왜 먹는데?"

"내가 너한테 납치돼 오면서 결심했거덩. 곰 할머니가 동굴에서 마늘과 쑥을 먹으며 고통을 견디셨던 것처럼 나도 살아 돌아가는 그날까지 쑥과 마늘을 먹으며 견디리라!"

토리가 어이없단 표정을 지었다.

"아자씨 정말 판타스틱하다. 그래서 맨날 쑥이랑 마늘을 먹는 거야? 사람 되려고?"

"실은 이런 설정이라도 넣어야 재밌을 거 같아서. 맨날 역사 이야기만 하면 보는 사람이 얼마나 지루하겠냐."

"설정은 뭐고, 또 보긴 누가 본다고 그래. 참 이상하네."

토리가 고개를 갸우뚱했다.

"그런 게 있어. 그 얘기 그만하고 수업 시작하자. 이번 주는 정말 숨 가쁘게 돌아갈 거야. 우리 역사에서 가장 역동적이고 파란만장한 근대사 시간이거든."

"파란만장하다고? 난 아자씨가 나날이 파란만장해지는 거 같은데. 켈켈켈."

"떽! 어른을 놀리면 못써. 어디부터 시작할까? 일단 오늘 수업의 큰 그림부터 그려 보자. 이번 주 닷새 동안 할 이야기는 시기적으로는 1876년 개항 이후부터 1945년 해방까지야. 70년 정도 되는 시간인데 이때 어마어마하게 큰 사건들이 엄청나게 많이 벌어졌어. 갑신정변부터 시작해서 동학농민혁명, 을미사변, 대한제국 수립, 을사조약, 항일 의병, 일제 강점, 3·1운동, 무장독립전쟁, 의열단 투쟁까지, 엄청 중요한 사건들이 줄줄이 일어났지."

"우왕, 벌써부터 머리가 다 어질어질하네. 내가 중국사랑 일본사 공부해 봐서 아는데 중국이랑 일본도 그렇고, 그땐 왜 그렇게 큰 사건들이 많이 일어난 거야?"

토리가 팔짱을 끼며 짐짓 알은체를 했다.

"전 지구적으로 변화의 시기여서 그래. 힘센 서양 세력은 식민지를 찾아 점점 동쪽 아시아로 몰려오고, 국내에선 봉건 질서를 지키려는 사람들과 근대식 개혁을 이루려는 사람들의 갈등이 벌어져. 그래서 이번 주는 한중일 삼국의 역사뿐만 아니라 중간중간 세계사 이야기도 나올 거야. 그러니 조선 시대 강의 때보다 더 정신 바짝 차리고 들어야 해. 알겠니?"

"네, 알겠습니다."

토리가 씩씩하게 대답했다.

"좋아. 오늘은 강화도 조약으로 문호를 개방한 조선에서 어떤 움직임이 일어났는지 살펴볼 거야. 조선의 마지막 쿠데타인 갑신정변, 근대사의 가장 중요한 순간인 동학농민혁명, 조선 역사에서 가장 어처구니없는 을미사변,

그리고 두 번째로 어처구니없는 아관파천 이야기까지, 개방과 개혁으로 몸부림쳤던 파란만장한 한국 근대사 이야기를 들려줄게. 이 사건들을 꿰는 핵심 열쇳말은 외세와 개혁이야. 뭐라고?"

"외세와 개혁!"

"옳지. 외세와 개혁 두 개념을 머릿속에 두고 아저씨 수업 잘 듣기 바란다. 그럼 1교시 갑신정변 이야기부터 시작해 볼까?"

갑신정변 이야기를 시작하려는데 토리가 잠깐, 하고 내 말을 막았다.

"갑신정변이 뭔데?"

"토리야, 너는 뭔 질문을 그렇게 진부하게 하니? 호기심을 불러일으킨다든가 너의 캐릭터를 드러낼 수 있는 뭐 그런 질문을 좀 해 봐."

"아침부터 별 트집을 다 잡으시네. 아자씨가 그랬잖아. 역사 공부할 때 '그것은 무엇인가?' 여기에 답할 수 있으면 50점 먹고 들어가는 거라고. 잘 알지도 못하면서 아침부터 웬 진부령타령이야?"

"그런 거였어? 알려 줄게. 갑신정변은 갑신년(1884년)에 김옥균 등의 개화파가 수구파를 제거하기 위해 일으킨 정치 변란이란 뜻이야. 수구? 진보를 외면한 채 옛것만 고집하는 것을 말하는데 갑신정변은 이 수구파를 제거하려던 조선의 마지막 쿠데타야."

"조선의 마지막 쿠데타? 그래서, 성공했어?"

"안 가르쳐 주~지. 하하. 지금부터 그 얘길 해 줄게. 그 전에 딱 한 가지 짚고 넘어갈 게 있어. 바로 갑신정변이 일어나기 전 시대 배경인데 이걸 모르면 오늘 강의는 물론이고 이번 주 강의 전체를 이해하기 힘들어.

강화도 조약을 전후로 조선에 두 가지 큰 흐름이 있었어. 위정척사와 개화야. 위정척사란 성리학적 전통을 지키고 사악한 서학(천주학, 천주교)을 배척하자는 반외세 운동이야.

위정척사 운동은 시기마다 조금 다른 형태로 나타나. 병인양요와 신미양요 등 서양 열강이 통상을 하자고 덤벼들 때는 통상 반대 운동, 일본이 강화도 조약을 강요하며 개항을 요구했을 땐 개항 반대 운동, 그러다가 개화 움직임이 나타났을 땐 개화 반대 운동을 벌였지.

이렇듯 위정척사파는 통상 반대 – 개항 반대 – 개화 반대로 이어지는 외세 반대 운동을 끈질기게 이어 나갔어. 이들은 나중에 의병 운동을 전개하는데 그 이야기는 의병 이야기할 때 자세히 해 줄게.

위정척사파 반대편에 또 하나의 큰 흐름이 있는데 바로 개항과 개화를 주장하는 개화파야. 갑신정변은 개화파, 그중에서도 급진 개화파가 일으킨 정변이야. 그럼 지금부터 급진 개화파의 위험한 모험을 그린 갑신정변 이야기 속으로 들어가 볼까?"

나는 갑신정변 이야기를 시작했다.

때는 1884년 10월 17일. 그날 저녁 우정국에서 개국 축하 파티가 열렸어. 조선에서 처음 우편 업무가 시작되는 걸 축하하는 자리여서 잔치는 무척 성대하게 치러졌지. 서양식 뷔페가 차려지고, 기생들의 축하 공연이 펼쳐지는 가운데 조정 대신들과 외국 공사들이 총출동할 만큼.

 축하 잔치가 무르익을 무렵, 잔치 분위기와 달리 무척 초조해하는 사내가 있었어. 흥겨운 잔치가 끝나는 것이 아쉬워서였을까? 아니야. 그는 축하 파티가 끝나기 전 거사를 끝내야 한다는 생각에 맛난 음식도, 흥겨운 연주도 전혀 눈에 들어오지 않았어.

 그 사내는 개화파 리더 김옥균(1851~1894)이었어. 김옥균은 우정국 축하 잔치에서 수구파를 한 방에 제거하는 피의 파티를 준비했어. 거사는 우정국 근처에 있는 별궁에 불을 지르는 것을 신호로 시작될 예정이었지. 그런데 웬일인지 불길이 타오르지 않는 거야. 오늘 기회를 놓치면 언제 다시 정변의 기회를 잡을지 모르는데 말이야. 초초하게 신호를 기다리는 사이 김옥균은 심장이 쿵쾅쿵쾅 뛰고, 입술이 바짝바짝 타들어 갔어. 잠시 뒤 밖에서 "불이야!" 하는 외침이 들리지 않았다면 아마 김옥균의 심장이 먼저 폭발했을지도 몰라.

 불이야! 하는 소리가 들리자 수상한 낌새를 알아차린 수구파 민영익은 잽싸게 건물 밖으로 도망쳤어. 밖에서 그를 기다리고 있는 건 개화파 청년들의 칼날이었지. 민영익은 개화파 청년들이 휘두른 칼에 맞아 피를 흘리며 건물 안으로 들어와 쓰러졌어. 민영익을 쓰러뜨린 칼날은 갑신정변 드라마의 시작을 알리는 신호탄이었지.

 김옥균은 왜 수구파를 제거하려 한 걸까? 왜 정상적인 방법이 아닌 피를 보는 쿠데타를 일으켜 정권을 장악하려 한 것일까?

갑신정변이 일어나기 십여 년 전 북촌에 있는 박규수의 사랑방은 젊은이들로 북적였어. 그 젊은이들 가운데는 김옥균과 박영효, 홍영식, 서광범 등 훗날 갑신정변의 주역이 되는 급진 개화파 친구들도 있었고, 유길준, 어윤중, 민영익 등 온건 개화파도 있었어. 당시 그들은 급진이다 온건이다 이런 구분이 없었고, 모두들 개항과 개화를 통해 조선을 부국강병으로 이끌어야 한다고 생각했지.

그들 중 가장 눈에 띄는 청년은 김옥균이었어. 어려서부터 천재 소리를 듣고 자란 김옥균은 스물두 살에 과거에 장원급제한 촉망받는 관료였어. 이후 그는 사헌부 감찰을 시작으로 홍문관 교리를 거치며 조선의 기대주로 성장했지.

김옥균은 박규수 사랑방에서 중인 출신의 한의학자 유대치와 청나라를 드나들며 개화에 눈을 뜬 역관 오경석에게 개화사상을 전해 들었어. 박규수는 그 모두를 아우르는 개화사상의 전도사였지. 박규수(1807~1877)는 북학파인 연암 박지원의 손자로, 돌아가신 할아버지의 사상에 영향을 받아 조선이 자주적으로 문호를 개방하고 과감하게 서구 문물을 받아들여 부국강병을 이뤄야 한다고 주장하는 개화사상가였어.

어느 날 박규수가 지구의를 빙그르 돌리며 말했어.

"오늘날 중국이 어디 있느냐. 이리 돌리면 미국이 중국이 되고 저리 돌리면 조선이 중국이 되니 중국이 따로 있는 것이 아니다."

그때 조선은 강화도 조약을 맺은 이래 수천 년간, 아니 적어도 500년 동안 조선을 좌지우지하던 중국의 영향력이 약해지고, 일본, 미국, 영국, 러시아, 독일, 프랑스 등 새로운 '중국'이 조선을 넘보던 혼돈의 시기였어.

박규수의 사랑방에서 김옥균은 청나라와의 예속 관계를 청산하고, 새로운 문물과 제도를 받아들여 조선을 개혁할 꿈을 키워 나갔어. 그러나 김옥균이 그 뜻을 펼치기엔 힘이 너무 부족했어. 실권은 민비와 민씨 친척 일가들이 장악하고 있었거든. 김옥균은 어떻게 하면 수구적인 민씨 무리를 몰아내고 정권을 잡을 수 있을까 고민했어. 그러던 어느 날 예상치 못한 사건이 터지면서 조선 정국이 요동쳤어.

1882년 6월 신식 군대 별기군과의 차별에 항의하는 구식 군대 군인들이 폭동을 일으켰는데 이때 민씨 일가인 민태호와 민겸호의 집이 습격을 당하고, 일본인 십여 명이 살해당하는 사태가 발생했어. 군인들의 제1 목표였던 민비는 궁녀 옷으로 갈아입고 겨우 궁궐을 빠져나갔고. 이 사건이 임오군란인데 임오군란은 조정의 도움 요청을 받은 청나라 군대가 개입하면서 진압되었어.

임오군란 이후 개화파 젊은 관료들은 청나라를 모델로 점진적으로 개화를 하자는 온건 개화파와 일본처럼 나라의 틀을 싹 바꾸자는 급진 개화파로 갈렸어. 그렇다고 이들이 적대적으로 대립한 건 아니었고, 김옥균, 박영효, 홍영식 등 급진 개화파의 주된 적은 청나라를 등에 업고 온갖 부정부패를 일삼는 민씨 일가 등 수구 세력이었지.

김옥균은 어떻게 하면 민씨 무리를 몰아내고 권력을 잡을 수 있을까 고민했어. 그러던 중 박영효, 서광범과 함께 일본에 수신사로 가게 되었어. 수신사는 조선 말기에서 대한제국 시기에 일본에 보내던 외교 사절이야. 일본에 간 김옥균은 일본의 개화사상가 후쿠자와 유키치를 만나. 그는 김옥균에게 그동안 일본이 어떻게 근대 개혁을 추진하게 됐는지, 조선이 어떻게 하면 개화를 할 수 있는지 조언해 주었어. 김옥균의 목표는 명확해졌어. 친청 사대당인 민씨 무리들을 몰아내고 개화당이 정권을 장악해 조선을 일본처럼 근대화된 나라로 만드는 것이었지.

김옥균이 푸른 꿈을 안고 조선에 돌아왔건만 그를 맞이한 건 더 심해진 청나라의 간섭과 그에 빌붙어 권력을 좌지우지하는 수구 세력이었어. 수구파는 개화파의 싹을 자르기 위해 김옥균을 압박했어. 그러자 김옥균은 개혁을 위해선 개혁 자금이 필요하다고 판단해 차관을 빌려 오기 위해 다시 일본에 갔어. 하지만 일본인들의 비협조로 빚을 얻어 오지 못했어. 김옥균이 빈손으로 돌아오자 수구파는 "그렇게 큰소리치고 가더니 꼴좋다."며 김옥균을 비난했지.

개화파는 개혁은 고사하고 이제 수구파에게 신변의 위협을 받는 지경에 이르렀어. 한때 뜻을 같이했고, 민비의 총애를 받고 있던 민영익은 미국에 사절단으로 다녀온 뒤 친청 수구 세력으로 돌아섰어. 이래저래 사정은 개화파에게 불리하게 돌아갔지.

그러던 중 나라 밖에서 뜻밖의 좋은 소식이 들려왔어. 베트남을 놓고 프랑스와 전쟁을 벌이던 청나라가 조선에 있는 청군을 베트남으로 데려갈 거라는 소식이었어. 김옥균은 청군이 빠져나가는 그때가 수구 세력을 제거할 수 있는 절호의 기회라고 판단했어. 날짜는 개화파 동지인 홍영식이 총판으로 있는 우정국 개국 축하 잔칫날. 거사 전 김옥균은 일본 공사로부터 쿠데타를 지원하겠다는 승낙을 받아 놓았어.

다시 1884년 10월 17일 우정국 개국 축하 파티 장. 민영익이 칼을 맞고 피를 흘리며 안으로 들어오자, 김옥균과 박영효는 총알처럼 밖으로 튀어 나갔어. 그들은 먼저 일본 공사관으로 가 일본군 지원 요청을 하고, 곧바로 창덕궁으로 달려갔어. 고종을 알현한 김옥균은 "변고가 발생했으니 어서 안전한 거처로 옮기시라."고 아뢰었지.

그때 개화파는 무슨 생각을 한 것일까? 아마 이런 생각이었을 거야.

'친청 수구파를 제거해 권력을 장악한 다음, 방어하기 쉬운 경우궁에 왕과 왕비를 모셔 놓고 청군이 혁명을 묵인하도록 며칠만 버티자. 그렇게 되면 혁명은 성공이다!'

왕과 왕비를 경우궁으로 옮긴 개화파는 그날 밤 왕명이라며 수구파 대신들을 경우궁으로 불러들여 들어오는 족족 베어 버렸어. 그러고는 개화파 인사들로 짠 새 내각을 발표하고 혁신적인 개혁안을 마련했어. 그들이 내세운 개혁안에는 청나라와 조공 관계를 폐기하고, 문벌을 폐지해 인재를 고루 등용하며, 평등권을 제정하고, 호조에서 재정을 관리하며,

경찰제를 실시하는 등 근대적인 개혁안이 포함돼 있었지.

그런데 다음 날부터 상황이 개화파에게 불리하게 돌아갔어. 개화파가 자신의 친척 세력을 죽인 것을 안 민비는 창덕궁으로 돌아가 비밀리에 청군에게 개화파를 공격해 달라고 요청했어. 그러자 청군은 3일째 되던 날 창덕궁으로 진격해 들어왔지.

청군이 밀고 들어오자 개화파를 돕기로 했던 일본군은 얼마 싸우지도 않고 후퇴했어. 개화파 병사들은 청군 1천5백 명을 막지 못해 무너졌고. 청군이 창덕궁으로 총을 쏘며 밀고 들어오자 김옥균, 박영효, 서광범, 서재필 등 개화파는 일본 공사관으로 몸을 피했지. 이것으로 개화파가 일으켰던 갑신정변은 청군 지원을 받은 민비와 수구당의 반격으로 3일 천하로 끝이 나고 말았단다.

이야기를 마치자 토리가 한숨을 폭 쉬었다.
"왜? 무슨 문제라도 있어?"
"그게 아니고 좀 허무한 거 같아서."
"그렇게 생각될 수도 있지. 조선을 개혁하겠다며 우정국 파티 장을 벌겋게 물들이며 일으킨 쿠데탄데 3일 만에 끝났으니."
"궁금한 게 있는데 김옥균과 개화파는 어떻게 됐어?"
"김옥균과 박영효, 서광범, 서재필은 인천에서 배 타고 일본으로 망명했고, 홍영식은 고종을 보필하겠다며 남았다가 청군에 살해당했어. 일본으로 간 개화파 중 박영효와 서광범과 서재필은 미국으로 갔다가 친일 내각이 세워질 때 들어왔지."

"김옥균은 어떻게 됐는데?"

"김옥균은 계속 일본에 머물다가 청나라 실권자 이홍장과 담판을 벌이기 위해 상하이로 갔는데, 그곳에서 고종이 보낸 자객 홍종우에게 암살당했어. 갑신정변이 일어난 지 10년 뒤인 1894년 그의 나이 44세 때였지. 그는 죽은 채 고국에 돌아와 다시 한 번 한강 변에 있는 양화진에서 사지가 찢기는 능지처참을 당했어. 안타까운 일이지. 다섯 살 땐가 '달은 비록 작으나 온 천하를 비춘다.' 이런 시를 어른들 앞에서 읊어서 어른들을 놀라 자빠지게 만든 천재였다는데 말로가 그토록 비참했으니 말이야."

토리가 안타까운 표정을 지었다.

"꼬마 시 천재였다니 더 안타깝네. 같은 시 천재로서 말이지."

"하이고, 그러세요? 이제 몇 가지 남은 이야기 마저 하고 이번 시간 마치자. 오늘날 갑신정변과 김옥균에 대한 평가는 엇갈려. 갑신정변 때 주장한 개혁 내용이 10년 뒤 갑오개혁 때 반영돼 근대 변혁 운동의 초석을 놓았다는 평가를 받기도 하지만, 갑신정변 이후 일본인이 피해 입은 것을 빌미로 조선에 더욱 깊숙이 침략해 들어오는 빌미를 제공했다는 비판을 받기도 하지. 어쨌거나 갑신정변은 실패했고, 풍운아 김옥균은 뜻을 이루지 못한 채 죽고 말았어. 이상 끝."

노트를 접자 토리가 잠깐, 하며 손을 들었다.

"진짜 궁금한데 김옥균과 개화파는 몇 년 전부터 이것저것 준비를 많이 한 거 같은데 왜 정변에 성공하지 못했어?"

"올, 토리 대단한데! 깜박하고 지나칠 뻔한 문제였는데 아주 잘 지적했구나. 가장 큰 이유는 스스로의 힘으로 해결하지 않고 남의 힘을 빌려 쿠데타를 일으킨 데 있어. 더 큰 문제는 도움을 요청한 상대가 조선을 침략하려는 의도를 가진 일본이었다는 사실이야. 일본은 친청 수구 세력을 몰아내고 조선에서 청군의 힘을 약화시키려고 갑신정변을 지원했어. 그런데 막상 청군이 밀고 들어오자 일본군은 싸우다 도망쳤어. 그런 일본군을 믿은 게 개화파의 가장 큰 실책이지. 더구나 당시 민중들은 일본을 별로 좋아하지 않았는데 개화파가 그런 일본과 손잡고 쿠데타를 일으키자 개화파에 호응하지 않았어. 민중들의 지지와 호응이 없었던 것도 갑신정변 실패의 한 원인이야."

"그렇구나. 그럼 갑신정변 이후 조선과 일본과 청나라의 관계는 어떻게 됐어?"

"좋은 질문이다. 토리가 나날이 발전하는구나. 개화파의 쿠데타를 진압한 청은 조선 내정에 더 깊숙이 간섭했어. 일본은 일본인이 피살됐다며 조선에 보상비를 내라고 요구했어. 그러고는 청과 톈진 조약을 맺어 여전히 조선에 영향력을 행사하려 했지. 조약 내용은 청과 일본 양군이 조선에서 철수하고, 조선에 변란이 생길 경우 어느 한쪽이 들어오면 다른 나라도 자동으로 들어온다는 내용이었어. 이 내용이 나중에 조선 역사에 큰 아픔을 주게 돼. 10년 뒤 동학혁명이 일어나 민씨 정권의 요청으로 청군이 들어오자 일본은 톈진 조약을 근거로 조선에 군대를 파견하지. 그때 들어온 일본군에 의해 동학 농민 수만 명이 살해당해. 그 이야기는 동학 이야기할 때 더 해 줄게."

이야기를 마치고 자리에서 일어나려 하자 토리가 나를 의자에 앉혔다.

"아자씨, 시로 마무리해야지. 헤헤."

"토리야, 이번 주는 격동의 근대사와 마주하는 한 주가 될 거야. 조선 시대 수업할 때처럼 한가하게 시나 짓고 있을 시간이 없어."

토리가 실망한 표정을 지었다. 외면하기 힘들었다.

"좋아. 그럼, 시 대신 핵심을 찌르는 한 줄짜리 역사 논평으로 깔끔하게 마무리하는 게 어떻겠니?"

"재밌겠다. 해 보자."

토리는 한참 생각하더니 입을 열었다.

"토리 논객의 한 줄 역사 논평. 켁켁. 갑신정변. 숭구리당당 숭당당 수구당당 승승승!"

나는 토리에게 한 줄 역사 논평을 시킨 걸 후회했다.

한눈에 보는 한국·중국·일본

1885	1889	1892	1892. 11.	1894	1894. 4.
일 청과 톈진 조약 체결	한 방곡령 선포	한 만석보 축조	한 동학, 교조신원운동(삼례 집회)	한 동학농민혁명	한 농민군, 전주성 입성

1894. 5.	1894. 6.	1894. 10.	1895. 3.	1895. 4.
한 집강소 설치 / 농민군과 정부, 전주 화약 체결	한 군국기무처 설치 중 일 청·일전쟁 (~1895)	한 우금치전투	한 전봉준 처형	일 청과 시모노세키 조약 체결

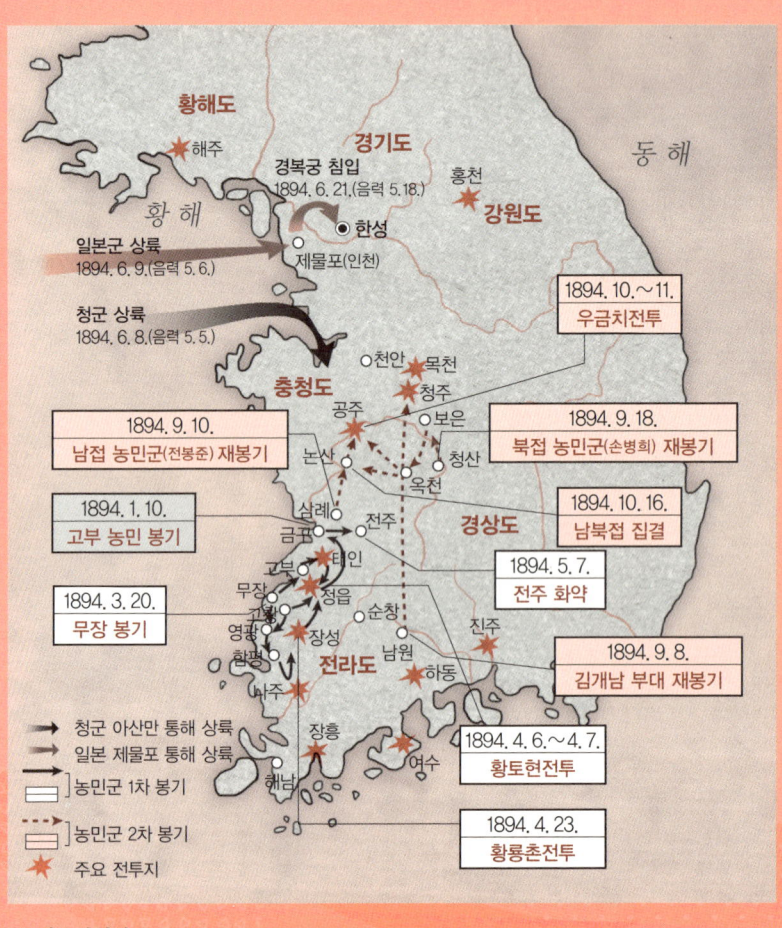

• 동학농민혁명

두 번째 이야기

동학농민혁명의 불꽃이 타오르다

"헐!"

토리의 한 줄 논평에 너무 실망한 나는 할 말을 잃었다.

"아자씬 내가 무슨 말만 하면 헐이래?"

"그럼 헐 아니야? 놀라 달아날 헐(狹)이지. 핵심을 찌르는 논평을 기대했더니만 그 기대에 똥침을 놨잖아!"

"내가 뭘?"

토리가 큰 눈을 더 크게 뜨며 볼멘소리를 했다.

"숭구리당당 숭당당 수구당당 승승승. 이게 뭐냐? 이건 한 줄 역사 논평이 아니라 황당 역사 논평이라고 해야겠다."

"아자씨가 뭘 모르네. 갑신정변의 핵심이 뭐야. 청군 끌어들인 수구당의 승리 아냐? 그러니 수구당이 이겼다고 한 거지. 숭구리당당 숭당당 수구당당, 라임(시의 운율) 죽이지 않아? 시에 대해서 뭘 아셔야 대화가 되지."

그래, 니 똥 굵다, 이 말이 턱 밑까지 올라왔으나 참았다. 가뜩이나 토리와 스무 날 가까이 24시간 붙어 있다 보니 내가 점점 유치해지고 있다는 걸 느끼던 터라 그런 말로 더 유치해지기 싫었다. 나는 다음 수업을 위해 말없이 사진 한 장을 탁자 위에 올려놓았다.

"누구야? 웬 양반이 가마를 타고 가네."

"녹두 장군 전봉준이야. 동학 농민군 총사령관. 동학농민혁명 때 체포돼 재판받기 위해 가는 사진이야. 이번 시간엔 동학농민혁명과 전봉준 이야기를 해 보려고."

토리가 자리에 앉는 걸 보고 말을 이었다.

"앞 시간에 얘기했던 갑신정변을 부르주아 혁명이라고 해. 부르주아는 원래 중산층이란 프랑스 말인데 지금은 그냥 지배 계층의 의미로 쓰여. 그러니까 갑신정변은 조선의 지배층인 개화파 관료들이 일으킨 혁명이란 뜻이야. 다른 말로 위로부터의 개혁이라고도 하지. 이제 얘기할 동학농민혁명은 갑신정변과 반대로 아래로부터의 혁명이야. 지배 계층이 아닌 아래의 피지배 계층인 민중이 일으킨 혁명이란 뜻이지."

"위로 아래로, 아주 혁명도 풍년일세, 에헤라디여~"

"아유, 까불지 좀 마. 진지하게 얘기하는데. 암튼 위든 아래든, 부르주아 혁명이든 민중 혁명이든, 갑신정변과 동학은 낡고 부패한 조선을 개혁하려

• 동학농민혁명을 이끈 전봉준 장군(가운데)의 모습이 찍힌 유일한 사진이다. 1895년 2월 28일(음력) 한성의 일본 공사관에서 신문을 받은 전봉준이 재판을 받기 위해 법무아문으로 이송되는 과정을 일본인 무라카미가 찍은 사진으로 알려져 있다. 전봉준은 1855년 12월 3일 고창군 당촌 마을에서 출생했고, 1895년 3월 30일 새벽 2시 사형당했다. 그의 나이 41세였다. 그의 주검이 어떻게 처리되었는지는 아직까지 확인되지 않고 있다. ⓒ 동학농민혁명기념재단 제공

했다는 점에서 둘 다 근대로 가는 몸부림이었다고 할 수 있어. 두 사건의 또 하나의 공통점은 한중일 삼국이 얽혀 있다는 점이야."

"한중일 삼국이 얽혀 있다고? 요거 중요한 내용 같은데?"

"중요하지. 갑신정변에서 일본의 후원을 받은 개화파가 쿠데타를 일으키자 민비와 수구파가 청군의 도움으로 정변을 무력화시켰잖아? 동학농민혁명은 농민들이 관군을 상대로 전쟁을 벌이는 와중에 봉기를 진압하기 위해 조선에 들어온 청군과 일본군이 전쟁을 벌이고, 그에 승리한 일본군이 관군과 연합해 농민군을 진압하는, 삼국이 복잡하게 얽힌 사건이었지. 그럼 지금부터 녹두 장군 전봉준과 동학 농민들이 펼치는 갑오년 동학농민혁명 속으로 가 보세~."

동학농민혁명은 흔히 동학농민운동이라고 하는데 이 운동을 이해하려면 먼저 두 가지를 알고 가야 해. 하나는 동학이 뭔가 하는 것이고, 다른 하나는 동학운동이 일어나기 전 시대 상황이 어땠나 하는 거야.

동학은 1860년 최제우(1824~1864)가 창건한 토착 종교야. 천주교인 서학에 대응하려는 뜻에서 동학이라 이름 붙였지. 경주의 몰락한 양반 출신인 최제우는 서자 출신인 자기의 신분을 비관하며 젊어서 자연을 벗 삼아 도를 닦았어. 그러던 어느 날 산에서 마침내 깨달음을 얻었어. 시천주(侍天主), 하느님을 모신다! 보국안민(輔國安民), 나라를 보살피고 백성을 편안케 한다는 깨달음! 최제우가 만든 동학은 경주를 중심으로 조금씩 퍼져 나가더니 점차 농민들에게 널리 전파되기 시작했어. 그러자 조선 정부는 동학도 서학처럼 혹세무민하는 종교라는 이유로 최제우를 처형해. 혹세무민(惑世誣民)은 세상을 어지럽히고 백성을 홀려 속인다는 뜻이야.

이후 제2대 교주인 최시형(1827~1898)이 동학을 이끌었는데 최시형은 더욱 발전된 교리를 제시했어. 사인여천(事人如天), 사람은 누구나 하느님처럼 공경받아야 한다는 뜻이야. 최시형 대에 이르러 동학은 경상도를 벗어나 전라도, 충청도, 강원도 등 다른 지방으로 널리 퍼져, 동학농민혁명 때 농민들을 일으키는 큰 역할을 했지. 동학농민혁명을 단순히 종교적 차원의 혁명으로 보면 안 돼. 동학 조직 바탕 위에서 펼쳐진 혁명인 건 맞지만 동학을 믿는 신자들뿐 아니라 농민들도 대거 참여했거든.

농민들을 혁명의 장으로 불러낸 게 뭐였는지 아니? 그건 부패를 일삼는 조정 대신들, 탐욕스럽고 포악한 관리, 그리고 조선을 넘보는 외세에 대한 참을 수 없는 분노였어. 당시 조선은 민씨 친척 일가들이 부정부패를 일삼고, 지방 수령은 그들에게 뇌물을 바쳐 더 좋은 자리를 얻기 위해 농민들을 수탈하는 등 문제가 아주 많았어. 이 와중에 청, 일본, 미국, 영국, 독일, 러시아 등이 조선에 몰려와 이권을 차지하기 위해 침을 흘렸으니 농민들이 느끼는 분노는 대단했지.

그중에 농민들을 가장 힘들게 한 건 무거운 세금이었어. 농사지어 봐야

땅 주인에게 바치고 나라에 뜯기고 나면 뭐 남는 게 있어야지. 그래서 흉년엔 세금 좀 깎아 달라고 요구하다가 안 되면 봉기를 일으키곤 했는데 이런 분위기가 조선 후기까지 쭉 이어졌어. 그러다가 동학농민혁명의 도화선이 된 사건이 터졌지. 1894년 음력 1월 어느 날 일어난 고부 관아 습격 사건이야.

  1894년 1월 10일. 고부 관아에서 조금 떨어진 말목장터에 1천여 명의 농민들이 모여들었어. 한밤중에 농민들이 그곳에 모인 이유가 뭘까? 그건 탐관오리 고부 군수 조병갑을 처단하기 위해서였어.
  몇 해 전 고부 군수로 부임한 조병갑은 말도 안 되는 명목으로 농민들에게 세금을 물리고, 자기 아버지 송덕비를 세운다며 돈을 뜯고, 멀쩡한 저수지가 있는데 새 저수지가 필요하다며 농민들 끌어다 일을 시키고, 저수지가 완성되자 물세를 받았어. 농민들이 관아에 찾아가 어려움을 호소했지만 돌아오는 건 매질뿐이었어. 전봉준의 아버지도 관아에 항의하러 갔다가 매를 맞아 죽었지.
  농민들은 동학의 지역 책임자인 전봉준을 찾아가 울분을 토해 냈어. 전봉준은 이대로 당하고만 있을 수 없다고 판단했어. 이런 뜻에 따라 고부의 한 마을에 전봉준과 동학 대표들이 모였어. 이들은 봉기하려는 뜻을 적은 사발통문을 작성했어. 사발통문은 주동자가 드러나지 않게 하기 위해 엎은 사발 주위에 빙 둘러 이름을 적은 글이야. 사발통문에는 조병갑

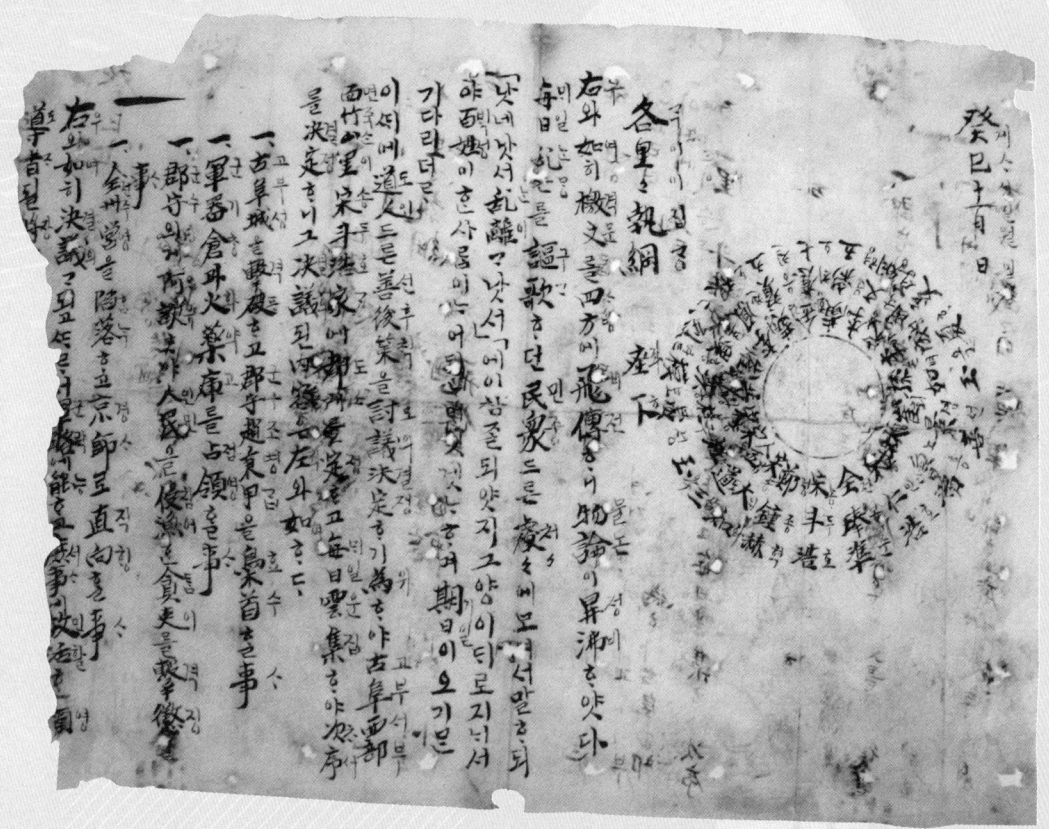

• 1893년 11월 조병갑의 횡포에 대항하기 위한 농민 봉기에 뜻을 같이하기로 한 사람들이 모여 서명을 하고 결의를 다진 사발통문이다. 누가 주동자인가를 알지 못하도록 서명에 참여한 사람들의 이름을 사발 모양으로 둥글게 빙 돌려 적은 문서를 사발통문이라고 한다._ⓒ 동학농민혁명기념재단 제공

을 처단하고, 전주를 점령하고, 한성으로 쳐들어가 부패한 권신을 처단하자는 내용이 담겨 있었지.

1월 10일 말목장터에 모인 농민들은 횃불을 들고 고부 관아로 쳐들어갔어. 하지만 조병갑은 이미 도망치고 없었어. 전봉준은 조병갑 밑에서 농민을 못살게 굴던 아전들을 응징하고, 창고를 부숴 그 안에 있던 곡식을 꺼내 농민들에게 나눠 주었어.

농민들의 기세가 심상치 않자 정부는 새로운 군수를 내려보내 농민들을 달랬어. 농민들은 그 말을 믿고 각자 일상으로 돌아갔지. 그런데 사태 수습을 위해 내려온 안핵사 이용태가 농민들을 동도, 즉 동학 도둑들이라며 잡아들이기 시작했어. 안핵사는 지방에서 발생한 민란을 수습하기 위해 파견되던 벼슬이야.

분개한 전봉준은 여러 지역을 돌며 동학 교도들을 모았어. 그러고는 오늘날 고창 지역인 무장에서 다시 봉기를 일으켰어. 정부와 전쟁을 선포한 이 봉기를 '무장 기포'라 해. 기포란 동학 조직을 총동원한다는 뜻이야.

무장 기포 이후 동학 농민들은 부안에 있는 백산에 모였어. 백산은 높이가 그리 높지 않은 야트막한 산이야. 이곳으로 1만에 가까운 동학 농민들이 죽창을 들고 모여들었어. 산은 흰옷 입은 농민들로 가득했어. 농민들이 일어서면 하얀 백산이고, 앉으면 죽산(竹山)이었지.

농사철에 농민들이 자식 같은 농사를 팽개치고 한곳에 모였을 때는 그럴 만한 이유가 있을 거야. 그리고 그 농민들을 한 방향으로 이끌려면 전쟁을 지휘하는 지도부와 대의명분이 꼭 필요해. 백산 대회에서 동학 농민군은 전봉준을 총사령관으로 추대했어. 백성을 편안케 하자는 보국안민과 포악을 물리치고 백성을 구하자는 제폭구민(除暴救民)이 쓰인 깃발이 휘날리는 백산에서 전봉준은 4대 행동 강령을 선포했어.

첫째, 사람과 가축을 함부로 죽이지 말라.
둘째, 충효를 다하여 세상을 구하고 백성을 편안케 하라.
셋째, 일본 오랑캐를 몰아내자.
넷째, 서울로 진격하여 부패한 권세가를 처단하자.

봉기의 목표는 이처럼 명확했어. 부패한 권세가를 처단하고 일본 오랑캐를 몰아내는 것. 백산 대회를 마친 수천 동학 농민군은 북을 두드리고 나팔을 불며 출정했어. 이후 농민군은 고부, 고창, 무안, 함평, 영광 등을 돌며 관아를 공격해 무기와 식량을 확보하며 관군과 싸웠고, 황토현과 황룡촌 전투에서 관군과 싸워 승리하며 그들의 제1차 목표인 전주성을 향해 나갔지.

전봉준과 동학 농민군은 마침내 4월 27일 전주성을 점령했어. 대단한 기세였지. 무장에서 기포한 지 한 달여 만에 전라도의 거의 모든 고을을 접수하고 호남 제1성이라는 전주성을 점령했으니까. 하지만 전주성 점령 후 전쟁은 전봉준이 전혀 예상하지 못한 상황으로 치달았어.

전주성이 동학 농민군 손에 떨어졌다는 소식을 들은 정부는 경악했어. 호남 제1성이자 태조 이성계의 영정이 모셔진 전주성이 농민군에 함락당하다니. 이들의 다음 목표는 어디란 말인가!

당황한 정부는 임오군란 때 그랬고, 갑신정변 때도 그랬던 것처럼 재빨리 청군에 도움을 요청했어. 청군은 이에 즉각 응답해 청군 수천 명이 아산만을 통해 상륙했지. 그런데 청군도 문제지만 더 큰 문제가 생겼어. 청군이 들어오자 일본군도 제물포를 통해 조선에 군대를 보낸 거야.

부르지도 않은 일본군은 왜 들어왔냐고? 갑신정변 이후 청나라와 일본이 맺은 톈진 조약에서 청·일 두 나라는 '어느 한 나라가 조선에 군대를 파병하면 그 사실을 알린다.'는 조항이 있었는데 청군이 일본에 파병 사실을 알리자 일본군이 조선 내 일본인을 보호한다는 명분으로 군대를 보낸 거야. 동학농민혁명 때 들어온 일본군은 이후 조선 역사뿐만 아니라 청나라, 그리고 세계 역사에도 큰 영향을 끼쳐.

청군과 일본군이 들어오자 조선 정부도 동학 농민군도 모두 당황했어. 자칫하면 이들에게 우리 땅에 군대를 머물도록 빌미를 줄 수 있겠다는 우려 때문이었지. 그래서 정부와 동학 농민군은 휴전 회담을 열고 휴전에 합의했어. 이것이 전주 화약이야. 화약을 맺으면서 전봉준은 정부에 정치 개혁안을 제시했어.

탐관오리를 엄하게 징벌하라. 노비 문서 불태우고 천민 차별하지 말고 신분제 폐지하라. 무명잡세를 폐지하라. 과부 재혼을 허가하라. 관리 채용 시 집안·신분·지위를 타파하고 인재 위주로 하라. 왜와 내통하는 자를 엄히 징벌하라!

무명잡세는 정당하지 않은 다양한 명목의 세금을 말해. 전주 화약 이후 농민군은 집으로 돌아가고, 전라도 지역에 집강소가 설치됐어. 집강소는 일종의 농민 자치 기구인데 농민들이 고을의 행정을 집행하는 거야. 전주 화약 이후 전봉준은 집강소 활동을 독려하고 감독하는 활동을 하고 있었어. 그런데 그 시각 한성에선 놀라운 일이 벌어지고 있었어.

농민군과 화약을 맺은 정부는 청군과 일본군에게 나가 달라고 요구했어. 청나라는 동시에 나가자고 일본에 제의했지. 그런데 일본군이 요 핑계 조 핑계 대며 안 나가는 거야. 그러더니 경복궁으로 쳐들어가 친청 정권을 몰아내고 친일 내각을 세웠어. 참으로 기가 막힌 노릇이지. 그런데 더 기가 막힌 건 그날 청나라 군대와 전쟁을 시작한 거야! 일본이 이렇게 나올 줄 조선 정부도 청나라도 동학 농민군도 몰랐겠지. 이제 한반도 상황은 정부의 관군과 동학 농민군이 싸우고, 일본군과 청군이 부딪히는 동시다발 전쟁 상황으로 치닫게 되었어.

이 소식을 들은 전봉준은 다시 봉기하기로 결정했어. 지난봄 봉기 때는 반봉건을 내걸고 싸웠지만 이제는 왜를 몰아내려는 반외세 항일 투쟁을 벌이기로 했지. 전봉준은 동학 농민군을 전라도 삼례로 모이도록 했어.

흩어졌던 동학 농민들이 삼례로 모여들었어. 그런데 제2대 교주 최시형이 이끌고 있는 동학 농민들이 오지 않았어.

동학군은 크게 전라도 지역의 남접과 그 위 지역의 북접으로 나뉘어 있었는데 지난봄 봉기 때도 북접 동학 농민군은 전쟁에 나서지 않았어. 최시형은 관군과 싸우는 것보다 동학을 널리 알리고 백성들을 보살피는 게 더 중요하다고 생각했어. 이런 생각 때문에 이번에도 선뜻 전봉준이 이끄는 동학 농민군에 합류하지 않았던 거야. 하지만 청나라와의 전쟁에서 승기를 잡은 일본군이 대대적인 동학 농민군 토벌 작전에 나서자 최시형도 갈등하지 않을 수 없었어. 최시형은 고민 끝에 출병하기로 결정했어. '좌즉사 동즉생! 앉아 있으면 죽고, 움직이면 산다!'는 논리로.

마침내 북접 농민군이 전봉준 부대에 합류했어. 삼례를 출발, 충청도 방향으로 북상한 동학 농민군은 공주 우금치에 도착했어. 우금치 고개를 넘으면 공주고, 공주를 점령하면 서울로 진격하는 데 유리한 위치를 점하게 돼. 관군과 일본군 연합군도 그 사실을 알고 동학 농민군이 우금치를 넘지 못하게 하기 위해 고갯마루 양편에서 무장한 채 농민군을 기다렸어. 일본군이 왜 우리 동학 농민을 공격하느냐고? 조선 정부를 장악한 일본군이 동학 농민을 없애야 자기들이 더 마음대로 조선을 좌지우지할 수 있다고 생각해서 그런 거야.

11월 9일 싸움이 시작됐어. 동학 농민군이 우금치 고갯마루를 향해 진격했어. 관군과 일본군은 농민군을 향해 소총과 최신식 기관총을 발사했어. 농민군이 쓰러지고, 수십 차례 공방 끝에 살아남은 농민군은 5백여 명밖에 되지 않았어.

우금치전투에 패한 전봉준은 비통한 마음으로 충청도에서 전라도로 후퇴했어. 그러다가 다시 싸움을 준비하기 위해 순창에 있는 옛 부하의 집에 머무르던 12월 2일, 믿었던 옛 부하의 밀고로 붙잡혔어. 이로써 부패한 정치가를 몰아내려던 동학 농민들의 꿈도, 왜를 물리치고 자주적인 나라를 만들고자 했던 전봉준의 꿈도 무너져 내리고 말았지.

이야기를 마치자 토리가 또 한숨을 폭 쉬었다.
"갑신정변도 그렇고, 동학도 그렇고 다 실패의 연속이네."
"꼭 그렇지만은 않아. 신분제를 철폐하라는 동학 농민들의 요구가 갑오개혁 때 채택됐으니까. 비록 일본군의 개입으로 실패했지만 동학농민혁명이 워낙 거대한 물결이어서 이 물결이 그냥 말라 버리지는 않았어. 항일 의병 투쟁으로, 그리고 일제 강점기 때 무장 독립 전쟁으로, 그리고 해방 이후 독재 정권을 무너뜨린 민주화 정신으로 흘러 들어갔지."
"그때 고종 임금은 뭐 하고 있었어?"
"그게 안타까운 부분인데 그때 고종이 농민들의 개혁 요구를 수용해 개혁에 나섰다면 조선이 강해지고 그렇게 쉽게 일본에 먹히지 않았을지도 몰라. 하지만 고종과 민비는 국가 안보보다 정권 안보에 더 신경 쓰느라 결국 외국 군대 불러들여 나라를 그렇게 만든 것 같아."

"그렇구나. 근데 전봉준은 붙잡혀서 어떻게 됐대?"

"어떻게 되긴. 정도전, 조광조, 허균, 홍경래, 김옥균 등 개혁가들이 그렇듯이 비극적인 죽음을 맞았지. 시 한 편 들려주고 동학 이야기 마쳐야겠다. 전봉준이 순창에서 붙잡혀 눈 내리는 들판을 지나 한성으로 압송되는 장면을 노래한 시가 있는데 한번 들어 봐. 안도현 시인이 쓴 〈서울로 가는 전봉준〉이란 시야. 읽어 줄게. 흠흠."

눈 내리는 만경들 건너가네

해진 짚신에 상투 하나 떠가네

가는 길 그리운 이 아무도 없네

녹두꽃 자지러지게 피면 돌아올거나

울며 울지 않으며 가는

우리 봉준이

(중략)

봉준아 이 사람아

그때 갈 때 누군가 찍은 한 장 사진 속에서

기억하라고 타는 눈빛으로 건네던 말

오늘 나는 알겠네

들꽃들아
그날이 오면 닭 울 때
흰 무명 띠 머리에 두르고 동진강 어귀에 모여
척왜척화 척왜척화 물결 소리에
귀를 기울이라.

"우왕! 시 멋지다. 눈 내리는 만경들 건너가네, 울며 울지 않으며 가는 우리 봉준이, 척왜척화 척왜척화, 캬! 내가 시 좀 써 봐서 아는데 이 시는 거의 천재 수준이야."

"그러니? 척왜척화는 동학농민혁명 구호였어. 일본을 배척하고 그들과 화친하는 것도 배척한다는 뜻이지. 난 시 좀 안 써 봐서 그런 거까지는 모르겠고, 아무튼 감동이 김제 벌판 까마귀 떼처럼 몰려오는 거 같긴 하다. 그나저나 꼭 해야 할 말이 있었는데 까마귀 얘기하다 보니 까먹었네. 생각나면 해 주기로 하고 좀 쉬자. 녹두 장군 보냈더니 너무 힘들다. 휴."

"알았어. 십 분간 휴식합시다. 아 참, 토리의 한 줄 역사 논평은 하고 쉬어야지. 헤헤. 동학농민혁명……, 농민혁명……, 동학……. 히야, 안 떠오르네. 나도 좀 쉬어야겠다."

한눈에 보는 한국·중국·일본

1889	1894	1894. 6.	1894. 9.	1895. 3.	1895. 4.
한 방곡령 선포	한 동학농민혁명	중 일 청·일전쟁 (~1895)	한 우금치전투	한 전봉준 처형	일 청과 시모노세키 조약 체결 | 삼국 간섭

1895. 10.	1896. 2.
한 을미사변 | 을미개혁	한 아관파천 | 김홍집 피살

• 치욕의 현장 경복궁 내 건청궁의 장안당 모습이다. 1895년 10월 8일 새벽, 일본군 수비대, 낭인, 영사 경찰 등으로 이뤄진 일본 자객들이 건청궁 장안당 앞마당에서 명성황후를 시해했다.

세 번째 이야기

조선의 국모를 죽이다니

토리와 나는 머리를 식힐 겸 큰 바위 하우스를 나왔다. 해는 어느새 중천에 떠 있었다. 우리는 해를 따라 섬을 돌기 시작했다. 토리섬은 쉬엄쉬엄 걸어서 삼십 분이면 한 바퀴를 돌 수 있을 만큼 작았다. 섬 둘레를 걷던 우리는 둘만의 아지트인 바위에 걸터앉았다.

"토리야, 동학농민혁명에 불을 붙였던 탐관오리의 대명사 고부 군수 조병갑은 어떻게 됐는지 아니?"

"당연히 모르지."

"몰라서 너무 고맙다. 나중에 조병갑은 고등법원 판사가 돼서 동학 제2대 교주인 최시형에게 사형 판결을 내렸어. 아, 엄벌을 받아도 시원찮은데 높은 자리에 올라 최시형에게 사형 언도라……. 그리고 고부 봉기 후 해산했던 농민들을 다시 봉기하게 만든 이용태 알지? 사태 수습하러 왔다가 애먼 농민들 잡아들이는 바람에 농민들이 다시 봉기하게 만든 장본인. 그자는 나중에 학부대신을 지냈어. 지금의 교육부 장관. 이런 탐관오리들이 꽥꽥꽥 설쳐 댔으니 나라가 안 망하면 이상한 거지."

토리가 눈을 반짝였다.

"아자씨가 탐관오리 얘기하니까 한 줄 역사 논평이 생각났어! 들어 보실라우? 켁켁. 동학농민혁명은 오리 사냥, 어때?"

나는 미간을 찌푸리며 토리를 쳐다봤다.

"동학 농민들이 오리 잡아먹었단 기록은 못 봤는데."

"어린이 책 작가라는 양반이 이렇게 상상력이 부족해서야. 동학 농민들이 탐관오리의 대명사 조병갑 처단하려고 봉기했다며. 그러니까 오리 사냥인 거지. 탐관오리 사냥."

들고 보니 그럴듯했다.

"우아, 토리 대단하다. 탐관오리 얘기 들더니 바로 오리 사냥으로 연결하네! 갑신정변 한 줄 논평 때 '숭구리당당 숭당당 수구당당 숭숭숭' 하길래 아, 이 코너는 바로 폐지되고 말 것이다, 했는데 오리 사냥이 살렸네, 살렸어. 가만, 나도 뭐 하나 생각난 게 있어. 어서 들어가자."

나는 서둘러 큰 바위 하우스로 들어왔다. 그리고 탁자에 앉자마자 이야기를 꺼냈다.

"이번 시간엔 여우 사냥 이야기를 해 줄게."

"여우 사냥? 내가 오리 사냥 말했다고 바로 따라 하네. 크크."

"따라 하긴 누가 따라 한다 그래. 사건이 그렇다는 거지."

"알았어. 근데 여우 사냥이 뭐야?"

"일본인들이 경복궁에 침입해 조선 왕비를 시해했는데 그때 일본인들이 붙인 작전명이 여우 사냥이래. 동학농민혁명 다음 해인 을미년에 일어난 변란이라 해서 을미사변이라고 부르지."

토리가 벌린 입을 다물지 못했다.

"놀랍지? 나도 너한테 이런 얘길 하는 게 부끄럽다만 부끄러워도 어쩌겠냐. 500년 조선 역사에서 가장 어처구니없고 치욕스러운 역사지만 역사는 역사니까. 그때가 언제였냐 하면……."

그렇게 운을 뗀 뒤 나는 칠판에 지도를 그렸다.

"여기 지도를 봐. 조선을 둘러싼 일본, 청나라, 러시아 보이지? 이 나라들의 입장을 알아야 앞으로 벌어질 사건을 이해할 수 있어. 먼저 남쪽에서 불어오는 일본의 태풍. 일본은 목표가 뚜렷해. 조선을 먹는 거야. 강화도 조약 때부터 초지일관. 아니, 어쩌면 임진왜란 때부터라고 봐야지. 다음은 청나라의 황사 바람. 청나라의 목표는 조선에 대한 종주권을 유지하는 거야. 그런데 동학농민혁명 와중에 일어난 청·일전쟁에서 일본에 패하는 바람에 그 지위를 잃어버렸어. 그래서 조선이 어느 한 나라의 지배를 받으면 베이징(북경)이 위태로워질까 봐 전전긍긍하는 상황이야. 마지막으로 러시아의 시베리아 칼바람. 러시아는 동아시아로 진출하려는 욕심이 있었어. 그래서

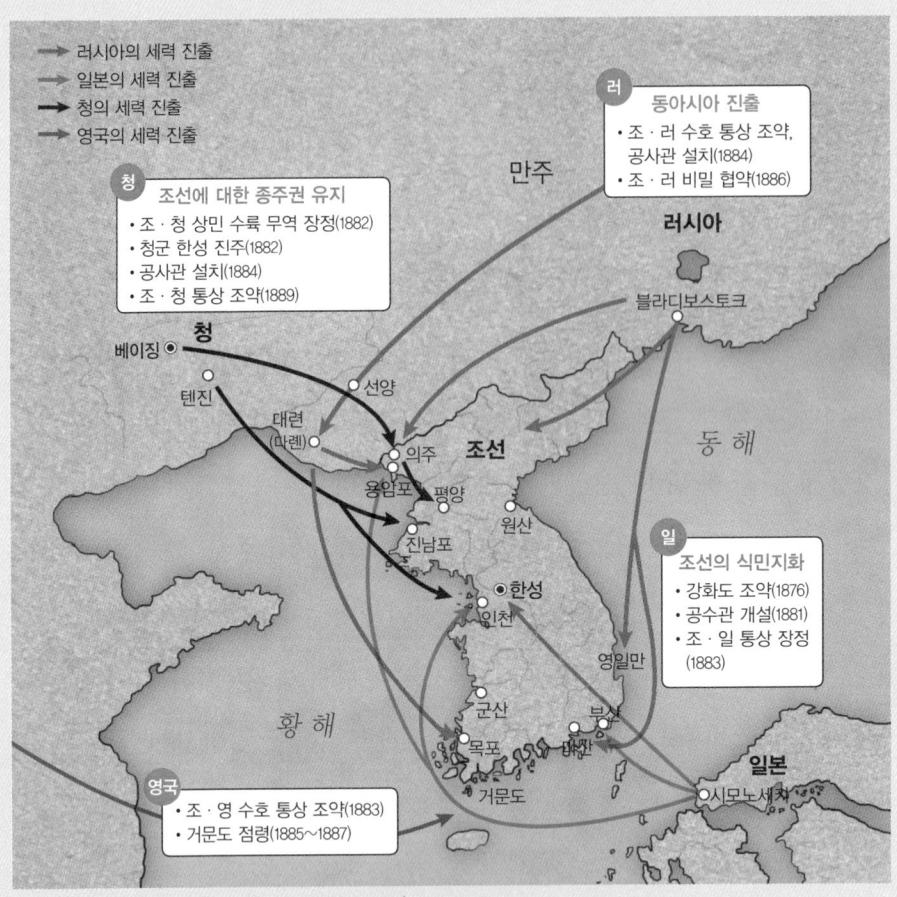

• 한반도를 둘러싼 열강의 대립

만주와 한반도에 남다른 애정을 가지고, 아니 애정이라기보다 욕심이라고 해 두자, 남다른 욕심을 가지고 조선에 영향력을 강화했지. 정리해 보자. 서쪽 청나라, 남쪽 일본, 북쪽 러시아 세 나라가 한반도로 돌진하는, 삼각 김밥 옆구리 터지는 상황. 이게 바로 동학농민혁명이 진압되고 을미사변이 일어나기 직전의 상황이야. 이해하겠니?"

"당근 이해하지. 그 정도는 중국과 일본 역사를 이미 통달한 내가 모를 리 없잖아?"

"아, 그러셔? 그럼 을미사변이 일어난 배경도 알겠네?"

"고건 모르지. 그 얘긴 나카무라 상한테 못 들었거덩."

"그럴 거야. 그분이 그 얘길 했을 리 없지. 을미사변은 우리에게 참 치욕적인 역사지만 일본도 어디 가서 얘기하기 부끄러운 역사일 테니까."

나는 을미사변 이야기를 시작했다.

청·일전쟁에서 승리한 일본은 전리품으로 랴오둥(요동)반도와 타이완(대만)을 할양받았어. 청한테 넘겨받았다는 뜻이야. 그때부터 타이완은 1945년 독립할 때까지 일본의 식민지로 지냈어. 문제는 랴오둥반도였어.

일본이 한반도를 지나 만주까지 치고 올라오자 가장 위협을 느낀 건 러시아였어. 일본이 자꾸 밀고 올라오면 러시아의 남하 정책과 충돌할 테니까. 그래서 러시아는 프랑스와 독일을 끌어들여 일본에게 랴오둥반도를 청에 돌려주라고 압박했어. 이것이 이른바 삼국 간섭이야.

일본은 좋다 말았지. 빼앗았던 땅을 도로 빼앗길 처지였으니까. 그때 분통하다며 자결하는 일본 군인이 생기고 난리도 아니었어. 일본이 그렇게는 못 하겠다고 버티면 되지 않느냐고? 청나라는 운 좋게 이겼지만 아직 러시아를 상대하기엔 일본의 힘이 모자랐어. 때문에 울며 겨자 먹기로 랴오둥반도를 청나라에 돌려줘. 이 일로 일본은 러시아에 이를 갈았고, 10년 뒤 러·일전쟁에서 복수를 하지.

삼국 간섭으로 일본이 러시아 말대로 하는 모습을 보고 이때가 기회라고 생각한 사람이 누구였겠니? 랴오둥반도를 돌려받은 청나라? 아니야. 조선의 민비였어. 민비는 믿었던 청나라가 일본에게 져 물러간 뒤로 엄청난 위기감을 느끼고 있었는데 러시아가 짜잔 하고 나타나자 마치 구세주를 만난 듯 기뻤어. 그래서 친일 관료들을 몰아내고 친러 내각을 수립했어.

자괴감을 느낀 일본은 뭔가 비상한 방법을 동원해서라도 조선에서의 지위를 회복해야겠다고 결심했지. 비상한 방법이란 조선 침략의 최대 걸림돌이자 친러 정책의 우두머리인 조선 왕비를 제거하는 것. 왜 왕이 아니고 왕비냐고? 누누이 말했다만 고종은 큰 힘을 발휘하지 못하고 중전 민씨와 민씨 친척 일가가 권력을 휘두르고 있었기 때문이야.

일본은 조선 왕비를 시해하는 시나리오를 만들었어. 영화 제목은 여우사냥. 제작은 이토 히로부미 내각, 감독은 일본 공사 미우라, 주연은 민비와 일본 자객, 그리고 조연으로 흥선대원군과 고종, 일본 낭인들, 조선 훈련대장 등등, 촬영지는 경복궁 내 건청궁, 개봉일은 1895년 10월 8일.

장면 1. 일본인들이 새벽 2시경 지금의 마포구 공덕동에 있는 흥선대원군 별장으로 달려갔어. 흥선대원군을 데리고 경복궁으로 쳐들어가려고. 흥선대원군을 데려가려는 건 나중에 시해 사건의 책임을 떠넘기려는 이유에서였지. 일본인들이 흥선대원군에게 경복궁으로 가자고 요구하자 한동안 실랑이가 벌어졌어. 그 바람에 시간이 지체됐어. 마침내 흥선대원군을 태운 가마가 경복궁 정문인 광화문에 닿은 시각. 일본 군인과 시해를 맡은 오십여 명의 일본 자객들도 광화문 앞에 도착했어.

장면 2. 새벽 5시경. 새벽잠 없는 새들이 일어나 쩩쩩거릴 그 시각에 일본 군인들과 낭인들이 담을 넘어 광화문을 열어젖혔어. 낭인은 떠돌이 무사들인데 이번 작전에 참여한 일본 낭인들은 단순한 어중이떠중이가 아니야. 미국 유학파도 있고, 일본의 최고 대학을 나온 지식인에, 조선에서 발행하는 일본 신문인 〈한성신보〉 사장과 기자들처럼 최고급 엘리트들이었지. 그들은 대개 극우 성향의 일본인들이었어. 극우는 극단적으로 보수 성향을 나타내는 집단을 말해.

문이 열리자 흥선대원군이 광화문으로 들어갔어. 궁궐 수비대를 이끌던 미국인 군인이 궁궐 침입자들과 일전을 벌였지. 그런데 조금 싸우다 일본군의 우세한 화력에 겁을 먹고 모두 도망쳤어. 이 전투에서 조선군 훈련대 대장 홍계훈이 전사했어. 일본 군인들과 낭인 자객 오십여 명은 근정전을 지나 고종과 민비가 거처하는 건청궁으로 쳐들어갔어.

　장면 3. 자객들은 먼저 고종 침전으로 쳐들어가 고종을 협박하고 왕세자를 칼등으로 내리쳐 쓰러뜨렸어. 그렇게 고종을 위협한 뒤 곧바로 민비를 찾아 나섰지. 그 시각 민비는 건청궁 내 건물인 옥호루에 있었어. 곤녕합에 있었다고도 해.

　궁녀들 틈에서 민비를 발견한 자객들은 건물을 뛰쳐나가는 민비를 쫓아가 마당에서 칼로 내리쳤어. 그러고는 죽은 민비의 시신을 이불에 감싸서 건청궁 옆 녹산으로 가져가 석유를 뿌리고 불태워 버렸어. 이것으로 조선 왕비 시해 사건인 여우 사냥 작전이 완결되었지.

　장면 4. 날이 밝자 일본 공사 미우라는 만행에 항의하는 외국 공사들에게 이번 사건은 흥선대원군이 정적인 며느리를 제거하기 위해 조선인 훈련대를 앞세워 꾸민 일이라고 뒤집어씌웠어. 하지만 일본 낭인들이 민비를 시해하는 모습을 본 미국인, 러시아인 목격자가 잇따라 일본인 짓이라고 증언하자, 일본 정부는 정부와 상관없이 일부 일본인 낭인들이 벌인 일이라 발뺌했지. 그래도 세계 여론이 들끓자 일본 정부는 시해에 가담한 일본인 48명을 일본으로 소환해 재판을 열었어. 그리고 얼마 뒤 여론이 잠잠해지자 증거 불충분으로 모두 석방했어. 을미사변 이후 일제는 조선에 대한 영향력을 회복하고 다시 친일 내각을 수립했지.

이야기를 마치자 토리는 벌린 입을 다물지 못했다.

"일본 사람들 그렇게 안 봤는데 정말 너무했네."

"이건 있을 수도 없고 있어서도 안 되는 일이야. 어떻게 정치 깡패들이 남의 나라 궁궐에 쳐들어와 한 나라의 왕비를 무참히 살해할 수 있니."

"그러게. 내가 조선 수업 들으면서 이방원의 왕자의 난, 수양대군의 삼촌의 난, 인조의 조카의 난, 또 뭐 있지? 영조의 아버지의 난 다 봤지만 을미사변처럼 어처구니없는 일은 처음이야. 일본은 그렇다 치고 조선은 왜 그런 치욕을 당한 거야?"

"그만큼 힘이 없었던 거지. 안방에서 왕비가 살해되는 걸 막지 못할 만큼. 고종은 덜덜덜 떨고만 있었고."

토리가 안타까운 표정을 지었다.

"그런데 시아버지 흥선대원군이 민비 시해에 가담했다는 게 사실이야?"

"그 부분에 대해선 의견이 갈려. 오랜 정적이었던 며느리를 제거하려고 흥선대원군이 일본 공사와 짰다는 설도 있고, 일제가 꾸민 얘기라는 견해도 있어. 그런데 한 가지 눈여겨볼 증언이 있어. 개화파 중 한 사람인 유길준이 흥선대원군이 일본 공사와 공모했다는 말을 했어. 이 말 또한 100퍼센트 사실인지 모르겠지만 흥선대원군과 민비의 오랜 다툼이 조선 망국의 한 원인이었다는 건 부인하기 어려워. 부끄러운 우리의 흑역사다, 에효."

"그 얘긴 지난번 조선 시대 강의 때 들었던 기억이 나. 민비가 낳은 아들이 산삼 달인 물 먹고 죽은 뒤 시아버지한테 원한을 품게 됐다는 거. 그 뒤로 시아버지와 원수가 됐다지? 근데 민비는 어떤 인물이야? 비슷한 시기에 청나라에선 서태후가 독재 권력을 휘둘러 나라를 거의 망하게 했다던데 그쪽인가?"

"어쭈구리, 중국사 좀 배웠다고 잘 갖다 붙이네. 서태후랑 다른 점도 있지만 닮은 면도 있어. 권력 움켜쥐고 사치한 거. 그래서 그런지 민비 시해되고 난 뒤 조선 민중들 반응이 좀 묘했어. 왕비가 원수 같은 일본 놈들한테 시해됐으니 울어야 할지, 부패와 사치로 나라 말아먹다 죽었으니 웃어야 할지, 헷갈렸지."

토리가 헷갈린다는 듯 고개를 갸우뚱했다.

"어쨌거나 민비가 돌아가셨으니 이제 명성황후라고 불러 드려야겠다. 명성황후가 어떤 인물이었는지 들어 볼래? 외세 침략에 맞서 조선을 지키려 한 여걸이라는 평가도 있는데 그보단 청나라 서태후나 프랑스혁명의 한 원인이었던 마리 앙투아네트처럼 사치한 왕비였다는 평가도 있어.

앞서 얘기했던 유길준 있지? 유길준은 미국에 있는 스승에게 쓴 편지에서 '우리 왕비는 세상에서 가장 나쁜 왕비입니다. 왕은 인형이고 왕비는 그 인형을 가지고 노는 사람입니다.' 이런 말을 했어. 이런 평가가 나올 수도 있겠다 싶을 만큼 명성황후는 권력을 틀어쥐었고, 사치스러웠지."

"그럼 조선의 서태후 맞네."

"그런가? 더 있어. 미신에 빠져 무당을 궁에 불러들여 굿을 하고, 아픈 아들 낫게 해 달라며 유명한 산과 큰 절에 가서 제사 지내느라 쌀과 비단을 바치고, 그렇게 왕실 금고와 국고를 탕진했어. 심지어 갑신정변 때 칼 맞은 민영익 있지? 민영익을 치료해 준 미국인 의사 알렌에게 10만 냥을 하사했어. 지금 돈으로 50억쯤 되는 거금을. 또 자기와 친한 릴리어스 호턴 언더우드가 결혼할 때 100만 냥을 축의금으로 주었대. 통 크지? 이렇게 국고를 탕진했으니《매천야록》을 쓴 유학자 황현이 '대원군이 10년간 쌓은 국부를 순식간에 탕진했다.'고 한 말이 헛말이 아닌 것 같다."

"아유, 명성황후님을 어쩔?"

"어쩌긴 뭘 어째, 역사의 비극이지. 그러나 명성황후가 아무리 그런 잘못을 했다 한들 난리 때마다 청나라 군대 불러들인 것보다 나쁘진 않을 거야. 임오군란 때, 갑신정변 때, 동학농민혁명 때 청나라 군대 불러들여 청군이 용산에 주둔하게 된 것을 시작으로, 일제 강점기 때는 일본군이, 해방 뒤에는 미군이 그곳에 주둔해 외국 군대 주둔 역사가 이어져 왔으니까. 명성황후 이야기는 여기까지 할까?"

말이 끝나기 무섭게 토리가 한 줄 역사 논평! 하고 외쳤다.

"그래, 해 봐라."

"오케이, 켁켁. 을미사변. 조선 역사 500년 이래 제1대 치욕 사건."

토리의 논평을 듣고 내가 말했다.

"틀린 말은 아닌데 우리 입장에서 보면 그렇지만 이 사건은 일제의 만행에 좀 더 초점을 맞춰야 하지 않을까 싶다. 일제가 저지른 지구촌 최악의 만행. 끝."

한눈에 보는 한국·중국·일본

1894. 6.	1894. 7.	1895. 4.	1895	1896. 2.	1896. 7.
중 일 청·일전쟁 (~1895)	한 갑오개혁 (~1896. 2.)	일 청과 시모노세키 조약 체결 | 삼국 간섭	한 을미사변 | 을미개혁	한 아관파천 | 김홍집 피살	한 독립협회 설립

1897
한 고종 환궁 | 대한제국 선포

• 아관파천 이후 열강의 이권 침탈

네 번째 이야기

러시아 공사관으로 피신한 국왕

이야기가 끝났는데도 토리는 한동안 어안이 벙벙한 표정을 지었다. 을미사변 이야기가 그렇게 충격적이었나? 나는 분위기 전환을 위해 퀴즈 하나를 냈다.

"토리야, 배운 거 점검도 하고 분위기도 바꿀 겸 이 아저씨가 문제 하나 낼게."

그제야 토리가 두 눈을 크게 뜨며 반색했다.

"문제라면 또 내가 자신 있지. 헤헤."

"좋아. 시작한다. 동학농민혁명 이후 일본이 조선 정부를 압박해 추진한 개혁을 갑오개혁이라고 합니다. 갑오개혁의 내용이 아닌 것은 무엇일까요? 1번 신분제 폐지, 2번 과거제 폐지, 3번 과부 재가 허용, 4번 단발령. 자, 맞혀 보시죠, 토리 학생."

토리가 손으로 턱을 괴고 생각하는 척하더니 입을 열었다.

"하, 내가 시를 짓거나 논술에는 강한데 고르는 거에는 약해. 에이 모르겠다. 정답. 과거제 폐지!"

"땡! 정답은 단발령이다. 친일 내각은 갑오개혁을 단행해 양반 상민 노비 따위의 신분 제도를 폐지하고, 신분제를 유지하는 데 기여해 온 과거 제도도 폐지했어. 동학 농민들의 요구가 반영돼 남편을 잃은 과부들이 다시 결혼할 수 있게 허가해 주고. 그럼 단발령은 뭐냐? 이건 명성황후 시해 뒤 일본이 고종과 조선 정부를 압박해 시행한 을미개혁의 내용 중 하나야. 단발령이 뭐냐면, 머리카락을 자르라는 거야. 서양식으로. 이것도 우리 역사에서 파장이 굉장히 컸던 조치였어. 단발령 이후 조선 사람들은 수천 년간 길러 온 머리를 싹둑 자르고 지금 내 머리 모양처럼 하고 다니기 시작했으니까. 갑오개혁과 을미개혁은 중요한 부분이니까 내일 생활사 3분 특강 때 자세히 알아보는 것으로 하고, 오늘은 을미사변에 이어 어처구니없는 한국사 두 번째 이야기를 해 줄게."

토리가 안타까운 표정을 지었다.

"그땐 뭐가 그렇게 어처구니없는 일이 많아?"

"그러게 말이다. 그게 다 나라가 힘이 없어서 그런 게 아닐까 싶구나. 이번 이야기는 아관파천이야. 을미사변이나 아관파천은 초등 역사 교과서에 한두 줄밖에 나오지 않아. 그런데 이 두 사건은 당시 조선의 상황과 조선을 두고 벌이는 외세의 힘겨루기를 이해하는 데 무척 중요한 사건이야. 을미사변이 원인이 되어 아관파천이 일어나고, 아관파천은 이후 대한제국 선포로 연결되거든. 그래서 외계인인 너에게 들려주기 부끄러운 역사지만 양심적이고 객관적이며 역사 왜곡이라고는 털끝만큼도 하지 않는 이 작가께서 부끄러움을 무릅쓰고 해 주는 거야. 알겠니?"

"알겠습니다. 나잘난 작가님. 근데 아관파천이 뭐야?"

"1896년 신변의 위협을 느낀 고종이 러시아 공사관으로 피신한 사건이야. 아관은 러시아 공사관을 뜻하고, 파천은 임금이 피난 가는 걸 말해."

"고종이 피난을 갔다고? 전쟁이라도 났나?"

"전쟁은 아니고, 그러니까, 그게……."

내가 우물쭈물하자 토리가 탁자를 두 손으로 두드렸다.

"부끄러움을 무릅쓰고 얘기해 준다며. 어서 시작합시다."

토리의 말을 듣고 나는 아관파천 이야기를 시작했다.

열두 살 어린 나이에 임금이 되어 아버지 흥선대원군의 그늘 아래서 기를 못 펴고 살다가 직접 나랏일을 보면서는 명성황후 치마폭을 벗어나지 못한 채 무늬만 왕 노릇 하던 고종은, 왕비가 일본 낭인들에게 살해되자, 울분을 느꼈어.

고종은 울면서 말했어.

"내 상투를 잘라 짚신을 삼아 왕비의 원수를 갚는 자에게 주겠노라. 꺼이꺼이."

하지만 울분보다는 공포가 더 컸어. 일제의 칼날이 곧 자신을 겨누게 될 거란 생각에. 이런 공포감 때문에 고종은 을미사변이 일어나고 한동안 수라상을 거부한 채 외국산 통조림과 날달걀만 먹었어. 고종은 자기가 보는 앞에서 통조림을 따게 했고, 날달걀도 자기가 보는 앞에서 깨뜨리게 했어. 독살당하지 않으려고. 경복궁은 일본군에 둘러싸이고, 고종은 그렇게 꼼짝없이 갇혀 지내는 연금 상태에 놓이게 됐지.

그때 지방에선 유생과 민중들이 을미사변과 단발령에 반발해 의병을 일으켰어. 그러자 서울에 있는 관군과 일본군이 의병 진압을 위해 지방으로 대거 내려갔지.

고종은 어떻게든 경복궁으로부터 벗어나 안전한 곳으로 피하고 싶었어. 그래서 러시아 공사에 은밀히 연락해 러시아 공사관으로 거처를 옮기고 싶다는 뜻을 전했지. 그러자 친러파 관료들이 고종의 마음을 알고 러시아 측과 비밀리에 피신 작전을 짰어.

1896년 병신년 2월 10일 새벽. 경복궁 서문인 영추문 앞에 가마 두 대가 나타났어. 가마 안에는 궁녀 복장을 한 사람이 타고 있었지. 영추문이 열리고 가마를 멘 가마꾼들이 총총걸음으로 어둠속을 헤쳐 나갔어.

얼마 뒤 가마가 도착한 곳은 정동에 위치한 러시아 공사관. 가마에서 여인 복장을 한 어른과 사내아이가 모습을 드러냈어. 고종과 세자였지.

아관파천 작전은 성공했고, 그날 이후 러시아 공사관에서 고종의 피난살이가 시작됐어.

난리 때 임금이 피란 가는 건 그리 낯선 풍경은 아니야. 거란 2차 침입 때 고려 현종은 강감찬의 권유로 전라도 나주까지 피란을 갔고, 몽골 침입 때는 수도를 아예 강화도로 옮기기까지 했어. 임진왜란이 일어나자 선조는 서울 한성을 버리고 압록강 턱밑인 의주까지 피란을 갔고, 병자호란 때 인조는 남한산성으로 파천을 했어. 아, 또 있다. 한국전쟁 때 이승만도 한강대교 폭파하고 부산까지 피란을 갔지. 그래서 그런지 고종이 경복궁을 극적으로 탈출해 러시아 공사관으로 피신한 건 특별한 잘못이 아니며 일제의 위협으로부터 벗어나 주권을 회복하려는 의지라고까지 두둔하는 역사학자도 있어.

실제로 고종은 아관파천 이후 정국의 주도권을 쥐고 친일 내각을 무너뜨리고 친러 내각을 수립했어. 그리고 친일 개화파였던 김홍집과 어윤중 등을 죽이라고 명하지. 그때 김홍집은 일본의 만류에도 불구하고 고종을 만나러 가다가 성난 백성들한테 맞아 죽었어. 그렇다고 고종이 손상된 조선의 체면을 되살리지는 못했어. 가장 비참했던 건 고종과 조선을 바라보는 세계 각국의 시선이었어. 서구 열강들은 러시아 공사관으로 피신한 고종을 보고 조선이 과연 독립국이라 할 수 있는지 의구심을 품었지.

아니나 다를까, 열두 살 어린 나이에 임금이 되어 무늬만 왕 노릇 하다가 왕비가 시해되는 걸 보고 충격에 휩싸인 고종이 아관파천을 한 이후

부터 기회만 노리던 열강의 이권 침탈이 기승을 부렸어.

가장 신난 건 고종을 모시고 있는 러시아였지. 국제 관계에서 공짜는 없어. 조선 왕이 자기들 손안에 들어오자 러시아는 각종 이권을 챙기기 위한 문서를 들이밀고 고종에게 사인을 강요했어. 그 결과 러시아는 아관파천 기간 동안 두만강과 울릉도의 삼림 채벌권과 금광 채굴권을 독차지했지.

그러자 다른 나라들이 러시아 너만 먹냐, 이러면서 이권 침탈에 달려들었어. 미국은 경인선 철도 부설권과 금광 채굴권을, 프랑스는 경의선 철도 부설권을, 일본은 경부선 철도 부설권을 따냈어. 그야말로 열강의 이권 침탈로 나라가 거덜 날 판이었지.

이때 재미난 일화가 있어. 미국이 금광에서 금을 채굴하는데 조선인 노동자를 부렸거든. 그런데 조선 사람들이 금을 가져가려고 할 때마다 '노 터치(No touch), 노 터치(No touch)!' 그랬대. 그래서 조선 사람들은 그 말을 노다지로 알아듣고 금을 노다지로 알았다는 거야. 그래서 지금도 노다지는 황금이나 큰 횡재를 뜻하는 말로 쓰여.

러시아 공사관에서 고종이 꼼짝도 하지 않자 일제는 러시아 공사관에 대포를 동원해 고종더러 궁으로 돌아오라고 요구했어. 그런다고 나갈 고종이 아니지. 고종은 일본이 저렇게 무력시위를 벌여도 공사관으로 밀고 들어오지 못한다는 걸 알았으니까. 그랬다간 러시아와 전쟁을 치러야 하는데 아직 일본은 그럴 힘이 없었거든.

러시아와 일본은 겉으로 으르렁대고 싸우는 척했지만 실제는 우리 모르게 조선을 놓고 은밀한 협상을 벌였어. 서로 싸우지 말고 조선을 39도선을 기점으로 나눠 먹는 게 어떻겠냐고. 북위 39도선이면 평양에서 원산만을 잇는 라인인데 이거 어디서 본 것 같지 않니? 신라가 당나라와 나당 동맹을 맺을 때 합의한 경계잖아. 협상은 러시아가 받아들이지 않아 무산됐지만 50년 뒤 조선은 해방이 되자마자 미국과 소련에 의해 38도선으로 분단이 되고 말지.

 나라 체면은 바닥이고 재산은 다 뜯기고, 도무지 왜 러시아 공사관으로 피신했는지 모를 지경이 되자 독립협회를 중심으로 고종의 환궁을 요구하는 목소리가 커졌어. 그래도 버티던 고종은 러시아 군사고문이 들어오자 환궁을 결심해. 그리고 마침내 피난 생활을 한 지 정확히 1년 만에 경운궁으로 돌아왔지.

 아관파천은 일제 침략을 조금 지연시키긴 했지만, 조선의 자주성을 크게 훼손시켰고, 열강의 이권 침탈이 가속화되는 결과를 낳았어. 그나마 성과라면 환궁 이후 나라의 분위기를 새롭게 하려고 대한제국을 선포한 거야. 그러나 조선이 대한제국이 되고 왕이 황제가 되었다고 국력이 강해지지도 않았고, 일본과 러시아가 조선을 침탈하려는 계획을 포기한 것도 아니었으니 결과적으로 큰 의미가 없어. 고종이 러시아 공사관으로 피신했다 돌아온 이야기는 여기까지.

이야기를 마치고 토리에게 물었다.

"개항 이후 일어났던 개혁 움직임과 외세의 침탈 과정, 이해가 되니?"

"대충 이해는 되는데 좀 복잡하네."

토리가 두 손으로 머리를 감싸 쥐었다.

"그렇다고 좌절하지 마라. 네 머리가 나빠서 그런 게 아니라 굵직굵직한 사건들이 꼬리에 꼬리를 물고 터져 나와서 그런 거니까. 알기 쉽게 한 번만 정리해 줄게.

민비와 민씨 친척 일가의 부패와 수탈에 저항해 동학 농민들이 봉기를 일으키자 민씨 정권이 청나라에 군대를 요청하고, 청나라 군대가 들어오자 일본 군대도 들어와 두 나라가 청·일전쟁을 벌이고, 전쟁에 승리한 일본이 랴오둥반도를 할양받지만 러시아, 프랑스, 독일의 삼국 간섭으로 랴오둥반도를 돌려주게 되고, 이후 친러 정권이 수립되자 화가 난 일본은 친러 정책을 이끄는 명성황후를 시해하고, 왕비가 시해되는 걸 보고 충격에 휩싸인 고종이 러시아 공사관으로 피난을 가고, 1년 만에 환궁한 뒤 대한제국을 선포하지. 이게 동학농민혁명부터 청·일전쟁, 을미사변, 아관파천, 대한제국으로 이어지는 흐름이야. 이제 이해가 돼?"

"응. 이제 좀 알 거 같네. 역시 아자씨의 정리는 너무나 일목요연해서 머릿속에 그림이 쫙 그려진단 말이야."

"됐다. 허니버터칩 꿀 찍어 먹는 소리 하지 말랬지? 한 줄 역사 논평하고 오늘 강의를 마무리하자."

"오케이. 왕비 시해는 을미사변, 아관파천은 병신참변."

토리의 한 줄 논평은 아팠다. 그렇다고 뭐라 반박할 말이 없었다. 토리 말대로 아관파천은 병신년에 일어난 참변이었으니까. 나는 조용히 노트를 접었다.

밀려오는 외국 제품과 빠져나가는 쌀과 콩

"자, 오늘 본문 강의 마쳤으니 즐거운 생활사 강의를 시작해 볼까?"
토리가 반가운 표정을 지었다.
"그럽시다. 오늘 수업은 쿠데타로 시작해 혁명, 사변, 파천까지 너무 스펙터클해서 머리가 아플 지경이야. 어후!"
"알아. 그래서 이 아저씨가 말랑말랑한 이야기 준비했잖니. 주제는 개항 때 조선에 어떤 물건들이 들어왔고, 어떤 물건이 빠져나갔을까?"

개항이 되자 조선으로 서양 물건들이 물밀 듯 몰려왔어. 처음 보는 신기한 물건부터, 더 신기한 파란 눈의 사람들까지 온통 신기한 것 천지였지. 그중 사람들의 관심을 끈 건 생활에 필요한 물건들이었어. 예를 들면 옷이라든가, 석유, 성냥, 구두, 화장품 이런 물건들.

그 가운데 가장 인기 있는 건 옥양목이었어. 옥양목이란 옥처럼 흰 서양 면을 뜻해. 옥양목은 주로 영국에서 대량 생산으로 만들어 낸 면이었는데 이게 우리네 농가에서 부업으로 만드는 것보다 색깔이 희고 면이 고왔어. 대량으로 들어오다 보니 가격도 쌌고. 때문에 옥양목이 큰 인기를 끌었지. 옥양목은 일본 무역상이 중국에서 싸게 사서 조선에 들여와 이익을 남기고 팔았어. 그러고는 또 조선에서 쌀이나 콩을 싸게 사서 일본에 비싸게 팔았지. 일본 상인들이 그렇게 돈을 벌었어.

옥양목 못지않게 인기 있는 물건이 있었어. 성냥이야. 간편하게 칙, 그어 불을 붙이는 성냥이 들어오자 생활이 여간 편해진 게 아니었어. 담뱃불 붙일 때, 아궁이에 불 땔 때 아주 유용했지. 성냥이 없을 땐 그럼 어떻게 살았냐고? 부싯돌을 이용해 불을 붙이기도 하고 각 가정마다 불씨를 보관해 그걸 이용해 불을 붙였어. 숯을 재로 잘 덮어 보관하거나 화로에 숯을 담아 두었다가 사용하는 방식으로. 그런데 편리한 걸 맛본 이상 이전에 불편한 건 사용하기 어려운 게 사람 사는 이치야. 그래서 성냥은 부싯돌을 밀어내고 생활필수품으로 자리 잡았지.

우리나라에 성냥이 처음 들어온 게 언제인지 아니? 1880년 개화 승려 이동인이 일본에 수신사로 갔다가 돌아오는 길에 가져온 게 처음이라는구나. 그 뒤 1910년 일본 사람이 인천에 성냥 공장을 세우면서 본격적으로 생산이 되었어. 지금은 라이터가 있어 성냥 쓸 일이 거의 없지만 일제 강점기 이래 1970년대까지 성냥은 없어서는 안 되는 생활필수품이었어. 1910년대 이후 인천에 많은 성냥 공장이 세워지고 그곳에서 일하는 여성 노동자들이 생겨서 그들의 애환을 담은 〈인천 성냥 공장 아가씨〉란 노래도 생겨났지.

성냥만큼 인기 있는 생필품이 또 있었어. 석유야. 1890년 미국의 한 석유 회사가 조선에 들어와 석유를 팔기 시작하면서부터 우리나라에서 본격적인 석유 소비가 시작됐어. 석유는 주로 불을 밝히는 석유램프의 원료로 쓰였어. 남포등으로 불리는 석유램프는 또 얼마나 편리했는지. 석유가 들어오기 전에 조선 사람들은 식물 열매에서 기름을 짜서 원료로 썼어. 그러나 더 밝고 오래가는 석유가 들어오자 부잣집에서는 석유를 넣은 남포등을 사용했어. 지금도 그렇지만 석유를 전량 수입해 오니까 가난한 집에선 석유등을 사용하더라도 일찍 불을 끄고 잠을 자야 했지. 외국산 생필품이 밀려들어 오자 이를 우려하는 목소리도 높았어. 황현이 《매천야록》에 기록한 내용이야.

1880년 무렵부터 석유를 사용하기 시작했다. 한 홉으로 사나흘 밤낮을 사용한다. 석유가 나오자 산과 들에 기름 짜는 열매가 사라지고 온 나라가 석유램프를 쓰지 않는 사람이 없었다. 또한 서양 솜이 들어오자 목화 농사가 잘되지 않았고, 부업으로 무명을 짜 팔던 농민들이 몰락하고 목화 재배 농가가 피해를 입었다. 양철이 들어오자 철의 생산이 줄어들고, 서양식 부싯돌인 자기황(성냥)이 널리 사용되었다.

더 큰 문제는 통상이 허용되면서부터 조선은 심각한 무역 적자를 보게 되었다는 점이야. 통상이 뭐니? 물건을 사고파는 거잖아. 그런데 우리가 들여오는 건 양이 무궁무진한 공산품이고, 수출하는 건 땅에서 나는 한정된 농산물이었어. 농산물이 일본으로 대량 빠져나가자 우리 경제에 문제가 생겼지.

당시 일본으로 빠져나간 건 주로 쌀과 콩, 쇠가죽 같은 물품이었어. 특히 쌀과 콩을 일본 무역상들이 많이 사 갔는데 조선에서 나는 쌀과 콩의 70퍼센트 이상이 일본으로 빠져나갔지. 당시 일본은 한창 산업화가 진행 중이어서 노동자들에게 싼값으로 공급하기 위해 조선의 쌀을 마구 사들였어. 그때 일본에 쌀을 수출하는 대지주와 대상인들은 이득을 보았지만 가난한 우리 농민들은 비싼 쌀 사 먹느라 생활이 더 궁핍해졌지. 그래서 나중엔 일본으로부터 다시 쌀을 들여와야 할 정도였어.

사태가 심각해지자 조선의 곡물이 대량으로 빠져나가는 걸 막기 위해 방곡령을 시행했어. 방곡령은 함경도 관찰사 조병식이 흉년으로 식량이 부족해지자 일본 상인이 사들인 곡물을 일본으로 반출하는 걸 금지한 조치야. 그러나 방곡령은 일본 상인들의 반발로 큰 실효를 거두지는 못했지.

이런 현상을 보며 "거 봐라, 내 이럴 줄 알고 통상을 반대한 거 아니냐."고 생각한 사람이 있어. 최익현이라는 보수파 유학자야. 이 사람이 전에 조선 정부가 일본과 통상을 한다고 할 때 광화문 앞에 도끼를 들고 나가 통상 반대 상소를 올린 적이 있는데 그때 이런 말을 했어.

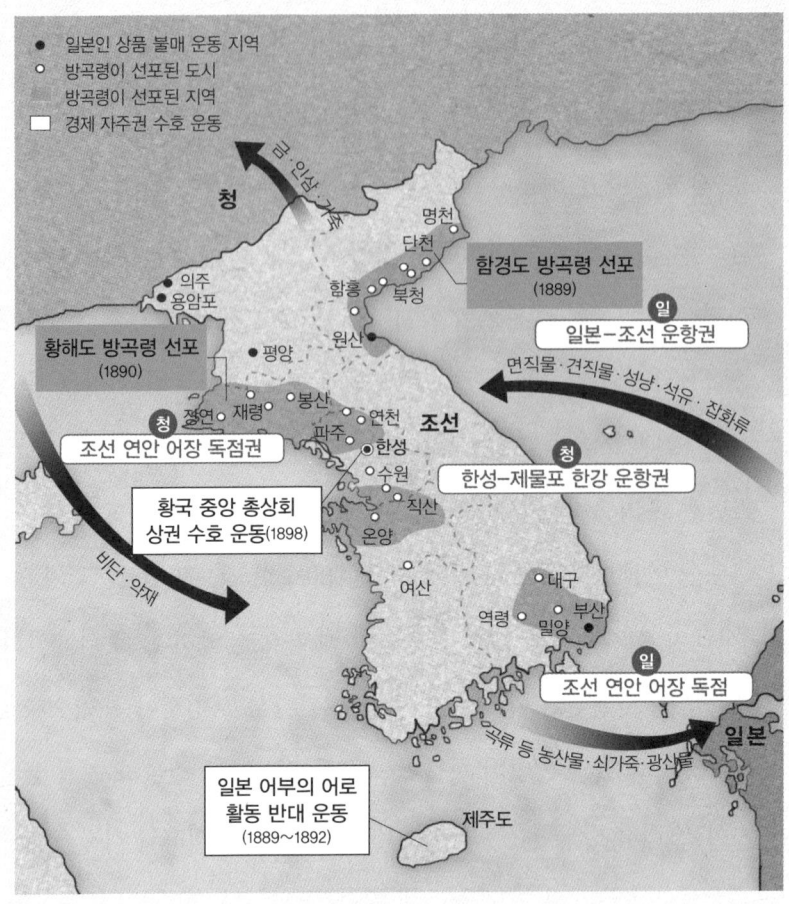

• 개항 이후 열강들의 경제 침탈과 조선의 경제 자주권 수호 운동

"저들의 물화는 모두 사치스런 공산품으로 그 양이 무궁합니다. 반면 우리 물화는 모두 백성들의 생명이 달린 것이고 땅에서 나는 것으로 한정이 있습니다. 이와 같이 백성의 목숨이 달려 있는 물화와 저들의 물화를 교역한다면 몇 년 지나지 않아 땅과 집이 황폐하여 보존하지 못하고 나라는 망할 것입니다."

최익현의 우려대로 일본과의 통상 때문에 조선이 망한 건 아니지만 불리한 조건으로 통상을 하면 어떤 결과를 초래할지를 예견한 그의 통찰력은 인정해 줘야 할 것 같아.

사치품 이야기가 나왔으니 화장품 얘기해 줘야겠다. 개화기 때 엄마들에게 인기 있는 화장품이 있었어. 박가분이라고, 박가네 표 파우더야. 향내를 폴폴 풍기며 얼굴을 뽀얗게 만들어 주던 마법의 분가루. 처음에 박가분은 박승직이라는 상인이 동대문에서 포목점을 할 때 손님들이 물건을 사면 끼워 주던 물건인데 인기가 높아지자 아예 화장품 회사를 차려 박가분을 만들어 팔았지. 동서고금 노소를 막론하고 여인들이 예뻐지고 싶은 건 당연하잖아? 그러니 박가분이 날개 돋친 듯 팔린 거야. 나중에 가루에 납 성분이 들었다는 논란이 일어 사라지긴 했지만.

개화기 이후 서양 물품이 밀려들어 오면서 입는 것뿐 아니라 새로운 먹거리도 유행했어. 고종이 즐겨 마신 음료 얘기야. 고종은 아관파천 때 새로운 음료를 맛보았어. 색깔은 까맣고 맛은 씁쓸하지만 은근 중독성이 있는 커피. 고종은 러시아 공사관에 갇혀 지내면서 커피에 맛을 들였어.

• 조선 땅에 첫발을 들인 근대 문물들이다. 부싯돌 대신 성냥(위쪽), 마법의 분가루 박가분, 고종이 커피를 즐겨 마시던 정관헌이다._ⓒ 인천개항박물관, Hangidan, 국립민속박물관

경운궁(덕수궁)으로 환궁한 뒤에도 그 맛을 잊지 못해 커피를 즐겨 마셨지. 그래서인지 고종은 경운궁 내에 아예 정관헌이라는 서양식 건물을 짓고 그곳에서 외국 공사들과 커피를 마시며 환담을 나누곤 했어.

그때 커피는 가배차라고 불렸는데 커피를 궁궐 안에서 뿐만 아니라 궁궐 밖에서도 돈 내고 사 마실 수 있는 곳이 있었어. 정동에 서양식으로 지어진 손탁호텔이야. 그 호텔 1층에 양식당이 있었는데 대한제국의 관리들과 외국 공사들이 커피를 마시며 치열한 외교전을 펼치곤 했지. 이완용 같은 친일 매국노들도 여기서 커피 마시며 나라 팔아먹을 궁리 많이 하고. 참, 이 호텔에 다녀간 손님 중에 아주 유명한 사람이 있었어. 1904년 러·일전쟁 때 특파원으로 온 마크 트웨인인데 마크는 《톰 소여의 모험》과 《허클베리 핀의 모험》을 지은 유명한 미국의 소설가야.

"이것으로 개항 이후 밀려온 의식주 이야기 끝! 커피 얘기해서 그런지 커피가 마시고 싶구나. 커피 한잔 마셔야겠다."

내가 커피를 마시자 토리가 호기심 가득한 눈으로 쳐다봤다.

"궁금해? 궁금하면 한번 잡숴 봐."

컵을 내밀자 토리가 조심조심 한 모금을 마셨다.

"으으 써!"

토리가 얼굴을 찡그리며 컵을 내려놓았다.

"쓰냐? 나도 쓰다."

"이렇게 쓴 걸 왜 마신대?"

"인생이 원래 그런 거다. 쓰디쓴 커피 같다고나 할까? 그래도 커피는 지구인들이 가장 많이 마시는 차야. 남녀노소, 동양 서양, 부자 가난한 사람 가릴 것 없이 전 지구인이 마시지. 커피 마셨으니 바람 쐬러 나갈까?"

토리와 나는 큰 바위 하우스를 나왔다. 강의 시작 전과 끝난 후 토리섬을 산책하는 게 우리의 일상이 되었다. 밖은 어느새 어둠이 내려앉아 있었다. 짭조름한 바다 내음이 콧구멍 속으로 들어왔다. 우리는 한참을 걷다가 아늑한 바위 탁자에 걸터앉았다. 하늘엔 밝은 보름달이 떠 있었다. 나는 달을 보며 말했다.

"어제 말이야, 턱손이 기억 지우기 작전 갈 때 저 달을 보며 내가 얼마나 떨었는지 아니? 과연 네가 작전을 잘 수행할 수 있을까, 하고. 그런데 너 정말 대단하더라. 턱손이 부하들 천장에 껌 딱지처럼 올려붙이고, 턱손이 머리 포맷시키고, 아, 토리 대단해요!"

토리가 어깨를 으쓱하며 자못 거만한 표정을 지었다.

"그 정도는 껌이지 뭐. 켈켈."

"아유, 잘났어. 이제 심심해서 어쩌냐? 악당 캐릭터가 끝까지 지구 역사 탐구 못 하게 방해해야 재밌는데."

"없으면 또 생기겠지 뭐. 아니다, 그런 거 생기면 안 되지. 그건 그렇고, 캐릭터 얘기하니까 영화 생각이 나. 우리 오랜만에 영화 보자!"

토리가 두 눈을 반짝 뜨며 말했다.

"영화는 무슨. 너랑 나랑 무인도에서 역사 수업하다가 이렇게 앉아서 달 쳐다보는 게 이미 영환데 무슨 영화가 더 필요해? 영화는 됐고, 이 아저씨가 재밌는 얘기해 줄게. 저 달을 자세히 봐라. 뭔가 보이는 게 있을 거야."

토리가 한참 달을 쳐다보다 고개를 가로저었다.

"잘 보라니까. 계수나무 아래서 토끼 두 마리가 절굿공이로 쿵덕쿵덕 떡방아 찧는 거 안 보여?"

그제야 토리가 고개를 끄덕였다.

"아, 저게 그거였구나. 그러잖아도 지구에 올 때 쟤들이 저기서 뭐 하느라 태양계 시끄럽게 하나 궁금했는데 토끼들이 떡방아 찧는 소리였구나. 내가 토끼들 보고 떡 하나 주면 안 잡아먹지, 이러니까……."

"춥다. 들어가자."

"왜 벌써 들어가. 쟤들 방아 찧는 거 좀 더 보다 들어가지. 갈 때 달에 들러서 꼭 떡 얻어 가야겠다. 가면서 황금색 머리카락에 머플러 두른 어린 왕자한테도 좀 주고, 견우와 직녀도 주고, 은하철도 타고 여행하느라 배고플 텐데 메텔 아줌마랑 철이도 좀……."

"나 먼저 들어갈게."

내가 자리에서 일어나려 하자 토리가 나를 잡아끌었다. 나는 못 이기는 척 다시 앉았다. 토리에게 〈반달〉을 불러 주었다. 푸른 하늘 은하수 하얀 쪽배에 계수나무 한나무 토끼 한 마리……

둘째 날

일제, 조선을 탐하다

첫 번째 이야기	대한제국과 독립협회
두 번째 이야기	러·일전쟁의 무대가 된 한반도
세 번째 이야기	외교권 강탈당한 을사늑약
네 번째 이야기	돌아오지 못한 헤이그 특사 3인방
판타스틱 생활사 3분 특강	신분제 폐지와 단발령 시행

한눈에 보는 한국·중국·일본

1896. 2.	1896. 7.	1896. 11.	1897	1898. 3.	1898. 6.
한 아관파천 | 김홍집 피살	한 독립협회 설립	한 독립문 준공	한 고종 환궁 | 대한제국 선포	한 만민공동회 개최	한 황국협회 결성

1898. 7.	1898. 10.	1898. 11.	1899	1899. 9.	1900. 6.
한 양지아문 설치	한 관민공동회 개최	한 독립협회 해산	한 전차 개통(한성) | 경인선 개통	한 대한국 국제 반포	중 청, 의화단운동

• 독립협회의 활동

첫 번째 이야기

대한제국과 독립협회

여느 아침처럼 아침을 먹고 가볍게 섬 한 바퀴를 돌고 나서 큰 바위 하우스로 돌아왔다. 조선 시대를 마치고 근대 강의를 시작하고 나니 반환점을 돈 마라토너가 된 심정이었다. 조금만 더 참고 달리면 골인 지점이 나타나겠지.

마라톤이 그렇듯 반환점을 돌고 나면 숨을 헐떡이게 만드는 언덕이 펼쳐질 것이다. 일제 강점기 전후 이야기가 어쩌면 그런 시기가 될지도 모르겠다. 넘어야 한다! 나는 속으로 그렇게 다짐했다. 되돌아갈 수도, 중단할 수도 없는 지점에 와 있으므로. 내 표정이 진지해 보였는지 토리가 나를 빤히 쳐다봤다.

"아자씨는 아침부터 뭔 생각을 그렇게 골똘히 해?"

"어떻게 하면 너한테 재밌고 유익한 강의를 들려줄까 고민하는 중이야."

"아유 고마워라. 너무 고민하지 마. 지금도 충분히 파란만장하게 재밌으니까. 헤헤. 근데 참, 어제부터 우리 아자씨가 굉장히 다정해진 거 같아서. 말투도 그렇고."

"그러니, 토리야?"

"이것 봐. 아자씨 혹시 내가 턱손이랑 부하들 제압하는 거 보고 겁먹어서 그래? 큭큭."

"얘는, 무슨 말을 그렇게 하니. 그런 게 아니고, 어린 나이에 이역만리 타 행성에 와서 열일하는 거 보니까 짠해서 그래. 그래서 더 잘해 줘야겠단 생각이 들었어. 알겠니?"

나는 토리의 머리를 한 번 쓰다듬어 준 뒤 노트를 펼쳤다.

"오늘은 고종이 러시아 공사관에서 돌아온 뒤 우리 역사가 어떻게 흘러갔는지 살펴볼게. 그 전에 잠깐 어제 배운 거 복습해 볼까? 근대를 이야기하면서 내가 두 가지 열쇳말을 머리에 두고 있어야 한다고 했던 거 기억해?"

"아니, 기억 안 하는데."

"너 혹시 턱손이 기억 지울 때 네 기억도 지워진 거 아니니? 어떻게 어제 들은 걸 기억 못 해? 내가 말했잖아. 외세와 개혁이란 두 개념을 머릿속에 담고 강의를 들으면 이해에 도움이 될 거라고."

"맞다!"

토리가 두 손으로 탁자를 내리쳤다.

"이제 기억나? 그나마 다행이다. 외세의 간섭과 우리의 개혁 노력이 어떻게 연결되는지 잘 들어 봐. 청의 간섭은 갑신정변을 불러왔고, 일본의 간섭은 동학농민혁명을 불러일으켰고, 을미사변 이후 일본의 간섭은 의병 항쟁으로 나타났어. 그럼 아관파천 이후 러시아와 일본의 간섭은 뭘로 헤쳐 나갔을까요? 요게 바로 이번 수업 주제야."

"우왕, 정말 딱딱 맞네. 그러니까 뭐야, 개항 이후 다른 나라가 끊임없이 조선을 간섭하고, 조선의 개화파와 민중들은 끊임없이 외세에 저항하고 개혁을 부르짖었다는 말이잖아."

"이제야 내 말을 알아듣는구나. 개화기 우리 역사를 보면, 역사란 나와 나 아닌 것과의 투쟁이라고 한 역사학자 신채호의 말이 맞는 거 같아. 그래서 이 시간엔 고종이 러시아 공사관에서 돌아온 뒤 러시아와 일본의 도전에 우리가 어떻게 응전했는지 살펴볼 거야. 그럼 시작한다."

러시아 공사관에서 한 많은 피난살이를 하던 고종은 아관파천 1년 만인 1897년 2월 경운궁으로 돌아왔어. 환궁 이후 고종은 실추된 권위를 회복해야 한다는 여론이 들끓자 그해 10월 대한제국을 선포하고 황제 자리에 올랐어.

이건 굉장히 의미 있는 사건이야. 이제 조선은 더 이상 외세의 간섭을 받지 않고 당당한 자주독립국으로 살겠다는 선언이었으니까. 고종이 대한제국을 선포하자 일본은 "쳇, 황제는 무슨." 하며 무시했어.

하지만 러시아를 비롯해 서구 열강이 대한제국을 인정하자 일본도 할 수 없이 제국 수립을 인정할 수밖에 없었지. 고종은 중국의 연호를 버리고 '광무'라는 새 연호를 사용하기 시작했어. 더 이상 중국에 조공을 바치던 속국으로 살지 않겠다는 의지의 표현이지. 이후 고종이 대한제국을 근대적인 국가로 만들기 위해 어떤 노력을 했는지는 잠시 뒤에 살펴보기로 하고, 고종의 환궁과 관련이 있는 독립협회 이야기를 들려줄게.

고종이 러시아 공사관에서 나오지 않자 친일 관료들뿐만 아니라 민중들도 고종에게 어서 돌아오시라고 요청했어. 당연하지. 일국의 왕이 남의 나라 대사관에서 피난살이를 하는 게 말이 돼? 날이 갈수록 환궁 여론이 거세지자 고종은 경운궁으로 돌아와. 물론 고종이 환궁을 결심한 건 러시아로부터 군사고문과 궁궐 수비병을 지원받기로 한 이후야. 하지만 고종이 환궁하는 데는 국내 여론도 큰 역할을 했는데 그 여론을 주도한 단체가 바로 독립협회야.

독립협회는 〈독립신문〉을 창간한 서재필의 주도로 만들어진 우리 역사 최초의 근대적인 시민 사회단체야. 이 단체가 어떤 목적으로 만들어졌는지는 이름에 나와 있어. 독립! 하지만 독립협회의 독립은 일제로부터의 독립이 아니라 청으로부터 독립이야. 이 단체가 가장 먼저 한 사업을 봐도 알 수 있어.

독립협회가 가장 먼저 한 사업은 영은문을 헐어 버리고 독립문을 세우는 일이었어. 영은문은 조선 시대 때 중국 사신을 맞이하던 모화관 옆에 있던 문이야. 사대주의의 상징과도 같은 건물이지. 독립협회는 1896년 11월 공사를 시작해 이듬해 11월 마침내 독립문을 준공했어.

독립문을 건립한 뒤 독립협회는 러시아의 이권 침탈을 물리치는 일에 주력하기 시작했어. 고종이 러시아 공사관에서 나오고 대한제국을 세워 자주독립 국가가 된 거 아니냐고? 아직 아니었어. 고종이 러시아 공사관에서 나왔지만 여전히 러시아의 간섭을 받고 있었지. 독립협회는 대한제국의 이권을 침탈하는 러시아를 물리치기 위해 대대적인 군중집회를 계획했는데 그게 바로 조선 말 역사에 큰 획을 그은 만민공동회야.

만민공동회가 무슨 뜻일까? 1만 명이 모여 집회를 연다는 뜻이야. 1898년 3월 10일 독립협회는 종로에서 역사적인 첫 만민공동회를 개최했어. 당시 서울 인구가 17만가량이었다고 해. 그중 1만 명이 모였으니 얼마나 많은 사람이 모였는지 알 만하지?

만민공동회는 독특한 면이 있었어. 이제까지 조선 역사에서 볼 수 없었던 의견 표출 방식이었거든. 임오군란처럼 군인과 민중들이 폭력 투쟁을 전개한 것도 아니고, 갑신정변처럼 개화파 관리들이 쿠데타를 일으킨 것도 아니고, 동학 농민들처럼 죽창 들고 싸운 것도 아니야. 더구나 관아나 궁궐 앞에 가서 제발 세금 좀 깎아 주세요 하며 애걸복걸하는 것도 아니었어. 이들의 무기는 '말'이었어. 집회에 나와 누구든 자신의 의견을 표출하는, 오늘날의 촛불 집회라고 할까?

• 1898년 3월 10일 독립협회 주최로 종로에서 열린 만민공동회를 재현한 기록화이다. 어떠한 물리적 폭력 없이 '말'로써 의견을 표출하여 민중의 힘을 보여 준 집회이다._ⓒ 국가보훈처

만민공동회에 연사로 나선 전·현직 관료와 민중들은 러시아가 우리의 이권을 빼앗아 간다고 성토했어.

"부산 절영도를 빼앗아 사용하려는 계획을 철회하라! 한러은행 설립을 철회하라!"

첫 만민공동회가 예상 밖의 성황을 이루자 고종과 친러파 대신들, 각국 공사, 지탄의 대상이 된 러시아, 그리고 만민공동회를 주관한 독립협회 간부들 모두 깜짝 놀랐어. 조선 민중들의 응집된 힘이 이렇게 세다니! 그런데 가장 놀란 건 만민공동회에 참석한 민중들 자신이었어. 우리에게 이런 힘이 있었다니.

다음다음 날 민중들은 독립협회 간부들이 주관하지도 않았는데 자발적으로 다시 모여 만민공동회를 이어 갔어. 이번에도 러시아에 대한 규탄이 터져 나오자 러시아는 만민공동회에서 요구한 사항을 받아들일 수밖에 없었지.

독립협회는 그것에 만족하지 않고 계속해서 만민공동회를 열어 수구적인 친러 정권을 몰아내고 개화파 정권을 세우자고 주장했어. 그러던 10월 28일 역사적인 관민공동회가 개최됐어. 관민공동회란 정부 관리와 민중이 함께 집회를 연다는 뜻이야. 장관급 공무원과 민중들이 집회를 함께한다? 지금이라면 상상할 수도 없는 일이지.

독립협회는 관민공동회에서 헌의 6조를 건의하기로 의견을 모았어. 헌의란 윗사람에게 의견을 드린다는 뜻인데 헌의 6조에는 황제 권한을 강화하고, 외국에 이권을 넘길 때는 대신의 의결을 거치게 하자는 등의 내용이 들어 있었어. 관민공동회는 또 오늘날 국회 같은 의회를 설립하라고 요구했지.

관민공동회 이야기를 할 때 빼놓을 수 없는 사람이 있어. 박성춘이야. 그가 개막 연설자로 연단에 오르자 대회장 분위기가 일순간 조용해졌어. 박성춘은 조선에서 가장 천대받는 백정 출신이었거든. 연단에 오른 박성춘은 군중들을 향해 힘주어 말했어.

"나는 대한의 가장 천하고 무식한 사람입니다. 그러나 충군애국의 뜻은 대강 알고 있습니다. 나라를 이롭게 하고 백성을 편안케 하려면 어떻게 해야겠습니까? 관과 민이 뜻을 하나로 모아야 하지 않겠습니까, 여러분!"

박성춘은 관민공동회 연설로 유명 인사가 되기까지 말로 다 하기 힘든 차별을 당했어. 승동교회에 나가던 그가 세례를 받고 신자가 되자 그 교회 양반들은 교회에 발길을 끊었어. 백정과 한자리에서 예배를 드릴 수 없다며. 그들은 이런 말을 했어. 하나님을 믿으면 누구나 천당에 간다고 하는데 백정이 가는 천당이라면 나는 가지 않겠다!

승동교회의 서양인 선교사는 박성춘을 교회에서 내보내라는 요구를 거부했어. 그러고는 백정이 차별받지 않게 해 달라고 고종에게 탄원서를 냈지. 이런 도움으로 박성춘은 교회에 계속 다닐 수 있게 되었어.

친러파인 수구 세력은 만민공동회가 자기들을 공격 목표로 삼자 은밀하게 반격을 개시했어. 이들은 11월 4일 새벽 서울 시내에 허위 벽보를 붙였어. '독립협회가 고종 황제를 퇴위시키고 공화정을 실시해 누구누구를 대통령으로 삼으려 한다.'는 내용이었지.

벽보 내용을 접한 고종은 독립협회 간부들을 체포하고 협회를 해산하라고 명했어. 명령에 따라 독립협회 간부들이 체포됐지. 이에 민중들은 장작불을 피우고 철야 집회를 열었어. 시위가 거세지자 고종은 독립협회 간부들을 석방할 수밖에 없었지. 하지만 민중들은 매일 밤 철야 집회를 열어 독립협회를 부활하고 간신 모리배를 처벌하라고 요구했어. 측근들을 처벌할 수 없었던 고종은 난감했지. 고종은 결국 만민공동회를 무력으로 해산하기로 결심했어.

11월 21일 새벽. 철야 집회로 지쳐 있던 시위대 양편으로 몽둥이를 든 괴한 2천여 명이 들이닥쳤어. 이들은 보부상으로 이뤄진 황국협회 회원들이었어. 황국협회의 습격에도 이승만은 연단에 올라 그들과 맞서 싸우자고 열변을 토했어. 그러나 아무런 무장이 안 된 만민공동회 참석자들은 몽둥이 습격에 밀려 뿔뿔이 흩어졌지.

다음 날부터 성난 만민공동회 민중들과 황국협회 회원들 간의 전쟁을 방불케 하는 싸움이 전개됐어. 만민공동회 민중들은 보부상들과 싸우고 밤엔 철야 집회를 열어 개혁 정부를 수립하고, 황국협회 간부들을 처벌하라고 강력하게 요구했지.

사태가 걷잡을 수 없이 커지자 친러 수구파는 고종에게 군대를 동원해 만민공동회를 해산하라고 요청했어. 이를 받아들인 고종이 해산 명령을 내렸어. 12월 25일. 군대와 보부상으로 이뤄진 진압대가 농성 중이던 만민공동회를 습격해 수백 명을 체포하고 시위를 해산시켰어. 이로써 40일 넘게 이어지던 만민공동회의 철야 장작불 집회도 끝나고 독립협회 활동도 막을 내리고 말았지.

이야기를 마치자 토리가 한숨을 내쉬었다.
"이번에도 실패군."
"그런가? 그렇구나. 그래도 독립협회와 만민공동회의 역사적 의미는 커. 러시아 침탈을 물리쳐 자주독립국의 위상을 회복했으니까. 그때 민중들의 요구를 수용해 개혁을 이뤘더라면 대한제국이 좀 더 근대적인 나라가 됐을 텐데 이번에도 동학 때처럼 무력 진압을 택해서 민중의 힘이 크게 약화됐지. 이건 결국 일제가 가장 바라던 바였어. 민중의 힘이 세지면 조선을 식민지로 삼는 데 큰 장애가 될 테니까. 이런 거 보면 나라를 지키는 것보다 정권을 지키는 데 더 애를 쓴 고종이 안타깝다는 생각이 들어. 허위 벽보를 믿고 독립협회를 해산시켰으니."
"아까 대한제국의 개혁 이야기하다 말았잖아. 그건 어떻게 됐어?"
"고종은 몇 가지 근대적인 개혁을 시도했어. 군대를 보강해 국방을 강화하고, 근대적인 기업과 신식 학교를 많이 설립하고, 또 지상으로 다니는 전차도 일본보다 먼저 개통하고, 아무튼 독립협회 해산 이후 이런저런 노력을 하긴 했지. 하지만 일본이 본격적으로 대한제국을 침탈하는 바람에 개혁 노력은 별 성과를 내지 못했어. 때문에 오늘날 대한제국에 대한 평가는 분분해. 근대 국가 수립을 위해 노력했다고 보기도 하지만 무늬만 제국이었다고 보기도 하지. 그 부분은 오늘 강의 마칠 때 고종에 대한 평가와 함께 짚어 보도록 하자."

"그럼 이번 시간 끝난 건가? 한 줄 논평 들어가도 돼?"

"잠깐. 그 전에 하나 부탁할 게 있어. 강의 끝나면 말이다, 아쉽다, 넘 슬퍼, 뭐 이런 말 말고 내가 미처 생각하지 못했던 기발한 질문 좀 해 주면 안 되겠니? 이를테면 40일 넘게 매일 철야 시위를 했다면 그 사람들 밥은 어떻게 먹었어요? 같은."

"40일 넘게 철야 시위할 때 밥은 어떻게 먹었어요?"

"하, 옆구리 찔러 절 받기구나. 말 나온 김에 알려 줄게. 만민공동회는 서울 시민들한테 엄청 큰 호응을 받았어. 그래서 시전 상인들도 그에 동조해 시장 문 닫고 참여하곤 했는데 밥장수는 밥을 대 주고, 술장수는 술을 대 주고, 여기저기서 장작 날라 오고, 부자는 자기 집 팔아 기부하고, 심지어 거지도 동냥한 돈을 만민공동회에 기부할 정도였지."

"그랬구나. 근데 한마디로 독립협회의 이데올로기가 뭐야?"

"이데올로기? 독립협회의 이념이 뭐냐는 거지? 엉뚱하지만 중요한 질문 하라니까 정말 너한테 안 어울리는 질문을 하는구나."

"뭐가 안 어울려? 중요한 문제잖아. 독립협회의 이념, 사상, 생각, 뭐 그런 거."

"외세로부터의 자주독립, 우리 스스로 자강 개혁, 민주주의를 향한 자유민권, 됐니?"

"오케이, 이제 한 줄 논평 들어가도 되지?"

"잠깐. 한 가지만 더."

"또 뭐야? 나도 좀 하자."

"만민공동회와 관련된 주요 인물의 후일담을 소개할게. 이번 시간부터 필요할 때마다 이 코너를 활용할 생각이야. 역사적인 사건 뒤 주요 인물의 행적을 추적해 보는 핵꿀잼 인물 뒷이야기 '지금은 뭐 해요?' 코너, 어때?"

"걍, 막 던지는구만."

"던지긴 뭘 던져. 진짜 중요하니까 그렇지. 들어 봐."

서재필(1864~1951) 이분은 〈독립신문〉을 창간하고 독립협회를 창립한 사람인데 만민공동회 열기가 뜨거워지자 수구 세력에 의해 다시 미국으로 추방돼. 이분은 우리나라에 와서도 조선을 표현할 때 '귀국은' 뭐 이렇게 말할 정도로 철저히 미국 시민처럼 행동했어. 고종 앞에서도 뒷짐 지고 담배 피우고 안경 썼다고 욕 좀 드셨지. 이해는 가. 갑신정변 때 아버지, 형, 동생 모두 죽음을 당했으니 조선과 고종에 대한 원한이 얼마나 깊었겠니. 해방 뒤 돌아와 한자리하려다 이승만한테 또 쫓겨나는 비운의 주인공이야.

박성춘(1862~1933) 만민공동회가 낳은 최고의 스타지. 이분은 이후에도 백정들 인권 향상에 앞장섰는데 그의 아들을 서양 의사에게 보내 의술을 배우게 한 것으로도 유명해. 박성춘의 아들 박서양은 제중원 의학교를 1회로 졸업하고 세브란스병원에서 의사로 일하다가 만주로 가서 병원을 열고 독립운동가들을 치료했어. 훌륭한 아버지에 장한 아들.

이승만(1875~1965) 이분이야말로 만민공동회가 낳은 최고 스타 가운데 한 사람이야. 배재학당 출신으로 서양 문물과 자주독립 사상에 눈을 뜬 뒤 만민공동회에 적극 참여했어. 20대 청년이었던 그는 최고의 연사이자, 보부상과 시가전을 벌일 땐 임전무퇴 행동 대장으로 활약했어. 이후 역모죄로 감옥에 갇혔다가 고종 특사로 석방된 뒤 미국으로 건너갔지. 해방 후 돌아와 정부 수립 과정과 대통령이 된 후 우리 역사에 많은 오점을 남기기도 했는데 그 이야기는 차차 하기로 하자.

홍종우(1854~?) 갑신정변의 주역인 김옥균을 상하이에서 암살한 거 기억나? 홍종우는 황국협회 지도자로 보부상을 동원해 만민공동회를 습격했어. 이 사람 이력이 참 독특해. 조선인 최초의 프랑스 유학생으로, 1890년 프랑스에 유학 가서 《심청전》과 《춘향전》 등을 프랑스어로 번역했어. 외국 유학생들이 대개 개화사상을 가지게 되는데 이 사람은 왕을 중심으로 나라를 강하게 만들어야 한다는 생각을 가졌어. 고종의 밀명을 받고 김옥균을 암살한 건 우연이 아닌 것 같아. 자, 이것으로 지금은 뭐해요? 코너를 마치도록 할게.

✺

"이제 나 해도 되지? 토리의 한 줄 역사 논평, 만민공동회. 켁켁. 종로는 조선의 아고라였다. 어때?"

"뭐라고라? 조선의 아고라?"

"응. 만민공동회가 주로 종로에서 열렸다며? 아고라가 고대 그리스 시민들이 집회를 열던 광장이잖아. 그러니까 종로가 바로 조선 민중들의 아고라였다, 이 말씀. 헤헤."

"네가 이제 서양사까지 통달한 모양이구나. 이 아저씨도 마지막으로 한마디 할게. 만민공동회의 장작불 집회는 조선의 촛불 집회였다. 끝!"

내 한 줄 논평을 들은 토리가 고개를 갸우뚱했다.

"아까부터 촛불 집회, 촛불 집회 하는데 촛불 집회가 뭐야?"

"촛불 들고 집회하는 거지."

"그러니까 그게 뭐냐고?"

"시위의 한 방식이야. 시위할 때 돌을 던지거나 폭력을 휘두르지 않고 촛불을 들고 평화적으로 한목소리를 내는 거. 얼마 전에 우리나라에서 대대적인 촛불 집회가 열렸어. 지인인 최순실의 꼭두각시 노릇이나 하는 박근혜 대통령 물러나라고. 그렇다고 촛불 집회를 대통령 한 사람 몰아내자고 벌인 건 아니야. 이명박 박근혜 정부 9년 동안 무너진 민주주의를 회복하기 위해 국민들이 힘을 모은 거지."

"그런다고 대통령이 눈이나 깜짝하겠어? 촛불이 무슨 총도 아니고."

"처음엔 많은 사람들이 너처럼 생각했어. 하지만 2만으로 시작한 촛불이 20만, 100만, 200만, 1천만 개로 늘어나자 국회의원들을 움직였고, 국회에서 대통령을 탄핵해 결국 헌법재판소의 파면 결정으로 대통령 자리에서 물러났지. 아저씨도 촛불 집회에 몇 번 가 봤는데 그 방식이 무척 특이했어. 내가 대학교 다닐 때는 주로 대학생들이 거리에서 돌이나 화염병 던지며 시위를 했는데 촛불 집회 때는 젊은이들뿐만 아니라 유치원 아이부터 나이 많은 노인들까지 나와서 평화롭게 시위를 벌였어. 마치 거대한 민주화 운동의 페스티벌 같았다고 할까? 그래 난 처음에 이런 방식으로 시위를 하면 과연 대통령을 물러나게 할 수 있을까, 이런다고 세상이 바뀔까, 했는데 바뀌더라고. 응집된 평화의 물결이 부조리한 권력의 벽을 무너뜨리더라고. 그래서 외국에선 우리나라에서 벌어진 2016 겨울 촛불 집회를 촛불혁명이라고 높게 평가해. 청와대를 방문한 미국 백악관 공무원이 우리나라 대통령한테 촛불 집회가 너무 감동적이었다며 한국의 민주주의가 부럽다고 했을 정도."

토리가 놀란 듯 두 눈을 동그랗게 떴다.

한눈에 보는 한국·중국·일본

1894. 6.	1895. 4.	1902	1904	1905. 9.	1905. 11.
일 청·일전쟁 (~1895)	일 청과 시모노세키 조약 체결 | 삼국 간섭	일 영·일 동맹 체결	일 러·일전쟁 (~1905) 한 한·일 의정서 체결	일 러시아와 포츠머스 조약 체결	한 을사늑약 체결

1910
일 대한제국 강제 병합

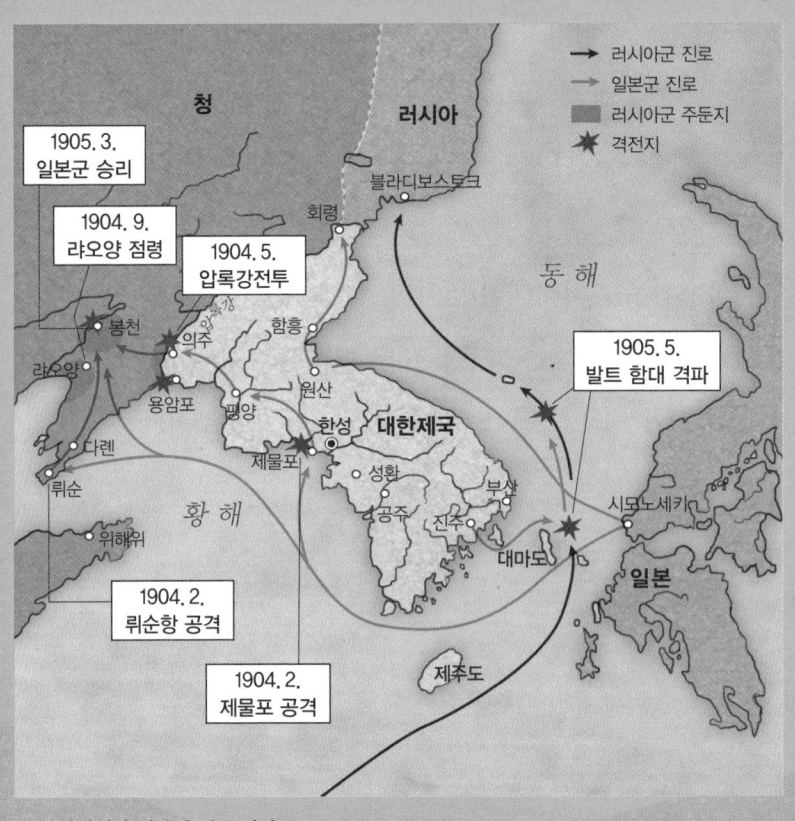

• 러·일전쟁과 일본의 대륙 침탈

두 번째 이야기

러·일전쟁의 무대가 된 한반도

"이번 시간엔 일제가 조선을 식민지로 만드는 데 분수령이 됐던 두 가지 사건에 대해 이야기를 해 줄게. 하나는 청·일전쟁이고, 또 하나는 러·일전쟁이야."

토리가 이상하다는 듯 고개를 갸우뚱했다.

"이상하네? 딴 나라가 전쟁을 벌인 거랑 조선이 식민지가 되는 게 무슨 상관이야?"

"아주 날카로운 질문인걸. 청·일전쟁과 러·일전쟁, 두 차례 전쟁에서 승리한 일본이 한반도에 대한 지배권을 확보했거든."

여전히 토리는 이해가 안 간다는 듯 고개를 갸우뚱했다.

"어떻게?"

"청·일전쟁 알지? 동학농민혁명 와중에 조선에 들어온 청군과 일본군이 자기들끼리 벌인 전쟁. 이 전쟁에서 패한 왕 서방네 식구들이 한반도 쟁탈전에서 떨어져 나갔어. 나카무라 상네 식구들은 이제 한반도를 접수하겠구나 생각했는데 갑자기 러시아가 나타나 삼국 간섭으로 제동을 걸었잖아. 그래서 벌어진 전쟁이 러·일전쟁이야. 러·일전쟁에서 일본은 모두의 예상을 깨고, 심지어 자기들 스스로의 예상마저 깨고 승리를 거뒀어. 그러자 러시아도 한반도에서 아웃. 그러니 남은 건 일본뿐이었지. 그래서 결국 일제가 한반도를 지배하게 되었다는 말씀."

그제야 토리가 머리를 끄덕였다.

"아, 그렇구나. 러·일전쟁에서 승리한 일본이 한반도 지배권을 갖게 되었고, 조선을 식민지로 만들었다, 이거 아냐. 이번 수업 정리 다 됐네. 바로 한 줄 역사 논평 갈까?"

"가긴 어딜 가? 아직 시작도 안 했는데. 러·일전쟁은 우리 역사에 지대한 영향을 끼친 사건이야. 오늘날 한국과 일본 사이에 갈등의 불씨인 독도 문제도 그때 비롯됐고. 그 부분도 살펴봐야 하니까 가려거든 너 혼자 가."

토리가 금세 비굴한 표정을 지었다.

"아유, 아자씨 또 왜 그래. 내가 갈 데가 어딨다고. 나한테 가란 말 하지 마. 지구 역사 탐구 못 끝내면 우리 별로 못 돌아가는 거 알잖아. 헤헤헤."

"알았어. 한 번 봐 준다. 그 대신, 내가 한국사 수업 시간에 왜 남의 나라 전쟁 이야기를 하려는지 생각하면서 잘 들어."

"네에!"

토리가 힘차게 대답했다. 나는 칠판에 지도 하나를 그렸다.

"여기 지도를 한번 봐. 러·일전쟁이 벌어진 곳은 일본도 아니고 러시아도 아니고 만주와 한반도였어. 전쟁터가 한반도인 이유가 뭘까? 역사적으로 볼 때 동북아시아에서 대륙 세력과 해양 세력이 각축전을 벌이면 그 싸움터는 늘 한반도였어. 임진왜란이 그랬고, 청·일전쟁이 그랬고, 러·일전쟁이 그랬지. 대륙과 해양 세력이 만나는 지정학적 위치 때문인데, 그럼 만주와 한반도 지배권을 놓고 벌이는 러·일전쟁 속으로 들어가 볼까?"

나는 자리에 돌아와 러·일전쟁 이야기를 시작했다.

1904년 2월 8일 랴오둥반도 내 뤼순항. 일본 해군 함대가 항구에 정박해 있던 러시아 군함에 포격을 함으로써 러·일전쟁이 시작됐어. 일본 함대는 다음 날 인천 앞바다에서 러시아 군함을 공격해 침몰시켰어. 그러고 나서 다음 날 선전 포고를 했지.

선전 포고는 보통 전쟁 전에 하는 건데 전쟁을 시작하고 했으니 후전 포고라고 해야 하나? 하지만 청·일전쟁 때도 그랬고, 1930년대 만주사변과 중·일전쟁, 그리고 태평양전쟁 때도 그렇고, 선전 포고 없이 기습 공격하는 건 일본군의 주특기니까 그런가 보다 이해해 주자.

일본이 러시아를 선제공격하자 세계 여러 나라들이 놀라움을 금치 못

했지. 러시아보다 전력이 아래인 일본이 선제공격을 하다니! 게다가 아시아 황인종인 일본이 제국주의 국가인 유럽의 백인종 러시아를 먼저 공격해? 미친 거 아냐!

일본은 믿는 구석이 있었어. 청·일전쟁 배상금으로 군함을 사들이고 군대도 늘리며 10년 동안 착실하게 전쟁 준비를 해 왔거든. 전쟁 전에는 영국과 영·일 동맹을 맺어 영국의 지원을 약속받았고 미국으로부터 전쟁에 필요한 자금도 빌려 왔어. 이렇게 전쟁 준비를 착착 해 왔으니 먼저 공격하고 나선 게 그리 이상할 건 없지.

전쟁터가 된 우리 사정은 어땠을까? 러·일전쟁이 시작되기 전 고종은 전쟁에 휘말리지 않으려고 중립화 선언을 했어. 하지만 자기가 아무리 중립을 선언해도 다른 사람이 이를 무시하면 아무 의미가 없지. 일본은 대한제국의 중립화 선언을 가볍게 무시하고 한·일 의정서 체결을 강요했어. 일본군이 한반도를 군사 기지로 삼아 러시아와 전쟁을 치르는 걸 인정하라는 조약이야. 결국 대한제국은 일제의 강압에 못 이겨 자기 집 앞마당을 다른 나라들이 벌이는 전쟁터로 내주게 되었지.

1905년 1월 일본군은 러시아가 군사 기지로 사용하던 뤼순을 점령했어. 일본군의 뤼순 점령 소식에 세계는 또 한 번 놀랐어. 일본군은 뤼순 점령에 이어 러시아군을 만주 북쪽으로 몰아냈어. 그 과정에서 일본군 수만 명이 러시아의 맥심 기관총에 목숨을 잃긴 했지만 전세는 이미 일본 쪽으로 기울었지.

러시아는 반격을 위해 발트해에 있는 러시아 발트 함대를 아시아로 파견했어. 발트 함대가 태평양 함대와 연합해 일본 해군을 몰아붙이면 전세를 역전시킬 수 있다는 판단에서였지. 하지만 발트 함대는 항해하는 내내 문제가 있었어. 영국의 방해로 수에즈 운하를 통과하지 못하는 바람에 아프리카 남단 희망봉을 돌아 장장 3만 킬로미터를 항해해야 했지. 신대륙 발견단도 아니고, 전쟁 중에 유럽에서 태평양으로 오는 데 7개월 걸리는 게 말이 돼?

1905년 5월 27일. 우여곡절 끝에 기진맥진한 발트 함대가 한반도 남해를 지나 대한 해협으로 진입했어. 멀리서 기다리고 있던 일본 함대가 포격을 시작했지. 이 해전에서 러시아 발트 함대는 궤멸당해. 승리를 눈앞에 둔 일본은 미국에 중재를 요청해 러시아와 강화 회담을 시작했어. 승기를 다 잡은 일본이었지만 수만 명의 사상자를 내고 자금이 달려 전쟁을 더 이상 지속하기 힘들었거든.

러시아도 힘들긴 마찬가지였어. 전쟁 중이던 1905년 1월 22일 상트페테르부르크에서 발생한 피의 일요일 사건 때문에 러시아 국내가 혁명 직전 상황이었어. 피의 일요일 사건은 빵과 평화를 요구하며 시위를 벌이던 노동자들에게 총을 쏴 수백 명이 죽고, 수천 명이 부상을 당한 사건이야. 이 사건 이후 러시아 노동자들은 파업을 하며 정부와 맞서 싸웠어. 그래서 러시아도 일본과 전쟁을 벌이기가 힘들어졌지.

이런 사정들 때문에 1905년 9월 미국의 중재 아래 포츠머스 강화조약

• 러·일전쟁 당시 러시아와 일본 사이의 한국을 풍자한 그림(위쪽)이다. 아래쪽 사진은 미국의 중재 아래 포츠머스 조약을 맺기 위해 모여 있는 러시아와 일본 대표들의 모습이다.

이 체결되었어. 일본은 조약에 따라 만주와 한반도의 지배권을 차지하게 되었고, 사할린 남부를 러시아로부터 넘겨받았어. 그리고 중요한 것! 일본이 10년 전 러시아의 삼국 간섭으로 잃은 뤼순을 다시 차지할 수 있게 되었다는 사실이야.

전쟁이 일본의 승리로 끝나자 전 세계는 일본이 선제공격을 했을 때보다 더 놀랐어. 당시 유럽의 만화가들은 종종 일본을 원숭이로, 러시아를 곰으로 그리곤 했는데 원숭이가 백곰을 쓰러뜨렸으니 놀라자빠질 지경이었지.

일본의 승리는 대한제국에겐 악몽이었어. 일본은 그해 11월 강제로 을사늑약을 맺어 우리의 외교권을 빼앗았어. 이로써 우리는 사실상 일본의 식민지로 전락했지. 오늘날 한국과 일본 사이의 독도 문제가 시작된 것도 바로 러·일전쟁 때부터야.

러·일전쟁이 한창이던 1905년 2월 일제는 독도가 시마네현의 부속 섬이라고 고시했어. 왜 그랬을까? 독도가 러시아 함대와 일본 함대가 부딪치는 전략적 요충에 위치해 있기 때문이기도 하고, 러시아 군함을 감시하는 초소를 세우기에 독도가 맞춤이라고 판단했기 때문이야. 그때부터 지금까지 일본은 독도가 자기네 땅이라고 우기고 있어.

일본은 중국과도 영토 마찰을 빚고 있어. 청·일전쟁 직후 일본은 중국 이름으로 댜오위다오인 센카쿠열도를 자기네 땅으로 삼았어. 그런데 2차 세계대전 이후 중국에 넘어간 이 섬을 일본이 다시 자기네 땅이라고 주장하고 나섰어. 그래서 요즘 왕 서방네랑 나카무라 상네 식구들이 그 섬을 놓고 티격태격하고 있지. 우리와 일본이 독도를 놓고 그러는 것처럼.

◈

이야기를 마치고 토리에게 물었다.

"어때, 왜 러·일전쟁 이야기를 했는지 알겠니?"

"알지. 러·일전쟁에서 승리한 일본이 러시아 떨궈 내고 한반도를 지배하게 되었다, 이 말 하려는 거 아냐. 그건 알겠는데 어떻게 일본이 자기들보다 강대국인 러시아를 이겼지?"

"내가 말했잖아. 영국과 미국의 지원 덕이 컸다고. 영국이 러시아 발트 함대의 항로를 방해한 건 물론이고, 일본에 엄청난 무기를 지원했거든. 미국도 전쟁 자금 엄청 빌려 줬고. 그래서 일본의 승리는 결국 영국의 승리라고 얘기해."

"영국은 왜 그렇게 러시아를 못 잡아먹어서 난리야?"

"러시아의 남하를 막으려고 그런 거야. 러시아는 일 년 내내 얼지 않는 부동항을 얻으려고 꾸준히 남쪽으로 진출을 꾀했어. 하지만 그때마다 영국에 제지를 당했지. 이런 일이 있었어. 러·일전쟁이 일어나기 60년 전, 러시아가 지중해로 진출하기 위해 흑해 연안에 있는 크림반도에서 오스만제국이랑 전쟁을 벌였는데 그때도 영국이 참전하는 바람에 러시아는 남하에 실패했어. 오스만제국은 오늘날 터키에 있던 이슬람 제국을 말해. 그래서 동북아시아로 눈을 돌려 뤼순을 점령했지만 이마저도 영국의 지원을 받은 일본에 일격을 당해 물러나게 된 거지."

"그럼 영국이 러시아 남하 정책을 막은 이유는 뭔데?"

"좋은 질문이야. 당시 영국은 해가 지지 않는 나라로 불릴 만큼 많은 식민지를 거느리고 있던 지구촌 최강국이었어. 오늘날로 치면 미국. 그런데 러시아가 자꾸 밀고 내려와 집적거리는 거야. 자기들도 식민지 좀 얻겠다고. 그러니까 영국이 일본한테 '조선 식민지화하는 거 인정해 줄 테니 러시아 좀 막아!' 이래서 영국이 러·일전쟁 때 일본을 적극 지원하게 된 거야. 세계사 이야기까지 나오니까 좀 복잡하지?"

"아니. 그건 복잡하지 않은데 독도 문제가 좀 복잡한 거 같은데? 다케시마는 원래 일본 영토인데 한국이 불법으로 점령하고 있다고 들었거든. 어떻게 된 건지 이 작가님 설명을 들어야겠어."

나는 팔짱을 끼고 토리를 노려보는 시늉을 했다.

"누가 그래, 나카무라 상이 그러디? 내 그럴 줄 알았다. 순진한 외계 소년한테 아주 잘못된 역사나 가르치고 말이야. 독도가 무슨 자기네 땅이야, 우리 땅이지."

"왜 나한테 화를 내고 그래?"

토리가 억울하다는 듯 눈을 흘겼다.

"화내는 게 아니라 사실이 그렇다고. 지증왕 13년 신라 장군 이사부가 울릉도와 독도를 복속시킨 이래로 말이야, 〈세종실록지리지〉, 〈동국지도〉, 고종 칙령 등에 엄연히 우리 땅으로 돼 있고, 심지어 일본 지도에도 울릉도와 독도가 전통적으로 조선 땅이라고 표시돼 있고, 메이지 정부 때도 그렇고 독도는 자기네 영토가 아니라고 자기들이 말해 놓고 이제 와서 도발을 하면 뭐 어쩌자는 거야!"

"워, 워. 아자씨 안 되겠다. 너무 흥분한 거 같아. 이번 시간은 여기서 끝냅시다."

"끝내긴 뭘 끝내. 확실히 하고 끝내야지. 안 그러면 너, 너네 별로 돌아가서 독도 지도 그려 놓고 이 섬은 일본 땅임, 이렇게 써 놓을 거 아니야. 안 되겠다. 내일모레 강의 마치면 나카무라 상 모셔 와라. 네가 보는 앞에서 독도가 누구 땅인지, 일본은 왜 독도를 자기네 땅이라고 우기는지 확실하게 밝혀 줄 테니."

"아, 알았어. 흥분 좀 가라 그래."

"뭐라구? 흥분 좀 가라 그러라고? 하하하. 내가 너 때문에 웃는다. 그래, 휴~. 흥분 가라앉히고 냉정해야지. 토리야, 그래도 이거 하나는 알아 둬라. 독도는 일본이 러·일전쟁 때 은근슬쩍 불법으로 강탈한 우리 영토라는 거. 알겠어?"

토리가 고개를 끄덕였다.

"한 줄 역사 논평할게. 켁켁. 청·일전쟁과 러·일전쟁. 판다와 백곰을 차례로 쓰러뜨린 대단한 원숭이."

"그럴듯하구나. 그런데 다른 나라를 동물에 비유하는 건 좀 그렇다. 비하하는 것 같아서 말이야. 잠시 쉬었다 다음 수업할까?"

나는 자리에서 일어났다.

한눈에 보는 한국·중국·일본

1894. 6.	1895. 4.	1902	1904	1905. 7.	1905. 8.
일 청·일전쟁 (~1895)	일 청과 시모노세키 조약 체결 | 삼국 간섭	일 영·일 동맹 체결	일 러·일전쟁 (~1905) 한 한·일 의정서 체결	일 미국과 가쓰라-태프트 밀약 체결	일 제2차 영·일 동맹 체결

1905. 9.	1905. 11.	1906	1907	1910
일 러시아와 포츠머스 조약 체결	한 을사늑약 체결 | 장지연의 '시일야방성대곡' 발표 | 민영환 자결	한 일제, 통감부 설치	한 헤이그 특사 파견 | 고종 강제 퇴위	일 대한제국 강제 병합

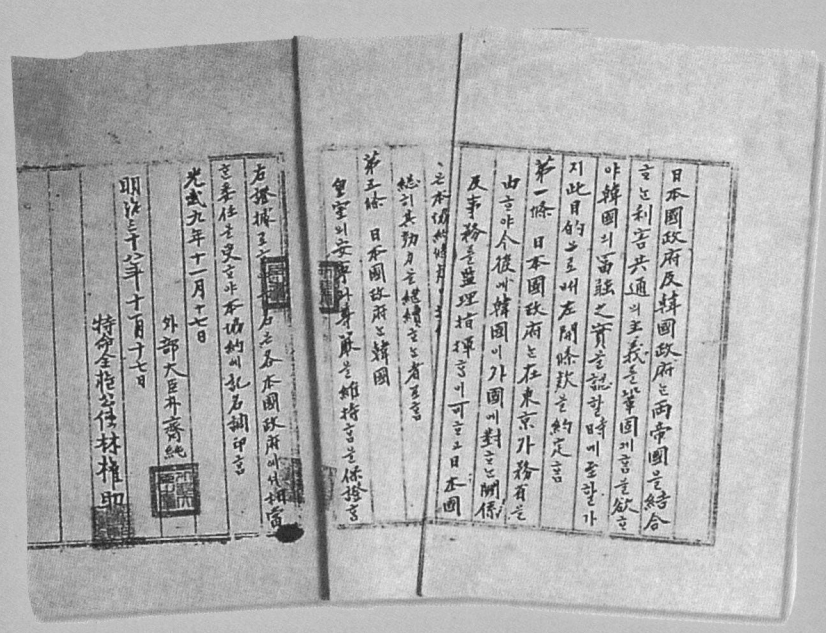

• 을사늑약 조문

세 번째 이야기

외교권 강탈당한 을사늑약

 토리와 나는 잠시 바람을 쐬기 위해 밖으로 나왔다. 한낮 햇볕이 따스했다. 우리는 천천히 섬을 돌았다. 출렁이는 파도를 바라보면서.

 "토리야, 바다 보니까 생각나는 게 있어. 아깐 흥분해서 잊어버렸었는데. 대한 해협에서 일본 함대가 러시아 발트 함대 궤멸시킨 이야기했잖아. 그때 도고라는 일본 해군 제독이 있었어. 승전 축하 자리에서 한 기자가 도고에게 '제독께서는 영국의 넬슨 제독이나 조선의 이순신 제독과 견주어도 손색이 없습니다.' 하고 아부를 떨었지. 그러자 도고가 불같이 화를 내며 뭐랬는지 아니?"

 "기분 나쁘게 나를 누구와도 비교하지 말라! 이랬겠지."

 "맞아. 도고가 이렇게 말했어. '나를 이순신 제독과 비교하지 말라. 이순신 제독은 전쟁의 신, 바다의 신이다. 나를 이순신에 비유하는 건 신에 대한 모독이다.' 이 일화가 이순신을 찬양하는 건지, 아니면 발트 함대를 격침시키고 러·일전쟁을 승리로 이끈 도고를 치켜세우는 건지는 모르겠다만, 한 가지 확실한 건 도고가 이순신을 진심 경외하고 있었다는 사실이야."

토리가 고개를 끄덕였다.

"그렇구나. 근데 그러면 뭐 해. 조선은 러·일전쟁 직후에 일본 식민지가 됐다며."

"살짝 기분 나빠지려 그러네. 아, 흥분하면 안 되지. 말 나온 김에 러·일전쟁 이후 이야기를 해 줘야겠다."

나는 러·일전쟁 이후 긴박하게 돌아간 국내외 사정 이야기를 시작했다.

러·일전쟁에 승리한 일본이 이른바 을사조약을 강제로 맺어서 우리의 외교권을 강탈했는데 일제는 전쟁이 끝나기 전 이미 을사조약을 위한 사전 준비를 다 마친 상태였어. 그 과정이 참 기가 막혀. 미국, 영국, 러시아가 짝짜꿍해서 일본의 손을 들어 줬거든.

미국은 러·일전쟁이 한창이던 1905년 7월 윌리엄 태프트 장관을 일본에 보내 일본과 비밀 조약을 맺었어. 이것이 유명한 가쓰라-태프트 밀약인데 일본 총리이자 외무상을 겸한 가쓰라가 태프트에게 해괴한 말을 했어. '한국 정부를 방치해 둘 경우 또다시 일본이 전쟁에 휘말릴 염려가

세 번째 이야기

외교권 강탈당한 을사늑약

토리와 나는 잠시 바람을 쐬기 위해 밖으로 나왔다. 한낮 햇볕이 따스했다. 우리는 천천히 섬을 돌았다. 출렁이는 파도를 바라보면서.

"토리야, 바다 보니까 생각나는 게 있어. 아깐 흥분해서 잊어버렸었는데. 대한 해협에서 일본 함대가 러시아 발트 함대 궤멸시킨 이야기했잖아. 그때 도고라는 일본 해군 제독이 있었어. 승전 축하 자리에서 한 기자가 도고에게 '제독께서는 영국의 넬슨 제독이나 조선의 이순신 제독과 견주어도 손색이 없습니다.' 하고 아부를 떨었지. 그러자 도고가 불같이 화를 내며 뭐랬는지 아니?"

"기분 나쁘게 나를 누구와도 비교하지 말라! 이랬겠지."

"맞아. 도고가 이렇게 말했어. '나를 이순신 제독과 비교하지 말라. 이순신 제독은 전쟁의 신, 바다의 신이다. 나를 이순신에 비유하는 건 신에 대한 모독이다.' 이 일화가 이순신을 찬양하는 건지, 아니면 발트 함대를 격침시키고 러·일전쟁을 승리로 이끈 도고를 치켜세우는 건지는 모르겠다만, 한 가지 확실한 건 도고가 이순신을 진심 경외하고 있었다는 사실이야."

토리가 고개를 끄덕였다.

"그렇구나. 근데 그러면 뭐 해. 조선은 러·일전쟁 직후에 일본 식민지가 됐다며."

"살짝 기분 나빠지려 그러네. 아, 흥분하면 안 되지. 말 나온 김에 러·일전쟁 이후 이야기를 해 줘야겠다."

나는 러·일전쟁 이후 긴박하게 돌아간 국내외 사정 이야기를 시작했다.

러·일전쟁에 승리한 일본이 이른바 을사조약을 강제로 맺어서 우리의 외교권을 강탈했는데 일제는 전쟁이 끝나기 전 이미 을사조약을 위한 사전 준비를 다 마친 상태였어. 그 과정이 참 기가 막혀. 미국, 영국, 러시아가 짝짜꿍해서 일본의 손을 들어 줬거든.

미국은 러·일전쟁이 한창이던 1905년 7월 윌리엄 태프트 장관을 일본에 보내 일본과 비밀 조약을 맺었어. 이것이 유명한 가쓰라-태프트 밀약인데 일본 총리이자 외무상을 겸한 가쓰라가 태프트에게 해괴한 말을 했어. '한국 정부를 방치해 둘 경우 또다시 일본이 전쟁에 휘말릴 염려가 있으니 조선을 지배해야겠다.' 밀담 결과 미국은 일본의 조선 지배를 인정해 주고, 일본은 미국의 필리핀 지배를 인정한다는 밀약을 맺었지.

그런 다음 일본은 영국과 제2차 영·일 동맹을 맺어서 일본이 조선을 지배하는 걸 승인받았어. 마지막으로 일본은 러시아와 포츠머스 조약을 맺어 러시아가 한국을 일본에 넘긴다는 도장을 받았어. 이것으로 조선을 집어삼키기 위한 준비 작업은 완료된 셈이지. 일제가 조선을 지배하는 걸 적극 지지한 미국 대통령 루즈벨트는 러·일전쟁 강화 회담을 중재한 공으로 노벨 평화상을 받으셨고, 가쓰라-태프트 밀약의 장본인인 태프트는 루즈벨트를 이어 대통령이 되셨단다. 이제 남은 건 대한제국과 형식상 조약을 맺어 주권을 빼앗는 일뿐이었는데 그 이야기는 들어가서 하도록 하자.

토리와 나는 섬을 돌아 큰 바위 하우스로 들어왔다. 자리에 앉으면서 내가 말했다.

"자, 그럼 일제가 우리 외교권을 강탈한 을사조약 이야기를 해 보자. 일제 식민지가 시작된 건 1910년이지만 실은 을사조약 이후부터라고 봐야 해. 일제가 어떻게 우리 주권을 빼앗았는지 조약 체결 당시 총리였던 참정대신 한규설에게 직접 들어 볼까?"

나는 내각을 총괄하는 참정대신 한규설(1848~1930)입니다. 러·일전쟁이 일본의 승리로 끝나자 일본이 대한제국의 주권을 빼앗을 거란 소문이 돌았지요. 소문은 현실이 되었습니다. 1905년 11월 9일 일왕의 특명을 받은 전권대사 이토 히로부미가 조선에 들어왔습니다.

이토는 입국 다음 날 입궁하여 고종 황제를 알현했습니다. 이토가 고종에게 거만하게 말하더군요.

"조선을 보호하기 위한 조약을 맺으려 하니 일본 천황 폐하의 명을 따르시오."

고종 황제는 그것은 불가하다고 말했습니다. 그러자 며칠 뒤 다시 이토가 고종을 뵙고 같은 뜻을 전했지요. 이번에도 고종은 거부하며 대신들과 의논하여 조처하라고 말했습니다.

이후 조정은 회의를 열어 일본이 요구하는 조약을 맺을 수 없다는 쪽으로 의견을 모았습니다. 그러자 11월 17일 이토가 우리 대신들을 일본 공사관으로 부르더군요. 너무 강압적인 분위기여서 가지 않을 수 없었지요. 일본 공사관에서 열린 회의에서도 우리 대신들은 일본이 요구하는 조약을 맺을 수 없다고 거부했습니다.

이토 표정이 굳어지더군요. 그날 오후 대신들이 집으로 가려는데 일본 헌병들이 거의 반강제로 우리를 끌고 궁궐로 들어갔습니다. 이토는 다시 회의를 열어 조약에 찬성을 하라고 강요했습니다. 허나 나는 그렇게 할 수 없었지요. 일국의 외교권을 타국에 넘긴다는 게 말이 됩니까.

 일본 군인과 헌병들이 회의가 열리는 중명전을 둘러싸고 험악한 분위기를 연출했습니다. 밤이 깊어지자 이토는 조약에 서명하라며 더욱 채근을 해 댔지요. 그러면서 대신들에게 차례대로 의견을 물었습니다. 학부대신 이완용은 "거절만 한다고 될 형세가 아니니 차라리 조문 수정을 요구하는 게 낫겠다."고 하더군요. 이토는 내각의 수반인 나에게 어서 도장을 찍으라고 협박했습니다. 나는 그렇게는 할 수 없다고 강하게 거부했습니다. 그러고는 중명전을 박차고 나와 버렸지요.

 너무 원통하고 화가 나더군요. 이렇게 500년 사직이 망하는구나 생각하니 울분을 참을 수 없었지요. 나도 모르게 눈물이 쏟아지고 정신이 혼미해지더군요. 그러다가 복도에서 쓰러졌습니다.

 기절했다 깨어 보니 궁궐 내 작은 방이었습니다. 사람을 부르자 평소 잘 아는 환관이 달려오더군요. 나는 그에게 중명전 사정이 어찌 되었냐고 물었습니다. 환관은 침울한 표정을 지으며 자기가 본 것을 이야기해 주었습니다.

 "대감께서 중명전을 박차고 나가 통곡하시다 실신하신 뒤, 회의장 분위기는 더욱 험악해졌지요. 시간이 자시(23시~1시)를 넘어가자 이토가 대신들에게 강압적으로 찬성이냐, 반대냐고 물었습니다.

 이에 민영기, 이하영 대감이 반대를 하였고, 외부대신 박제순, 내부대신 이지용, 군부대신 이근택, 학부대신 이완용, 농상공부대신 권중현 대감이 찬성하였지요. 그것으로 회의는 끝이 났고, 외부대신 박제순과 일본 공사가 조약안에 서명을 하였습니다."

참담했습니다. 일제가 강요한 조약 내용은 우리의 주권을 완전히 강탈한 것이었으니까요.

"한국 정부는 일본 정부의 중계를 거치지 않고는 외국과 어떤 조약이나 약속을 맺지 못한다."

• 1905년 11월 17일 을사늑약 체결 후 찍은 수뇌부의 사진이다. ⓒ서울역사박물관

한 나라의 주권은 외교권과 군사권에 있습니다. 한데 일제가 우리의 외교권을 강제로 빼앗았으니 이제 대한제국은 주권이 없는 국가가 된 것입니다. 조약에는 또 통감부를 둔다는 조항이 있는데 일제는 통감부를 통해 우리 내정에 깊숙이 관여하게 되었습니다.

일제가 조선의 외교권을 빼앗았다는 소식이 알려지자 〈황성신문〉 사장 장지연은 '시일야방성대곡'(오늘이야말로 대성통곡할 날)이라는 제목의 사설에서 "아, 저 개돼지보다 못한 우리 정부 대신이란 자들 때문에 수천 년 역사가 망하고 2천만이 노예로 살게 되었다."고 대신들을 비난했습니다. 할 말이 없더군요. 내 비록 조약에 반대하였으나 결국 조약 체결을 막지 못했으니까요.

조약의 여파가 날로 거세졌습니다. 조약을 철회하라며 상소를 올리던 민영환 대감이 집에서 칼로 목을 찔러 자결하였고, 나철과 오기호 등은 소위 을사오적을 처단하겠다며 암살단을 만들었고, 충청도, 전라도, 경상도, 강원도 등 조선 8도에서 을사조약에 저항하는 의병이 일어났습니다.

이런 와중에 일제는 다음 해 통감부를 설치하고 초대 통감에 이토 히로부미를 임명했습니다. 나는 그 전에 이미 내각에서 축출당했습니다. 미련도 없습니다. 사실상 일제 식민지로 전락한 상황에서 정부에 몸담는 것이 외려 역적이 되는 것일 테니까요. 생각하면 할수록 분하고 원통하오. 흑흑흑.

이야기를 마치고 토리에게 물었다.

"일제가 어떻게 조약을 강제로 체결하게 했고, 조약 내용이 뭔지 알겠지?"

"응. 알겠어. 알겠는데 좀 한심한 생각이 들어. 조선은 왜 그렇게 맨날 당하고만 살아?"

"어어, 또 좀 기분 나빠지려 그러네. 일제가 협박해서 그런 거 아냐. 그래서 우리는 이 조약을 을사조약이 아니라 을사늑약이라고 불러. 늑약, 강제로 맺은 조약이란 뜻으로. 또 을사늑약 체결 당시 조약에 찬성한 대신 다섯 명을 '나라의 외교권을 팔아넘긴 다섯 명의 도적'이라는 뜻으로 을사오적이라 부르지."

토리가 물러서지 않고 말했다.

"강압적으로 맺었다지만 결국 대신들이 사인해서 체결된 거 아냐?"

"네가 그렇게 말하니 뭐라 할 말이 없네. 맞는 말이야. 일치단결로 반대했으면 다른 결과가 나왔을 수도 있었을 텐데 그럴 용기들이 없으셨으니 나라가 이 모양 이 꼴로……. 사실 그 부분이 가장 아쉽긴 해. 고종은 조약 체결에 반대했고 체결 이후에도 외국에 조약이 무효라고 주장했는데 결국 일제의 강요를 단호히 거부하지 못하고 대신들에게 알아서 조처하라며 떠넘겼으니, 최종 책임은 고종에게 있는 셈이야. 아관파천도 그렇고 독립협회 해산도 그렇고 참 아쉬운 부분이지. 토리야, 네가 좋아하는 한 줄 역사 논평하고 얼른 끝내자."

내가 서둘러 수업을 마치려 하자 토리가 나를 자극했다.

"그래서 나카무라 상이 그런 얘길 한 거구나."

"나카무라 상이 또 뭐라 그랬는데?"

"일본은 다른 나라들처럼 군대 동원해서 식민지로 삼고 그러지 않았대. 합법적으로, 양국 간 조약을 맺어서, 평화적인 절차를 밟아서 조선을 통치하게 됐다고 하더라고."

"토리야, 그건 오해야. 사실과 달라. 고종 황제가 위임이나 조인이나 비준도 안 한 조약이 무슨 조약이니. 엉터리지. 그래서 을사늑약이란 표현을 쓴다고 말했잖아. 일부 역사가들은 그런 표현도 하지 말아야 한다고 주장해. 소위 을사조약은 체결되지도 않은 조약을 체결된 것처럼 거짓으로 반포한 거라고. 알겠니? 그러니까 합법적이라는 둥 평화적이라는 둥, 여기서 그러면 안 된다. 알겠니?"

토리가 마지못해 대답했다.

"알았어. 그렇다고 쳐."

"그렇다고 치다니. 토리 너 자꾸 이 아저씨 말 안 듣고 삐딱하게 나올 거야? 이러다 싸우겠다."

"싸우긴……. 궁금한 게 많다 보니 그렇지. 알았어. 주의할게. 한 줄 역사 논평해도 되지?"

내가 고개를 끄덕이자 토리가 입을 열었다.

"을사조약. 조선은 을씨년스럽고, 일본은 아싸 좋아!"

한눈에 보는 한국·중국·일본

1902	1904	1905. 7.	1905. 8.	1905. 9.	1905. 11.
일 영·일 동맹 체결	일 러·일전쟁 (~1905) 한 한·일 의정서 체결	일 미국과 가쓰라-태프트 밀약 체결	일 제2차 영·일 동맹 체결	일 러시아와 포츠머스 조약 체결	한 을사늑약 체결 | 장지연의 '시일야방성대곡' 발표 | 민영환 자결

1906	1907	1910
한 일제, 통감부 설치	한 헤이그 특사 파견 | 고종 강제 퇴위	일 대한제국 강제 병합

● 우리의 억울함을 세계에 알리기 위해 파견된 헤이그 특사 3인의 사진과 이위종의 인터뷰가 실린 〈만국평화회의보〉다. 왼쪽부터 이준, 이상설, 이위종. ⓒ 1907. 7. 5. 1면 네덜란드 국립문서보관소 소장, 근현대사기념관 제공

네 번째 이야기

돌아오지 못한 헤이그 특사 3인방

"토리, 대단한데. 이번 한 줄 역사 논평은 을씨년스럽다가 살렸네, 살렸어."

"좋으면 좋은 거지, 맨날 뭐가 살려 살리긴."

나는 잽싸게 화제를 돌렸다.

"을사늑약 이후 조선은 식민지로 전락한 거나 마찬가지라고 했지? 그렇다고 우리 대한 사람들이 순순히 일제 지배를 받아들인 건 아니야. 일제 침략을 물리치기 위한 반격을 준비했지. 이번 시간엔 그 얘길 해 줄게."

"도장까지 찍었다며. 그럼 상황 종료된 거 아니야?"

"우리 속담에 끝날 때까진 끝난 게 아니란 말이 있어. 늦은 감이 없지 않지만 고종은 잃어버린 외교권을 되찾기 위한 은밀한 작전을 짰지. 그 작전이 뭐냐, 네덜란드 헤이그에서 열리는 만국 평화 회의에 특사를 파견해 우리의 외교권을 되찾는 것!"

"만국 평화 회의가 뭔데?"

"서구 열강들이 더 이상 전쟁을 벌이지 말자는 뜻으로 네덜란드 헤이그에서 연 회의야. 고종은 이 회의에 우리 대표단을 파견해서 일제가 강압적으로 우리 외교권을 빼앗았다는 것을 세계 여론에 호소할 생각이었어. 그래서 은밀하게 회의에 파견할 특사를 선정했지. 고종은 이준을 불러 작전 명령을 내렸어. 비밀 작전을 받은 이준은 만국 평화 회의에 참석하기 위해 1907년 4월 기차에 몸을 실었어."

토리가 눈을 반짝이며 말했다.

"우아, 완전 기대되는데. 헤이그 밀사는 과연 미션을 성공적으로 수행할 것인가. 개봉 박두."

"기대된다니 고맙다. 그래서 내가 네덜란드 헤이그와 서울 상황을 이원 생방송으로 전해 주려고 해. 중간중간 인터뷰도 좀 넣고."

나는 헤이그 특사 이야기를 시작했다.

1907년 4월 22일 서울-헤이그 특사 3인방 가운데 한 명인 이준(1859~1907)은 고종의 신임장을 가슴에 품고 블라디보스토크로 가는 기차에 몸을 실었어. 이준은 우리나라 최초의 검사야. 을사늑약 전까지 그는 일본을 지지하는 입장이었어. 그래서 러·일전쟁 때는 모금 운동을 벌여 일본군에 자금을 대 주자는 운동을 벌였지. 그런데 러·일전쟁이 끝나고 일제가 을사늑약을 맺자 반일 노선으로 전향했어.

 국경을 넘어 러시아 땅 블라디보스토크에 도착한 그는 또 한 명의 밀사를 만났어. 그 사람 이름은 이상설. 이상설은 원래 정부 고위 관료였는데 을사늑약 이후 조약의 부당함을 호소하다가 받아들여지지 않자 압록강 건너 간도로 망명했어. 그곳에서 독립운동가를 양성하는 서전서숙을 세워 독립운동을 하다가 이번 작전에 합류하게 됐지. 이준과 이상설은 블라디보스토크에서 시베리아 횡단 열차에 몸을 실었어. 시베리아 횡단 열차를 타고 어디를 가는 건지 이준 밀사한테 한번 들어 볼까?

"우리는 지금 러시아의 페테르부르크로 가는 중입니다. 그곳에 또 한 명의 밀사인 이위종과 합류하기 위해서지요. 이위종 군에 대해 간단히 말하자면, 대한제국 공사 이범진의 아들로 어려서부터 아버지를 따라 미국, 프랑스, 러시아 등 외국 공관에서 살며 젊은 외교가로 성장한 청년입니다. 이 청년이 이번 미션에 지대한 공을 세울 것이오."

 페테르부르크에서 이위종과 합류한 이준과 이상설은 드디어 헤이그로 가는 유럽 열차에 몸을 실었어. 이들은 독일의 베를린에 들러 만국 평화 회의에 전달할 호소문을 프랑스어로 인쇄한 다음 네덜란드로 향했어. 그리고 마침내 6월 25일 목적지인 헤이그에 도착했지.

6월 25일 네덜란드 헤이그 헤이그 특사 3인방은 도착하자마자 만국 평화 회의 회담장을 찾아갔어. 3인방이 회의장에 들어가려 하자 주최 측은 대한제국은 외교권이 없다며 들여보내 주지 않았어. 믿었던 러시아 의장의 태도도 냉랭했어. 이유가 있어. 2년 전 러·일전쟁에 패한 러시아는 일제가 조선을 지배하는 것을 눈감아 주기로 했거든.

 분통을 터뜨리며 숙소로 돌아온 3인방은 다음다음 날 다시 회의장을 찾아가 프랑스어로 인쇄한 호소문을 각국 대표단에게 나누어 주었어. 그러자 회의를 취재하는 신문 기자가 그 내용을 신문에 실어 주었지. 그러고는 대표단과 인터뷰를 하자고 요청해 왔어. 헤이그 특사의 대변인 격인 이위종이 기자를 만났어. 인터뷰는 꽤 오래 진행됐는데 이위종은 신문 기자를 만나 무슨 얘기를 했을까?

 "신문 기자가 제게 왜 평온한 모임을 시끄럽게 만드느냐고 묻더군요. 그래 대답했죠. 나는 을사조약이 국제법상 유효한 것인지 세계 여러 나라에 판단을 요청하러 왔소이다, 하고요. 그러자 기자는 이미 조약이 체결됐는데 여기서 뭘 할 수 있겠어요? 하고 되묻더군요. 나는 기자에게 이 세상에 정의란 없단 얘기요? 평화 회의가 열리는 이곳에서조차? 하고 말했소. 이것이 신문 기자와 나눈 이야기의 전말이오."

 이위종과 인터뷰를 한 그 기자는 특사들의 처지가 안쓰러웠는지 국제 기자 클럽에 특사들을 초청했어. 세 사람은 그것만으로도 큰 성과라 생각하고 세계 각국 기자들이 모이는 모임에서 조선의 입장을 적극 알리기로 했어. 그 시각 서울에선 한바탕 난리가 벌어지고 있는 줄도 모른 채.

7월 6일 서울 여기는 대한제국의 수도 서울이야. 대한제국 특사 세 사람이 만국 평화 회의장에서 세계 여론에 호소하고 있을 때 대한제국 궁궐에선 난리가 났어. 이토 히로부미가 총리대신 이완용을 불러 놓고 협박조로 말했어.

"이번 헤이그 특사 사건의 책임은 황제 자신이 져야 할 것이오. 그 행위는 일본에 대하여 공공연히 적의를 드러낸 것으로 협약을 위반한 것이므로 우리 일본은 대한제국에 대하여 전쟁을 선포할 권리가 있소. 내 말을 당신 황제에게 똑똑히 전하시오."

분위기가 험악해지자 고종은 대신들을 불러 모아 회의를 열었어. 이토의 협박에 어떻게 대처할 것인가를 논의하기 위해서. 이때 골수 친일파 대신인 송병준은 권총을 차고 고종 앞으로 나가 말했어.

"폐하, 일본 정부와 이토 통감이 저리 격분하고 있으니 어찌시렵니까. 사직의 안위를 염려하신다면 폐하께서 자결하여 사직을 구할 수밖에 없습니다."

참 어처구니없는 대신이지? 황제보고 자결 운운하다니. 송병준에게 뭐 하는 거냐고 물어봐야겠어.

"뭐 하긴요. 우리 대한제국의 앞날이 걱정돼 고종 황제께 나라를 구할 방법을 건의드린 것이지요. 자결을 못 하시겠다면 일본 천황 폐하께 사죄를 하시든가, 주둔군 사령관인 하세가와 대장께 엎드려 사죄라도 하시라고요."

송병준의 협박에 고종은 너무 격분해서 자리를 떴어. 그날 친일 대신들은 황제 자리를 황태자에게 넘겨야 한다고 결의했어. 헤이그 특사 3인방은 참석하지도 않은 재판에서 이미 종신형을 선고받았고.

7월 8일 헤이그 다시 만국 평화 회의가 열리는 네덜란드 헤이그. 고종 퇴위 운운하며 이토와 친일파 대신들이 고종을 겁박하고 있을 때, 헤이그에 있는 국제 기자 클럽에서 특사 중 막내인 이위종이 세계 기자들을 상대로 연설을 시작했어. 유창한 프랑스어로.

"일본이 우리를 협박해 을사조약을 체결하였습니다. 이에 우리 황제는 조약이 무효라고 공표하였습니다. 한국인들은 일제에 대항해 봉기하였습니다. 이에 일제는 총칼로 한국인을 제압하고 있습니다. 우리 한국인들은 우리의 외교권을 되찾고, 일제의 무자비하고 비인도적인 침략이 종말을 고할 때까지 끝까지 저항할 것입니다."

동양의 새파란 젊은이가, 외교 무대에서 사용하는 프랑스어로 한 시간 넘게 열변을 토하자 참석한 기자들은 큰 감동을 받았어. 그래서 한국을 돕자는 결의안을 채택하고 기사를 작성하기 시작했지. 그러나 며칠 뒤 헤이그 특사를 초청했던 기자는 결의안에서 일본을 비난하는 내용을 빼 버렸어. 그러더니 세계 여론이 다시 우리에게 냉랭하게 돌아섰어. 일본 대표들이 농간을 부린 탓이야. 그러자 특사 3인방과 함께 헤이그에 와 있던 고종의 정치 고문인 미국인 헐버트는 헤이그를 떠나 버렸어. 미국이 한국을 배신했다고 분통해하며.

 이준은 너무 화가 나 곡기를 끊어 버렸어. 화가 머리끝까지 치밀어 오른 상태에서 단식을 이어 간 그는 며칠 뒤 숙소에서 숨을 거두었어. 일제가 대한제국을 유린하고 있다, 내 조국을 구해 달라는 유언을 남긴 채.

7월 18일 서울 이준이 헤이그에서 순국한 지 며칠 뒤, 국내 신문에 이준이 헤이그에서 죽었다는 기사가 실렸어.

 "헤이그 특사로 가 있는 이준이 각국 대표단 앞에서 칼로 복부를 갈라 피를 뿌리고 죽었다."

 이준이 자결했다고 잘못 알려지긴 했지만 이준의 죽음과 고종이 퇴위할 거라는 소식이 전해진 그날 서울은 난리가 났어. 대한문 앞에서 2천 명의 군중이 퇴위 반대 시위를 벌였지. 이토는 고종을 협박했어.

 "황위를 내놓지 않으면 조선 황실의 안녕을 보전할 수 없을 것이오."

 그러면서 남산에 대포를 설치해 놓고 고종을 압박했어.

 이토가 나가자 이완용은 고종에게 황제 자리를 황태자에게 물려준다는 문서를 내밀었어. 이완용 총리는 무슨 생각이었을까?

 "아시다시피 버틴다고 버틸 수 있는 상황이 아니잖소. 대한제국의 안녕을 위해서는 고종 황제께서 퇴위하시는 길밖에 없지 않겠소? 해서 내가 황제께 어서 물러나시라고 정중하게, 알아들으시도록, 충심을 다하여 말씀을 올린 거지요."

이완용이 퇴위 운운하자 고종은 "이 역적 같은 놈들!" 하고 고함을 치며 자리를 떠났어.

다음다음 날 덕수궁 중화전에서 고종이 순종에게 황제 자리를 물려주는 양위식이 열렸어. 고종과 순종은 양위식에 참석하지 않고 내시 두 사람이 고종과 순종 역할을 맡았어. 어차피 대한제국의 황제가 일제의 꼭두각시와 다름없었으니 내시들이 역할 놀이를 한다 한들 이상할 것도 없었지. 헤이그에서 외교권을 되찾아 보겠다던 고종의 마지막 노력은 강제 퇴위로 끝을 맺고 말았어. 서울과 헤이그 이원 생중계 끝.

이야기를 마치자 토리가 입을 쩝 다셨다.
"결국 특사 3인방의 미션은 실패했네."
"실패 안 하면 그게 이상하지."
"엥? 그게 무슨 말이야?"
"만국 평화 회의라는 게 말은 평화 회의인데 실은 도둑놈들 회의였거든."
"도둑놈들 회의? 그건 또 무슨 말이야?"
"서구 열강들이 전쟁을 방지한다는 명분으로 개최한 회의인데 실은 제국주의 국가들끼리 벌이고 있는 식민지 쟁탈전을 해결하고자 연 회의거든. 그러니 러시아든 일본이든 미국이든 영국이든 다 같은 도둑놈이라는 거지."
내가 한숨을 쉬자 토리가 안타깝다는 표정을 지었다.

"아저씨, 근데 특사 3인방은 어떻게 됐어? 이준 열사는 죽었고, 다른 두 분은?"

"두 사람 이야기는 '지금은 뭐 해요?' 코너에서 소개하기로 하고, 고종이 퇴위했으니 그분에 대한 평가를 한번 해 보자. 고종은 순종에게 황제 자리를 물려준 뒤 1919년 세상을 떠났는데 오늘날 상당히 엇갈린 평가를 받고 있어.

너도 알지? 열두 살 어린 나이에 임금이 되어 아버지 흥선대원군의 그늘 아래서 기를 못 펴고 살다가 친정을 단행한 뒤 명성황후 치마폭을 벗어나지 못한 채 무늬만 왕 노릇 하다가 왕비가 시해되는 걸 보고 충격에 휩싸여 러시아 공사관으로 피신했다가 돌아와 대한제국을 선포했으나 얼마 뒤 을사늑약으로 외교권 빼앗기고 강제 퇴위당한 왕.

그만큼 우유부단하고 유약한 왕이었다는 뜻인데 최근에 이에 대한 반론이 제기됐어. 고종은 유능한 계몽 군주였다고. 그러면서 고종이 부정적인 평가를 받는 건 일제가 고종을 무능한 왕으로 왜곡했기 때문이라고 말이야."

"그래? 일제가 왜 고종을 무능한 왕으로 만들려고 했는데?"

"조선을 식민지로 만든 걸 정당화하려고. '고종이 이렇게 무능한 왕이었고, 조선이 문제투성이 나라여서 우리가 조선을 식민지로 삼아 근대화시켜 준 것이다.' 이런 억지를 부리려고."

토리가 고개를 끄덕였다.

"그럼 고종은 유능한 왕이네."

"물론 일제가 고종을 나쁘게 왜곡한 부분도 있어. 게다가 당시 상황은 일제가 다른 제국주의 국가들의 동의를 얻어 조선을 집어삼키기 위해 갖은 수를 다 써 놓은 상황이어서 조선 최고의 개혁 군주인 정조 임금이 살아 돌아온다 해도 어쩌지 못했을 거라고 얘기하기도 해.

그렇다고 고종이 망국의 책임을 벗어날 순 없어. 아버지와 왕비 사이에서 갈팡질팡한 건 그렇다 쳐도, 동학혁명 때 민중의 요구를 받아들이지 않고 외국 군대 불러들여 진압한 거나, 독립협회 해산한 거나, 을사늑약 때 완강히 거부하지 못한 것, 이런 것만 봐도 유능하고 개혁적인 군주는 아니라는 거지. 어쨌든 파란만장 고종의 44년 히스토리는 여기서 끝내도록 하자."

"알았어. 이제 토리의 한 줄 역사 논평해야겠다. 헤이그……."

나는 토리의 말을 잘랐다.

"기다려! 지금은 뭐 해요?가 남았으니까. 자, 시작한다. 잘 들어!"

이상설(1870~1917) 네덜란드 헤이그에 동지를 묻은 이상설은 세계 각국을 돌며 한국의 독립을 지지해 달라고 호소했어. 그러다가 일제의 식민지가 되자 블라디보스토크에서 독립운동을 벌였지.

이위종(1887~?) 러시아로 돌아와 러시아 군사 학교에 입교해 군인이 되었어. 그는 러시아에서 항일 독립운동을 벌이고, 러시아혁명이 일어났을 때는 혁명군 소속으로 러시아 황제를 몰아내는 데 가담했어. 만국 평화 회의 때 한국을 도와주지 않은 러시아 황제에 대한 복수인 셈이지. 그 뒤 제1차 세계대전 때 러시아 군인으로 참가했다가 숨을 거두고 말았어.

토리가 기다렸다는 듯이 말했다.

"이제 나 해도 되지? 토리의 한 줄 역사 논평. 켁켁. 헤이그 특사 파견은 고종의 자살골."

"자살골?"

"헤이그에 특사 파견했다가 강퇴당했다며? 그러니 자살골이지. 나 잘했지? 헤헤."

"웃지 마. 지금 나라 꼴이 이 모양인데 웃음이 나와? 결과적으로 그렇게 됐다만 고종도 나름 주권을 회복해 보려고 은밀하게 특사도 보내고 했던 건 인정해 주면 어떨까? 그리고 이분이 돌아가실 때 우리 민족에 엄청 도움이 되셨거든."

"돌아가실 때 도움을 줬다고? 어떻게?"

"그 얘긴 3·1운동 이야기할 때 해 줄게."

토리가 입을 샐쭉거렸다.

신분제 폐지와 단발령 시행

토리가 지쳐 보였다. 밤까지 강의 듣느라 피곤한 모양이다.

"토리야, 하루 종일 역사 탐구하느라 힘들지?"

내 말에 토리는 불쌍한 표정을 지었다.

"응. 힘들어."

"기운 내. 내일부턴 더 힘들어질 거야."

"아유, 정말!"

토리가 눈을 흘겼다.

"하하. 농담이다. 지금부터 말랑말랑 생활사 3분 특강해 줄 테니까 힘내."

"내가 또 3분 특강 좋아하지. 오늘은 무슨 내용이야?"

토리가 두 눈을 반짝였다.

"어제 예고했다시피 우리 사회에 큰 변화를 몰고 온 갑오개혁과 을미개혁에 관해서야. 이때 나온 개혁안들이 조선 사람들의 일상을 확 바꿔 놓은 아주 획기적인 조처들이었어. 그래서 이 부분을 꼭 살펴봐야 구한말 개화기에 사회가 어떻게 변했는지, 그때 사람들은 어떻게 살았는지 알 수 있지. 그럼 시작할게."

이야기를 시작하려는데 토리가 뭔가 골똘히 생각하는 척하더니 말했다.

"갑오개혁, 을미개혁? 언제 적 얘기더라?"

"중국사, 일본사 순회 탐방 마치고 온 천재 토리가 그 정도 내용을 기억 못 한다고? 놀라운걸. 들어 봐. 갑오개혁은 동학농민혁명 때 우리나라에 들어온 일본군에 의해 세워진 친일 내각이 단행한 개혁이고, 을미개혁은 그다음 해 일어난 개혁으로 을미사변을 일으킨 일제의 강요로 시행된 개혁. 오케이?"

"오케이. 상황 파악 끝. 어서 시작하시오, 이 작가."

"알았다."

갑오개혁 때 많은 개혁이 시행됐는데 이번 강의에서는 조선 사람들의 피부에 와닿는 획기적인 조처들에 대해서 얘기해 줄게. 먼저 신분제 폐지! 이게 어마어마한 사건이야. 조선 시대 500년이 어떤 사회였니? 신분제 사회였잖아. 양반 상놈 구별하고, 문관 무관 구분하고, 적자 서자 구분하고, 위아래 구분하는 전통적인 신분 사회. 갑오개혁 때 이 신분제를 모두 혁파했어. 그리고 사대부 집안의 과부 재가 금지법도 폐지하고, 과거 제도도 폐지하고. 어마어마하지? 그럼 갑오개혁이 토리 도령의 인생에 어떤 영향을 끼쳤는지 알아볼까? 먼저 과거 제도 폐지부터.

몰락한 양반가 자제인 토리는 몇 년째 과거 시험을 봤어. 그러나 번번이 낙방. 너무 속상해할 필요 없어. 네가 멍청해서가 아니라 조선 후기 들어 과거 시험이 워낙 부정이 심해서 사서삼경 좔좔 외우고 시 잘 짓고 역사 통달해도 붙기 힘들었으니까. 어느 정도 부정이 심했냐 하면, 급제자를 미리 정해 놓기도 하고, 시험 채점관에게 금품을 주고 급제하기도 하고, 글 잘 쓰는 사람 데리고 들어가 자기 이름 써서 내고, 뭐 이런 부정행위가 만연해서 정상적인 방법으론 붙기가 무척 힘들었지.

그래도 토리는 과거에 급제해 몰락한 집안을 일으켜 세워야 한다는 일념으로 수년째 과거 시험을 봐 왔는데 1894년 어느 날 과거 제도를 폐지한다는 공표가 난 거야. 토리는 하늘이 무너지는 줄 알았지. 그래도 토리는 고려 때부터 1천 년 넘게 이어져 온 과거 제도가 일순간에 싹 사라지진 않을 거라 생각하고 계속 시험 준비를 했는데 이미 폐지된 과거 제도가 다시 시행될 리 없었지. 결국 토리는 과거는 과거로 묻어 버리고 친구의 권유에 따라 서양 선교사가 세운 학교에 입학했어.

서양 선교사가 세운 학교라 썩 내키지 않았지만, 토리는 그곳에서 영어와 신식 학문을 배우고 선교사에게 조선어를 가르치며 열심히 학교를 다녔어. 십여 년 동안 《논어》, 《맹자》, 《대학》, 《중용》, 《시경》, 《서경》 좔좔 외우던 머리였으니 영어니 지리니 뭐 이런 건 껌이었지. 토리는 학교에서 점차 두각을 나타내 신입생을 가르치는 도우미 선생님이 되었어. 토리는 신식 학교에서 더 많이 배워서 미국 본토로 유학을 가는 꿈을 꾸었어. 과거 제도 폐지가 과거에 급제하는 토리의 꿈을 폐지로 만들었지만 새로운 꿈을 꿀 수 있게 해 준 거지.

다음은 과부 재가 금지법 폐지야. 토리에겐 시집간 큰누나가 있어. 누나는 몇 년 전 홍 참판 댁 첫째 아들한테 시집을 갔다가 남편이 병으로 죽는 바람에 과부가 되었어. 토리 누나는 젊고 예뻤어. 그래서 다시 시집을 가고 싶은데 그럴 수 없었어. 왜? 조선 법에 사대부 집안의 과부는 다시 혼인할 수 없다는 조항이 있었거든. 이게 바로《경국대전》에 나와 있는 과부 재가 금지법이야.

물론 이 법을 어긴다고 감옥에 가거나 곤장을 맞거나 하지는 않았어. 과부가 재가를 해도 직접적으로 처벌을 받지는 않았지. 그런데 곤장보다 무서운 게 사람들 눈초리야. 그래서 양반가 여자들은 젊어서 과부가 돼도 다시 시집갈 생각을 못 했어.

그런데 그런 사회적 관습도 관습이지만 젊은 과부가 재가를 못 하는 더 큰 이유는 재가한 여인이 낳은 자식이 받게 될 차별 때문이었어. 만약에 토리 누나가 재혼을 했다고 해 봐. 그래서 사내아이를 낳았다고 쳐 봐. 그러면 그 아이는 과거도 못 보고, 당연히 벼슬도 못 얻어. 거의 서자 취급을 받지. 쉽게 말하면 이런 거야.

'우리 조선에선 과부 재가를 법으로 금지하고 있습니다. 아, 그렇다고 굳이 재가한다면 벌을 주지는 않습니다. 그러나 재혼을 하면 당신은 정

절을 안 지킨 여인이라고 평생 손가락질당할 것이며, 재가해서 낳은 자식은 평생 관직에 못 나갑니다.'

 이러니 어느 과부가 재혼을 하겠냐고. 이렇게 여성을 차별하던 쓰레기 같은 과부 재가 금지법이 갑오개혁 때 비로소 폐지됐어. 토리 누나는 신이 났지. 토리 아버지는 과부 재가 금지법이 폐지되자 토리 누나를 재혼시켰어.

 그런데 이건 굉장히 예외적인 경우야. 과부 재가를 허용했다고 해서 과부들이 얼씨구절씨구 하며 재가하진 않았어. 왜냐하면 500년 가까이 과부가 재가하면 안 된다는 관습이 내려왔는데 그 관습을 쉽게 깰 수 있겠니? 이런 의식은 1950년대까지도 그대로 내려왔지.

 다음은 노비 제도 폐지야. 토리네 집안이 비록 몰락한 양반가라고는 하나 그래도 노비 서너 명 정도는 부리고 사는 집이었어. 그런데 갑오개혁으로 사노비 제도가 폐지되니까 노비들이 두 손 들어 환영했어. 다행히 토리 아버지는 의식이 있는 양반이라 집에서 부리던 노비를 모두 면천시켜 주었어. 천한 신분에서 면하게 해 주었단 뜻이야. 그동안 일한 대가로 돈을 챙겨 주면서 자유인으로 살라고 보내 주었지.

 그런데 노비제가 폐지됐다고 그날부터 모든 노비들이 주인집을 떠나서 자유를 누린 건 아니야. 왜냐고? 돈 때문에. 노비 신분에서 해방됐지만 돈이 없는 노비들은 독립하기가 힘들었어. 그래서 노비제가 폐지된 이후에도 계속 노비 생활을 한 사람이 많아. 물론 토리 아버지처럼 마음씨 좋은 주인을 만난 노비는 장사를 하거나, 농사를 지을 수 있었지만.

 다음은 을미년에 시행된 을미개혁을 볼까? 신식 학교에 들어간 토리는 어느 날 서양식 침을 맞아야 했어. 종두법이라나 뭐라나. 을미개혁에 조선 어린이는 의무적으로 우두 접종을 해야 한다고 했기 때문이야.

 종두법이 뭐냐고? 천연두를 예방하기 위해 천연두에 걸린 소에서 뽑은 우두라는 면역 물질로 백신 주사를 맞는 거야. 그러면 천연두에 안 걸리거든. 조선에선 지석영이 종두법을 처음 시행했어. 일본인에게 종두 기술을 배운 지석영은 충주에 있는 처남에게 종두 주사를 놔서 성공했지.

 지석영 이전에도 종두법이 존재하긴 했어. 만물박사 정약용 아저씨가 종두법을 시행했다는 기록이 전해 와. 정약용은 어렸을 때 천연두를 앓아서 이 병에 관심이 많았어. 그래서 종두법에 대해 연구했고, 홍역 치료에 관해 쓴《마과회통》이라는 의학서 부록에 종두법에 관한 내용을 밝혀 두었지. 지석영의 종두법 덕분에 토리는 천연두에 걸릴 염려가 없어졌어. 그런데 토리를 걱정에 빠뜨린 게 또 있었어. 을미개혁 때 시행된 단발령이야.

 어느 날 토리가 학교에 가는데 가위를 든 순검들이 상투 튼 남자들을 쫓아다니며 머리를 자르는 거야. 토리는 깜짝 놀랐지. 이게 뭔가 싶어 알아봤더니 정부에서 단발령을 내려 상투 튼 남자의 상투를 자른다는 거야. 그날부터 토리는 고민에 빠졌어. 수백 년 내려온 조선의 전통을 지켜

야 하나, 신식으로 잘라야 하나. 위생과 편리함 때문에 단발령을 시행한다지만 일본이 강요해서 시행하는 거라 영 찜찜했거든. 몇 날 고민 끝에 토리는 상투를 자르기로 결심했어.

머리를 자르는 날, 토리는 싹둑 잘린 머리카락이 바닥에 툭 떨어지자 자기도 모르게 두 눈에서 눈물이 흘러내렸어. 토리는 거울을 보며 다짐했지. 어차피 자른 머리 툴툴 털어 버리고 이제 진정한 새 시대 새 일꾼이 되련다!

토리처럼 자발적으로 머리를 자른 사람도 많지만 단발령에 대한 저항이 만만치 않았어. 단발령 소식을 모르고 한성에 왔던 시골 선비들이 길거리에서 상투를 잘려 울고불고했고, 남편이 머리를 자르고 집에 돌아오자 자결한 여인도 있었어. 나중에 고종은 머리 자르는 걸 개인 의사에 맡겼지만 머리를 자르는 흐름을 거스르진 못했지. 갑오개혁과 을미개혁 때 시행된 신분제 폐지와 단발령 이야기는 이 정도 할까?

이야기를 마치자 토리가 물었다.
"단발령을 왜 시행한 거야?"
"고종이 명을 내렸지만 실은 일본이 시킨 거야."
"일본이 왜 조선 사람 머리를 잘라라 마라야?"
"왜 그랬을 거 같아? 위생을 철저히 하라고? 상투머리가 보기 싫어서? 그건 핑계고 일본이 단발령을 강요한 진짜 이유는 따로 있어. 당시 조선 사람들은 신체발부 수지부모(身體髮膚 受之父母)라 하여 부모에게 물려받은 머리털 한 올도 함부로 훼손할 수 없다고 생각했어. 이런 사람들한테 머리를 자르라고 하니까 전국에서 유생들이 들고일어나 '내 목은 자를지언정 내 머리를 자를 수 없다.' 이러면서 의병을 일으켰지. 얼마 전 을미사변 때도 의병을 일으켰는데 단발령은 그 불에 기름을 부은 격이었어."

"아유, 아저씨. 그러니까 그렇게 반발이 심할 걸 아는 일본이 왜 단발령을 밀어붙였냐고요?"

"아, 그 질문이었어? 조선의 자존심을 팍 꺾기 위해서. 조선 사람들이 제일로 중요하게 여기는 머리카락을 자르게 해서 수치심과 모멸감을 느끼게 하려고 그런 거야. 그래서 심리적으로 일제에 대한 저항을 무력화시키려고. 그런데 더 중요한 목적이 있었어. 자기들 물건 팔아먹기 위해서였지. 머리 자르면 양복 입어야지, 구두 신어야지, 시계 차야지. 이렇게 되면 자기네 물건을 많이 팔아먹을 거 아니겠니? 실제로 단발령 시행 이후 양복과 구두 같은 서양 물건이 엄청나게 팔리기 시작했어. 일본의 작전이 성공한 셈이지. 생활사 3분 특강은 여기까지 할까?"

수업을 마친 뒤 나는 내 방에 들어와 침대에 누웠다.

셋째 날
일제 침탈에 맞서

첫 번째 이야기	의병은 살아 있다
두 번째 이야기	조선 침략의 원흉 이토를 쏘다
세 번째 이야기	독립군 요람 신흥무관학교 세우다
네 번째 이야기	망국을 대하는 지식인의 자세
판타스틱 생활사 3분 특강	근대 문물과 생활의 변화

한눈에 보는 한국·중국·일본

1895	1902	1904	1905. 7.	1905. 8.	1905. 9.
일 청과 시모노세키 조약 체결 | 삼국 간섭 한 을미사변 | 을미개혁 | 을미의병 봉기	일 영·일 동맹 체결	일 러·일전쟁 (~1905) 한 일진회 등장	일 미국과 가쓰라-태프트 밀약 체결	일 제2차 영·일 동맹 체결	일 러시아와 포츠머스 조약 체결

1905. 11.	1906	1907. 6.	1907. 11.	1909. 9.	1910
한 을사늑약 체결 | 을사의병 봉기	한 일제, 통감부 설치	한 헤이그 특사 파견 | 고종 강제 퇴위 | 정미의병 봉기	한 13도 창의군 결성	일 남한 대토벌	일 대한제국 강제 병합

• 항일 의병 운동

첫 번째 이야기
의병은 살아 있다

"안녕? 잘 잤니?"

방에서 나오며 토리에게 인사를 건넸다. 토리는 밝은 얼굴로 안녕, 하고 인사를 했다.

"오늘은 전설의 의병장 이야기를 해 줄게."

내 말에 토리가 놀라는 표정을 지었다.

"전설의 의병장? 얼마나 대단하길래 전설이야?"

"전봇대 뽑아서 일본 군인들을 낙엽으로 만들고, 담벼락 무너뜨려 일본 순경들 깔아뭉갠 의병장이 있어. 태백산 호랑이 신돌석 의병장이라고."

그렇게 말한 뒤 말을 이었다.

"헤이그 밀사 사건을 빌미로 일제는 고종을 강제 퇴위시키고 나서 우리 군대를 해산했어. 이때, 고렇게는 안 돼! 하고 일어난 사람들이 있었어. 의병들이야."

토리가 알은체를 하며 말했다.

"의병이라면 지난번 명성황후 시해 사건 때도 일어났고, 을사조약 체결 때도 있었잖아."

"올, 토리 기억력 좋은데. 네 말대로 을미사변 뒤에는 을미의병, 을사늑약 뒤에는 을사의병이 일어났지. 그러나 그때는 항쟁 수준이었고, 군대 해산 뒤에 일어난 의병은 전쟁이었어. 그래서 이 시간엔 각 시대별 의병 투쟁과 의병장 이야기를 해 줄까 해. 더 이상 집회나 시위가 아니라 총칼을 들고 일제와 맞서 싸웠던 이름 없는 군인들 이야기야."

그렇게 말한 뒤 나는 의병 이야기를 시작했다.

1895년 을미년엔 참으로 기막힌 일들이 연속해서 일어났어. 일본 정치 깡패들이 남의 나라 궁궐에 침입해 조선의 왕비를 시해하질 않나, 개혁이라는 미명 아래 수백 년간 기른 머리를 자르라고 강요하질 않나.

그 때문에 조선 사람들은 연속해서 분노했는데 양반 유생들은 왕비가 시해됐을 때보다 단발령이 내려졌을 때 더 분개했어. 어젯밤 생활사 3분 특강에서도 말했다만 유생들에겐 유학이 종교이자 목숨 걸고 지켜야 하는 사상이었는데 부모로부터 물려받은 머리카락을 자르라고? 그들에겐 받아들이기 힘든 명령이었지.

유생들에겐 세 갈래 길이 있었어. 머리카락을 자르거나, 숨어 살거나, 항거하거나. 을미의병은 세 번째 방법을 택한 유생들이 일으킨 항쟁이야. 유생들이 의병을 일으키자 농민들이 의병으로 참여했어. 유생들이 일으킨 의병 가운데는 포수들이 참여한 경우가 많았어. 이들은 무기가 허약한 의병 부대에 큰 힘이 되었지.

을미의병의 불길이 일어나자 그 불길은 걷잡을 수 없이 무섭게 전국을 휩쓸었어. 춘천, 강릉, 충주, 제천, 홍성, 안동, 진주, 나주, 의주 등 거의 모든 고을에서 의병이 일어났지. 을미의병의 대표적인 의병장으로 유인석을 들 수 있어.

유인석(1842~1915)은 춘천 출신 유학자인데 제자들이 의병을 모아 놓고 제천에서 의병을 일으키자 부모님이 돌아가신 상중임에도 기꺼이 의병 총대장 자리를 맡았어. 유인석을 대장으로 한 제천 의병의 활약은 눈부셨어. 단양과 풍기 군수를 처단하고 충주성을 함락할 정도로.

의병들은 열악한 무기에도 불구하고 관군과 일본군을 끊임없이 괴롭혔어. 의병의 불길은 장장 열 달이나 타올랐는데 고종이 단발령을 철회한 뒤에야 가라앉았지.

고종이 단발령을 철회하며 의병을 해산하라고 명하자 더 이상 싸울 명분이 없어진 유생 출신 의병장들은 의병을 해산하고 일상으로 돌아갔어. 유생 의병장들의 계급적 한계랄까. 이것 말고도 을미의병에는 문제가 많앉어. 부대 안에 양반과 상민이 섞여 있다 보니 나라를 구하겠다고 나선 의병 부대 안에서도 양반 상놈 찾는 일이 벌어지곤 했지. 한 예로, 포수 수백 명을 거느리고 의병에 참여했던 김백선이라는 의병장은 수많은 성과를 올렸음에도 군령을 어겼다는 이유로 처형당했어. 만약 그가 양반 유생 의병장이었다면 그런 일은 일어나지 않았을 거야.

을미의병이 일어난 지 10년 뒤인 1905년, 을사늑약에 반발한 사람들이 다시 의병을 일으켰어. 을사의병이야. 유학자 최익현은 74세의 나이에 호남에서 가장 먼저 의병을 일으켰지. 그러나 최익현은 며칠 뒤 순창에서 관군을 만나자 관군과 싸울 수 없다며 스스로 체포당했어.

을사의병 때는 유학자 말고 평민 출신 의병장이 대거 등장했어. 이때 신돌석도 의병을 일으켰는데 그는 10년 전 을미의병이 일어났을 때 소년 의병으로 참여한 적이 있어. 신돌석은 소년티를 벗어 버리고 어엿한 청년 의병장이 되어 돌아왔지. 그것도 경북 지역을 대표하는 영해 의병대 대장으로.

신돌석 의병장의 활약은 눈부셨어. 경북 영해와 영덕, 울진 등에서 일본군과 일본 경찰을 상대로 전투를 벌이고, 관청을 습격해 일제 앞잡이와 친일파를 처단했어. 그리고 일본인들이 많이 진출해 있는 항구에서 우리 자원을 수탈해 가는 일본인들을 혼내 줬어. 신돌석 의병대는 일제가 가장 두려워하는 의병 부대였어.

을사의병이 을미의병과 또 다른 점은 의병대의 근거지를 고을 중심에서 산악 지대로 옮겼다는 점이야. 이것은 일본군의 탄압이 더욱 심해졌다는 걸 의미해. 일본군의 탄압이 심해지자 의병대는 근거지를 산으로 옮겨 기습, 매복 등의 유격전을 펼치게 되었지.

 이러한 노력에도 불구하고 을사의병은 많은 어려움을 겪었어. 가장 큰 어려움은 일본군의 공격이 강화된 거야. 이 밖에 의병대를 어렵게 만드는 건 일진회의 친일 앞잡이 활동이야. 일진회는 대표적인 친일 단체인데 이들이 의병대에 관한 정보를 일본군에 제공했어. 이 때문에 많은 의병장이 붙잡혀서 처형되곤 했지.

 을사의병이 일어난 지 2년 뒤 또다시 거대한 의병 항쟁이 일어났어. 헤이그 특사 사건으로 고종이 황제 자리에서 쫓겨나고 대한제국 군대가 해산을 당한 1907년의 일이야. 군대 해산 명령이 떨어지자 서울과 지방의 군인들이 동시에 들고일어났어. 서울 시위대 박승환 대장이 군대 해산에 반발해 자결했다는 소식이 퍼지자 이에 격분한 시위대가 서울 시내에서 일본군과 피 튀기는 시가전을 벌였지.

 군대 해산을 미리 알아차린 원주 진위대는 통째로 의병 부대로 변신해 원주 관아를 점령하고 일본군과 맞서 싸우기 시작했어. 강화도 진위대와 그 밖의 지방에 주둔하던 진위대 병사들은 소규모로, 혹은 개별적으로 의병에 합류하기 시작했어.

 해산 군인들은 군대의 무기를 가지고 의병에 합류했어. 덕분에 의병 부대는 더욱 치열하게, 더욱 조직적으로 일제와 싸울 수 있게 되었어. 이렇게 되자 의병장 이인영(1867~1909)은 13도 창의군이라는 의병 연합 부대를 조직해 서울로 진격하기로 했지.

이인영을 총대장으로 하는 연합 의병대가 서울 진격을 위해 경기도 양주에 집결한 건 1907년 11월. 이번 작전의 목표는 서울로 치고 들어가 조선 침략의 본거지인 일제 통감부를 깨부수고 일제를 이 땅에서 몰아내는 거였어.

하지만 연합 의병대의 작전은 실패했어. 후발대가 늦게 도착하는 바람에 일본군의 기습으로 의병대가 큰 타격을 입었기 때문이야. 여기에다가 평민 의병장인 신돌석, 홍범도 부대가 제외되는 바람에 전력이 약화된 이유도 있어. 또한 총대장 이인영이 아버지가 돌아가셨다는 이유로 고향으로 돌아가는 바람에 의병들 사기가 뚝 떨어진 탓도 있고. 결국 이런저런 악재가 겹쳐 연합 의병대는 일본군과 이십여 차례 공방에도 불구하고 큰 성과를 내지 못했지.

서울 진격 작전이 실패로 돌아간 뒤 작전에 참여했던 의병대가 다시 본래의 근거지로 돌아가고, 일제의 거센 탄압으로 의병 투쟁이 위축될 무렵, 호남 지역에서는 외려 의병 투쟁이 활기를 띠기 시작했어. 농민, 어민, 천민들로 구성된 평민 의병대가 일제의 군사 시설과 일제 앞잡이들을 타격하기 시작했지. 특히 안 대장으로 불린 머슴 출신 의병장 안규홍은 신출귀몰하는 작전으로 일본군과 일본 앞잡이들을 공격했어.

일제는 호남 지역의 의병 부대를 제거하지 않고는 조선을 식민지로 만들기 어렵다고 판단했어. 그래서 이른바 남한 대토벌 작전을 개시해 대대적인 의병 탄압에 나섰지. 1909년 9월부터 시작된 대토벌 작전으로 호남 일대의 의병장들이 무수히 죽거나 체포되었어. 이 비극을 목격한 유학자 황현은 이런 목격담을 남겼어.

"사방을 그물 치듯 해 놓고 마을을 집집마다 뒤져서 조금이라도 의심스러우면 즉시 죽였다. 이에 길에 나다니는 사람이 없을 정도였다. 의병장들은 흩어져 달아났으나 숨을 곳이 없어 싸우다 죽고 도망치다가 칼에 맞아 죽었다. 점점 쫓기어 남해안 일대로 몰리어 죽은 자가 수천 명에 달했다."

일본군의 추격을 피해 겨우 살아남은 의병들은 살길을 모색해야 했어. 어떤 의병은 근거지를 산으로 옮겨 투쟁을 계속하고, 또 어떤 의병은 만주와 연해주로 건너가 무장 독립 전쟁을 준비했지. 그때 이미 만주와 연해주에서 무장 의병 활동을 벌이던 독립군도 있었고. 그 가운데 안중근이라는 의병장이 있었어. 안중근은 대한 독립의 뜻을 전 세계에 알리기 위해 어마어마한 작전을 세웠는데 안중근의 거사 이야기는 다음 시간에.

이야기를 마치자 토리가 말했다.
"오늘은 왠지 펑펑 터질 것 같은 예감이 들어."
"펑펑 터질 것 같다니, 그게 무슨 말이야?"

"의병 전쟁도 그렇고 다음 시간 예고도 그렇고, 전체적인 기운이 그래."

"그런 분위기를 느꼈다니 대단하구나. 그러잖아도 오늘은 일제 침탈에 맞서 싸운 사람들 이야기를 하려고 했는데. 근대 이야기를 시작할 때와 이젠 상황이 달라졌어. 일제가 노골적으로 조선을 식민지로 만들기 시작했고, 우리 민족은 그에 맞서 본격적인 항쟁에 나서게 되었지. 그래서 오늘 강의의 열쇳말은 침략과 항쟁이야. 그 첫 번째가 의병 전쟁 이야기였고. 오케이?"

"오케이. 그런데 의병 활동은 언제까지 이어졌어?"

"굉장히 중요한 질문이야. 국권을 빼앗긴 1910년 이전에 거의 진압됐는데 일부 의병들은 식민지가 된 이후에도 계속 항쟁을 벌였어. 그 이야기를 들려줄게."

그렇게 말한 뒤 나는 '지금은 뭐 해요?' 코너를 시작했다.

최익현(1833~1906) 이분은 을사의병 때 체포돼 대마도로 끌려가셨어. 그곳에서 단식하다가 병을 얻어 세상을 떠났지.

신돌석(1878~1908) 평민 의병장 신돌석은 일본군이 늘어나고 탄압이 거세지자 의병 부대를 소규모로 쪼개 유격 활동을 벌이다 새로운 방향을 모색코자 만주로 갈 계획을 세웠어. 그러던 중 친구 집에 갔다가 믿었던 사람의 밀고로 체포됐지. 그렇게 태백산 호랑이는 전설 속으로 사라졌어.

채응언(1879~1915)   마지막으로 꼭 기억해야 할 의병장이 있어. 조선의 마지막 의병장 채응언이야. 그는 대한제국 군인이었는데 군대 해산에 반발해 의병에 합류한 이후 강원도, 평안도, 함경도 일대를 누비며 일본 헌병대와 경찰서를 습격하는 공을 세웠지. 일제 식민지가 된 이후에도 3백여 명의 의병을 이끌고 일제와 계속 싸웠어. 그러다가 1915년 일본군에 체포돼 사형을 선고받고 평양감옥에서 순국했어. 1895년 을미의병 이래 20년 동안 이어져 온 의병 항쟁의 마침표를 찍는 순간이었지.

　이상으로 지금은 뭐 해요? 최후의 의병장 편을 마칠게.

토리가 기다렸다는 듯 말했다.

"그럼 이제 내가 한 줄 역사 논평으로 마무리할 차례네? 켁켁. 의병 항쟁. 의병은 죽지 않는다. 다만 사라질 뿐이다."

"어디서 또 노병은 죽지 않는다, 이야긴 들어 가지고. 아무튼 잘했다. 마지막으로 독립운동가이자 《독립운동지혈사》를 지은 역사학자 박은식의 말을 소개할게. 박은식은 의병의 중요성을 강조하며 이렇게 말했어. '나라는 멸할 수 있어도 의병은 멸할 수 없다!'"

한눈에 보는 한국·중국·일본

1905	1905. 11.	1906	1907. 6.	1908	1909. 10.
중 과거제 폐지	한 을사늑약 체결 | 을사의병 봉기	한 일제, 통감부 설치	한 헤이그 특사 파견 | 고종 강제 퇴위 | 정미의병 봉기	한 동양척식주식회사 설립	한 안중근, 이토 이로부미 저격

1910. 3.	1910. 8.	1911	1912
한 안중근 순국	일 대한제국 강제 병합	중 신해혁명	중 중화민국 성립

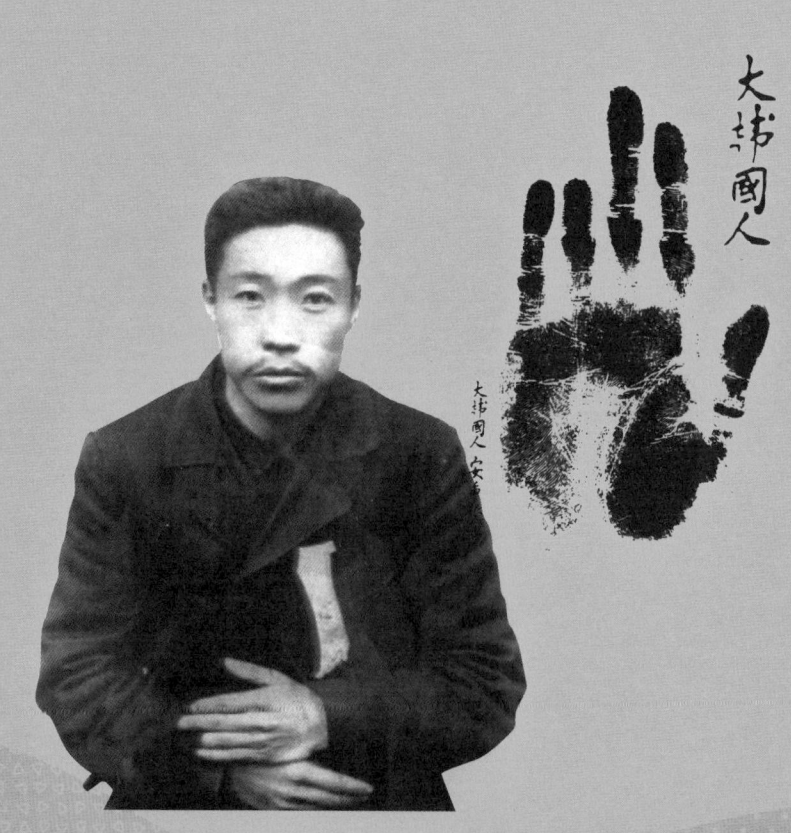

안중근 의사와 단지 혈서

두 번째 이야기

조선 침략의 원흉 이토를 쏘다

의병 이야기가 끝나자 토리가 고개를 갸우뚱했다.

"나라는 멸할 수 있어도 의병은 멸할 수 없다고? 의병 다 진압됐다며?"

"물론 그렇지. 그런데 박은식 선생 말은 의병을 죽일 순 있어도 그 정신은 죽일 수 없다는 말이야. 실제로 의병 항쟁을 벌였던 사람 중엔 채응언처럼 국내에 남아 끝까지 항일 투쟁을 이어 간 사람도 있고, 홍범도처럼 만주와 연해주로 건너가 무장 독립 전쟁을 벌인 사람도 많아. 그러니 의병 정신은 죽지 않고 살아 있다고 할 수 있지. 정리됐니?"

"역시 아저씨는 정리의 달인이야. 헤헤."

"그건 모르겠고, 의병 심정으로 역사 강의를 하고 있는 건 사실이다."

토리가 의아한 표정을 지었다.

"의병의 심정으로 강의를 하고 있다고? 그럼 내가 일본군이야?"

"하, 심플하긴. 누가 너보고 일본군이래? 나라를 되찾겠다는 일념으로 부모 자식 버리고 총 들고 나선 의병처럼, 나도 우리 역사를 제대로 알려 줘야겠다는 생각으로 강의를 하고 있단 얘기지."

"전에는 아자씨 아들 우주여행시킬까 봐 그런 거라더니."

"흠. 그게 그거야. 가족을 지키는 게 나라를 지키는 거고, 나라를 지키는 게 가족을 지키는 거거든. 알겠니? 이번 시간엔 한국과 일본과 중국과 러시아를 뒤흔든 한 의사 이야기를 들려줄게."

"한의사? 한의사라면 기다란 침으로 푹 찌르는 의사 말이지?"

"하이고, 요런 사소한 말장난쟁이를 봤나. 너 알면서 그러는 거지?"

토리는 내가 뭘, 하는 표정으로 입을 샐쭉거렸다.

"의사란 총과 폭탄을 들고 나라를 위해 싸운 사람을 말해. 안중근, 김상옥, 이봉창, 윤봉길, 이런 분들. 이번 시간엔 동아시아를 뒤흔든 안중근 의사 이야기를 해 줄게. 안중근은 국내 의병 활동이 막바지에 이른 1909년 만주 하얼빈에서 조선 침략의 원흉인 이토 히로부미를 총으로 쐈어. 안중근은 왜 이토를 쏘았을까?"

질문을 던진 뒤 안중근 이야기를 시작했다.

1909년 10월 26일 아침 만주 하얼빈 역. 이른 아침 하얼빈 기차역으로 특별 열차 한 대가 기세 좋게 달려오고 있었어. 특별 열차 안에는 너무나 특별한 사내가 타고 있었지. 이토 히로부미.

총리를 네 번씩이나 지낸 최고 정치가에 을미사변 배후 조종자인 동시에 을사늑약을 강요해 조선의 외교권을 박탈하고 초대 통감이 되어 고종을 황제 자리에서 끌어내린 영웅. 적어도 일본에선.

그가 나이 든 몸을 이끌고 일본열도에서 만주까지 온 까닭은 무엇일까?

이토 히로부미는 만주와 조선을 집어삼키는 문제를 매듭지을 생각으로 하얼빈에 온 거야. 이토는 차창 밖으로 보이는 만주 벌판을 보며 생각했지.

'조선은 이미 입안에 든 떡. 다음은 만주.'

이토가 침을 꿀꺽 삼키던 그 시각, 하얼빈 역 플랫폼에서 이토를 간절히 기다리는 한 사내가 있었어. 대한의군 참모 중장 안중근이야. 안중근(1879~1910)은 만주로 오는 이토에게 생애 마침표를 찍어 주겠다는 일념으로 이토를 기다리고 있었어.

아침 9시 정각. 이토를 태운 특별 열차가 육중한 몸을 굴리며 하얼빈 역 1번 플랫폼으로 들어왔어. 러시아 재무 대신 코코프체프는 열차 안으로 들어가 이토 히로부미와 회담을 가졌어. 삼십 분쯤 지났을까, 회담을 마친 두 사람이 기차 밖으로 모습을 드러냈어.

기차에서 내린 이토는 하얼빈 역 플랫폼에 울려 퍼지는 러시아 군악대의 연주와 일장기를 손에 들고 자신을 환영하는 일본인들의 환호를 받으며 천천히 걸음을 옮겼지.

러시아 경비병 뒤에서 이토의 움직임 하나하나를 날카롭게 주시하고 있던 안중근은 품속에 든 벨기에산 브라우닝 권총의 손잡이를 움켜쥐었어. 그러고는 이토가 군인들 사열을 마치고 막 돌아서려는 순간, 권총을 뽑아 들었지.

탕, 탕, 탕……

안중근이 쏜 총알이 이토의 가슴과 배와 팔을 관통했어. 안중근은 혹시 몰라 나머지 세 발을 이토 주위 사람들에게 마저 쏘았어. 그러고는 큰 소리로 외쳤지.

"코레아 우라(대한국 만세)!"

러시아 군인들이 안중근을 덮쳤어. 총을 맞고 고꾸라진 이토는 기차 안으로 옮겨져 응급 치료를 받던 중 숨이 끊어졌어. 조선을 집어삼키기 위한 마지막 외출에서 이토는 그렇게 자기 생애 마침표를 찍고 말았지.

"이것이 동아시아를 뒤흔든 이토 히로부미 저격 사건이란다."
"우왕, 센데. 소름 돋아."
토리가 몸을 떠는 시늉을 했다.
"나는 그 소름 돋는다는 말 들으면 오글거리더라."
"참 별걸 다 가지고 시비셔. 그건 그렇고 안중근은 왜 이토를 쏜 거야?"

"이토가 조선 침략의 원흉이자 동양 평화를 파괴하는 장본인이라고 생각해서. 안중근은 이토를 죽여야 조선이 독립을 이루고 한중일 삼국이 평화를 이룰 수 있다고 생각했어. 결과는 그렇게 되지 않았지만."

"그러잖아도 나카무라 상한테 이 얘기 잠깐 들은 적 있어. 이토는 조선을 병합할 생각이 없었는데 안중근이란 자가 잘 알지도 못하면서 테러를 저질렀다고 그러더라고. 그래서 조선을 그냥 놔두면 안 되겠다 싶어서 병합한 거라던데."

나는 토리를 물끄러미 바라보았다.

"병합할 생각이 없긴 왜 없어. 이토가 조선 침략의 마침표를 찍으러 만주 간 건데. 그리고 테러라는 표현은 일본에 있을 때나 쓰고 여기선 그러면 곤란해. 의거라고 해야 해. 알았니?"

토리가 입술을 쭉 내밀었다.

"알았어. 이토는 죽었고, 그럼 안중근은 어떻게 됐어?"

"그 얘길 해 줄게. 들어 봐."

○

러시아 경비병에 끌려간 안중근은 일본 헌병에 인도됐어. 그 뒤 뤼순감옥에 갇혀 일본인 판사한테 재판을 받았어. 이게 좀 웃겨. 하얼빈은 원래 중국 청나라 땅이야. 하지만 당시 그곳은 러시아가 실질적으로 지배하고 있었어. 그래서 안중근은 하얼빈에서 거사를 일으키면 러시아 법정에서 재판을 받을 것으로 기대했지. 그런데 러시아가 안중근을 일본에 넘기는 바람에 일본이 안중근을 조사하고 재판했어. 일본의 힘이 그만큼 셌기 때문이야. 일본은 안중근을 재판하는 근거로 을사조약을 들었어. 자기들이 우리 국민을 보호하기로 했기 때문에 그렇다고. 을사늑약을 악용한 악질적인 사례지.

뤼순감옥에 갇힌 안중근은 2월 7일부터 재판을 받았어. 일본에서는 뤼순 재판소에 비밀 전문을 보내 안중근을 극형에 처하라고 주문했어. 안중근을 풀어 줄 경우 제2, 제3의 안중근이 나올지도 모른다는 우려 때문이었지.

재판은 하나 마나였지만 안중근은 의연하고 당당하게 재판을 받았어. 조사관이 왜 이토를 쏘았냐고 묻자 안중근은 이토를 쏜 이유를 말했어. 명성황후 살해를 배후에서 조종한 죄, 을사늑약을 맺어 우리 외교권을 빼앗은 죄, 죄 없는 우리 국민을 학살한 죄, 고종을 강제 퇴위시킨 죄, 동양 평화를 파괴한 죄 등등 무려 열다섯 가지 죄목을 좔좔 읊었지.

그러면서 "내가 이토를 쏜 것은 개인적인 원한에 의한 것이 아니고 대한의군 참모 중장으로 독립 전쟁을 수행하는 과정에서 벌인 일이므로 나를 살인자가 아니라 전쟁 포로로 대해 달라."고 요구했어. 하지만 어차피 결론이 나 있는 재판에서 일제가 안중근의 요구를 들어줄 리 없었지.

재판은 속전속결로 진행됐어. 결국 재판 일주일 만에 안중근은 사형을 선고받았지. 사형을 선고받았다는 소식이 알려지자 안중근의 어머니는 구차하게 목숨을 구걸하지 말고 대의를 위해 당당하게 죽으라는 말을 안중근에게 전했어.

한 달의 시간이 안중근에게 남아 있었어. 그 시간 동안 안중근은 살을 에는 추위 속에서 마지막 작업을 시작했어. 그건 자신의 생을 기록한 《안응칠역사》와 〈동양평화론〉을 집필하는 일이었지.

안중근은 자서전에서 태어날 때 몸에 북두칠성 같은 점이 나 있어 응칠이란 이름으로 불린 이야기며, 말타기와 활쏘기를 좋아하고 사냥을 즐겼던 어린 시절 이야기, 을사늑약 이후 학교를 세워 계몽 운동을 벌인 이야기, 군대 해산 이후 연해주로 건너가 대한의군을 조직해 일본군과 싸운 이야기, 열한 명의 동지들과 이토를 처단하기로 결심하고 무명지를 끊어 피로 맹세한 이야기, 그리고 이토가 하얼빈에 온다는 소식을 듣고 동지들과 거사를 준비한 이야기를 담담하게 써 내려갔어.

그는 또 〈동양평화론〉에서 한국과 일본과 중국이 힘을 합쳐 서양 세력을 몰아내야 진정한 평화를 이룰 수 있으며, 그러기 위해선 조선이 독립국이 되어야 하고, 일본은 조선 침략을 멈춰야 한다고 주장했지. 또 한중일 삼국이 뤼순에 평화회의체를 만들어 회의를 열고, 공동 군대와 공동 은행을 설립하자고 제안했어.

하지만 운명의 시간은 다가오고, 결국 안중근은 자신의 평화 구상을 담은 〈동양평화론〉 집필을 다 마치지 못한 채 형 집행일을 맞이했지. 안중근은 동생에게 마지막 유언을 남겼어.

• 안중근이 뤼순감옥에서 일본 간수들 입회 아래 두 동생을 면회하며 유언을 남기고 있는 장면이다.

"내가 한국 독립을 회복하고 동양 평화를 유지하기 위하여 3년 동안을 해외에서 풍찬노숙하다가 마침내 그 목적을 달성하지 못하고 이곳에서 죽으나, 나는 죽어 천국에 가서도 독립을 위해 힘쓸 것이다. 대한 독립의 소리가 천국에 들려오면 나는 마땅히 춤추며 만세를 부를 것이다."

안중근은 이 마지막 말을 남기고 1910년 3월 26일 형장의 이슬로 사라지고 말았지.

"우아, 안중근 쫌 멋진데!"

토리가 입을 벌리며 감탄했다.

"멋지다는 게 뭔지 모르겠다만 독립을 이루겠다는 신념과 용기는 높이 평가해 줘야 할 것 같구나. 그리고 독립운동가들에게 하나의 모범이 되었다는 점도."

토리가 고개를 갸우뚱했다.

"그게 무슨 말이야?"

"많은 후배들이 서른한 살의 안중근처럼 살겠다며 독립운동에 몸을 던졌고, 재판을 받을 때도 일제와 타협하지 않고 당당히 재판에 임했어. 3·1운동 때 재판을 받던 유관순은 안중근 의사를 거론하며 일제 재판관에게 처음부터 끝까지 당당한 태도를 보였지."

토리가 왼팔로 턱을 괴며 말했다.

"그런데 말이야. 나카무라 상이 그러던데 이토가 죽고 30년 뒤인가, 안중근의 아들이 이토 아들을 찾아와 고개 숙여 사과했다고 그러더라고."

뭐라 할 말이 없었다. 사실이니까. 그래도 그렇지, 토리는 무슨 의도로 내게 이런 말을 하는 걸까?

"그래, 그런 일이 있었다더라. 그래서 김구는 안중근 아들을 보고 호부견자(虎不犬子) 즉, 호랑이 아버지에 개 같은 아들이라고 말했다지. 그렇다고 안중근 집안사람들이 다 그런 건 아니야. 안중근 의거 이후 그 집안에서 사십여 명이 넘는 독립운동가가 나왔어. 그러니까 안중근 집안은 국내에서 가장 많은 독립운동가를 배출한 집안인 셈이지. 씁쓸한 얘기다만, 개만도 못한 사람들도 있긴 있었어. 하, 이거 누워서 침 뱉긴데 말을 해야 하나?"

"뭔데? 빨랑 얘기해 줘. 역사는 좋은 얘기 나쁜 얘기 숨김없이 다 말하는 거라며?"

"이토가 저격당한 뒤 친일파 단체인 일진회는 이토 송덕비를 세운다, 어쩐다 하며 난리를 부리고, 어서 빨리 조선을 병합해 달라고 탄원을 하기도 했어. 더 웃긴 건 오늘날도 일진회 같은 사람들이 있다는 사실이야. 일제 때가 좋았다는 둥, 일본 덕분에 우리가 근대화됐다는 둥 이렇게 얘기하는 사람들. 더 얘기하기 싫어진다. 참, 반대로 안중근을 흠모하는 일본인도 있어. 안중근이 뤼순감옥에 갇혀 있을 때 한 교도관은 안중근의 의연하고 당당한 태도에 감복해 일본으로 돌아가 죽을 때까지 매일 안중근의 명복을 빌었다는구나."

"별별 사람이 다 있네. 그런데 한 가지 궁금한 게 있는데 무명지를 끊어 피로 맹세했다는 게 무슨 말이야?"

"무명지? 손 쥐 봐. 새끼손가락 옆에 있는 손가락 있지? 그 첫 마디를 잘랐다는 뜻이야. 안중근은 잘린 손가락으로 태극기 위에 혈서를 썼어. 대한 독립 네 글자를."

토리가 얼굴을 찌푸렸다.

"어우, 끔찍해. 빨리 한 줄 논평해야겠다. 켁켁. 안중근. 야수의 심정으로 일제의 신장을 쏘다!"

한 줄 역사 논평을 듣고 내가 말했다.

"토리, 너 혹시 한국사 선행 학습하니?"

"그게 뭔데?"

"미리 예습하냐고?"

"아니. 왜, 나 좀 멋졌어? 내가 또 한 논평하잖아. 켈켈."

"아유, 됐다. 다음 현대사 강의 때 야수의 심정으로 독재의 심장을 쏜 사람 이야기 나오는데 네가 그걸 봤나 했지. 그 이야기는 그때 하자. 그리고 참, 일제의 신장을 쏜 게 아니고 심장을 쏜 거다. 신장은 노폐물을 걸러내는 콩팥이고, 심장이 인체의 가장 중요한 기관이야. 피를 돌게 하는. 오케이?"

한눈에 보는 한국·중국·일본

1907. 4.	1907. 6.	1909	1910. 3.	1910	1911
한 신민회 창립	한 헤이그 특사 파견 | 고종 강제 퇴위 | 정미의병 봉기	일 청과 간도 협약 체결	한 안중근 순국	일 대한제국 강제 병합	한 105인 사건 | 신흥강습소(→신흥무관학교) 설립 중 신해혁명

1912	1914	1915. 1	1919. 2.	1919. 3.	1919. 5.
한 토지 조사령 공포(~1918) | 대한 독립 의군부 조직 중 중화민국 성립 일 다이쇼 데모크라시	세계 제1차 세계대전(~1918)	한 조선 국권 회복단 조직	한 2·8독립선언	한 3·1운동	중 5·4운동

1921
중 공산당 창당

• 1910년대 독립운동 기지 건설

세 번째 이야기

독립군 요람 신흥무관학교 세우다

"이번 시간엔 독립운동사에서 가장 아름다웠던 한 사람을 소개할게."

내 말에 토리는 의아한 눈빛으로 나를 바라보았다.

"십 분간 휴식, 뭐 이런 거 없어? 두 시간 끝나고 섬 한 바퀴 도는 게 우리 일상 아니었나?"

"나라가 망해 가는 형국이라 한가하게 산책할 시간이 없어. 어서 빨리 독립운동을 위해 달려야 해!"

내가 짐짓 비장한 얼굴로 말하자 토리가 코웃음을 쳤다.

"아저씨 오버 좀 하지 마. 누가 보면 한국사 강의하는 게 아니라 무슨 독립운동 하시는 줄 알겠어. 큭큭."

"본격적으로 독립운동 시대에 접어들었으니까 독립운동 하는 마음으로 강의를 하려고 그런다. 왜, 아니꼽니?"

"그게 아니고 아주 멋져. 아름다워. 혼자 보기 아까울 정도로."

"비아냥대지 말고 들어 봐. 진짜 아름답고 멋진 분을 소개할 테니까. 독립운동가 이회영이야."

"이회영? 그분이 누군데?"

"대단한 분이지."

"아유, 장난하지 말고 진지하게 좀 하면 안 돼?"

"하하, 알았어. 이회영이 어떤 인물인지 진지하게 소개해 줄게. 구습을 타파한 평등사상가이자 누구에게도 얽매이지 않고 누구도 억압하지 않는 자유주의자에 군관 학교를 세워 수천 명의 독립군을 길러 낸 독립운동가이자 66세의 나이에도 권총을 들었던 혁명가였단다."

토리가 고개를 절레절레 흔들었다.

"평등사상가, 자유주의자, 혁명가…… 무슨 말인지 원."

"강의 듣다 보면 알게 될 거야. 먼저 지도를 한번 봐."

나는 칠판에 지도 하나를 그렸다.

"한반도 북쪽에 중국과 영토를 가르는 두 개의 강이 흘러. 여기 황해로 흘러드는 강이 압록강이고, 동해로 빠져나가는 강이 두만강이야. 일제 강점기를 전후해 수많은 독립운동가들이 두 강을 건넜어. 두 강 건너편 땅을 흔히 간도라 부르는데 정확히 말하면, 압록강 건너가 서간도이고, 두만강 건너편이 북간도야. 그 간도 지역에서 일제 강점기 내내 독립운동이 전개됐는데 이회영은 서간도에 독립군의 요람인 신흥무관학교를 세운 독립운동가야. 그가 독립운동사에 어떤 발자취를 남겼는지 지금부터 그 이야기를 들려줄게."

자리로 돌아와 앉은 뒤 나는 이회영 이야기를 시작했다.

일제에 나라를 빼앗긴 지 다섯 달이 지난 1910년 12월 어느 날 새벽. 얼어붙은 압록강을 건너는 사람들이 있었어. 일행을 이끄는 사내는 압록강을 건너며 시 한 수를 읊었어.

압록강 강물은 언젠가 다 닳아 없어질지라도
내 가슴속에 품은 한은 면면히 흘러 끊어지지 않으리.

사내의 이름은 이회영(1867~1932). 그는 형제와 가족, 그리고 그를 따르는 노비를 합해 모두 육십여 명을 이끌고 압록강을 건너 서간도로 향하는 중이었어. 압록강을 건너는 이유는 간도에 군관 학교를 세워 잃어버린 나라를 되찾기 위해서였지.

이회영 일가가 압록강을 건너 간도로 갔다는 소식이 전해지자 서울 장안은 크게 술렁였어. 조선 최고 명문가에 갑부인 이회영 일가가 신분, 재산, 존경 다 버리고 고국을 떠났다는 사실에 충격을 받았기 때문이야. 더

러는 이해할 수 없다고 생각하는 사람도 있었지. 왜냐고?

이회영 집안은 조선의 최고 명문가였어. 임진왜란 때 병조 판서를 지내고 좌의정, 우의정, 영의정을 지낸 이항복이 이회영의 10대 할아버지야. 그 뒤로 그 가문에서 정승 아홉에 판서가 줄줄이 나오고, 이회영의 아버지도 고종 때 이조 판서를 지낸 고위 관료였어. 가진 재산도 많아서 이회영 가문은 삼한갑족이라 불렸지. 삼한갑족이란 조선의 으뜸가는 가문이란 뜻이야. 한마디로 조선 최고의 갑. 마음만 먹으면 일제로부터 작위를 받고 자자손손 부귀영화를 누리며 살 수 있는 집안이었지. 이런 그들이 부귀영화 다 버리고 독립운동을 하기 위해 고국을 떠났다고 하자 사람들은, 부끄럽다 해야 할지 감사하다 해야 할지 도무지 알 수 없는 마음이었어.

이회영은 6형제 중 넷째였지만 젊어서부터 남다른 데가 있었어. 서구와 일제가 조선의 문을 열기 위해 마구 밀어닥치던 1867년에 태어났는데 자라면서 개화사상을 가진 젊은이로 성장했지. 같은 개화사상가라도 이회영은 좀 독특한 면이 있었어.

이회영은 자기 집 노비들을 해방시키고 노비들에게 존댓말을 썼어. 이조 판서 자제가 자기 집 노비에게 높임말을 쓴다는 건 당시로선 상상할 수도 없는 일이야. 그래서 집안 어른들한테 가당치 않다는 소릴 들었지. 그는 왜 그랬을까? 인간은 누구나 똑같이 존중받아야 한다는 생각을 했기 때문이야.

그는 또 오래되고 낡은 풍습을 타파한 사람이었어. 그에게는 젊은 나이에 과부가 된 누이동생이 있었어. 이회영은 그런 누이를 시댁에서 데려와 다시 결혼을 시켰어. 아무리 제도적으로 과부 재가가 허용됐다고는 하나 당시 사대부 집안의 여자가 다시 결혼한다는 건 상상하기 힘든 일이었어. 그러나 이회영은 이 판서 댁 여식이 죽었다며 거짓 장례를 치른 뒤 그 누이를 다시 시집보냈어. 구습 따위에 얽매이지 않는 그가 아니었다면 불가능한 일이었지.

이회영이 역사 무대에 자신의 이름을 드러내게 된 건 일제가 강요한 을사늑약 때부터였어. 을사조약이 체결되자 이회영은 이상설과 함께 조약 파기 운동을 벌였어. 이상설이 누군지 기억나니? 헤이그 특사 중 한 사람이잖아. 하지만 그의 노력은 수포로 돌아갔고, 일제는 우리의 외교권을 빼앗고 통감부를 설치해 내정에 간섭했지. 이회영은 나인영(나철) 등에게 자금을 대 을사오적을 처단할 것을 주문했어. 을사조약 체결에 가담한 다섯 명의 매국노를 가리키는 말이야. 하지만 을사오적들이 워낙 경계를 철저히 하는 바람에 뜻을 이루진 못했어.

상심하고 있던 그에게 뜻밖에 소식이 들려왔어. 네덜란드 헤이그에서 만국 평화 회의가 열린다는 소식이었어. 흔히 헤이그 특사 사건은 고종이 몰래 밀사를 파견해 이뤄진 일로 알려졌지만 그 배후에 이회영이 있어. 이회영은 고종에게 헤이그에 특사를 파견해 우리의 주권을 되찾아야 한다고 건의했어. 그러면서 북간도에서 독립운동을 벌이고 있던 이상설을 추천했지. 마침 고종도 러시아 황제로부터 평화 회의 초청장을 받아들고 고민하던 중이었어. 그래서 이회영의 건의를 받아들여 헤이그에 밀사 3인을 파견했지. 이후에 벌어진 일은 어제 강의 때 얘기한 그대로야. 이준은 화가 나 죽고, 이상설과 이위종은 러시아로 다시 돌아가고.

세계 여론에 호소해 우리의 주권을 회복하려던 뜻이 좌절되자 이회영은 본격적으로 독립군을 길러 일제와 싸워야 한다고 생각했어. 이런 뜻을 그가 몸담고 있던 신민회 간부들과 상의했어.

신민회는 이회영이 안창호, 양기탁, 이동녕 등과 만든 비밀 결사 조직인데 교육과 언론과 출판과 군대를 길러 국권을 회복하고, 조선을 국민이 주인이 되는 공화국으로 만들어야 한다고 생각한 단체야. 신민회에서는 장차 국권을 회복하려면 무엇보다 국외에 독립군 기지를 건설해 독립군을 양성해야 한다고 판단했어. 그래서 이 문제를 상의하기 위해 이회영이 헤이그 특사 이후 블라디보스토크에 정착해 있는 이상설을 찾아갔지.

오랜만에 만난 이회영과 이상설은 독립군 기지를 건설하려면 기지를 건설할 지역과 자금이 필요하다는 데 뜻을 같이했어. 이회영은 이상설을 만난 뒤 귀국해 구체적인 준비에 들어갔어. 먼저 신민회 간부들과 비밀회의를 열어 독립 기지를 건설할 후보지를 답사하기로 했어. 이회영이 그 일을 맡아 다시 국경을 넘었지.

1910년 6월 종이 장수로 위장한 이회영은 서간도로 들어갔어. 한 달 넘게 마땅한 곳을 찾던 그는 맞춤한 지역을 찾아냈어. 하지만 문제는 그다음부터였어. 독립 기지를 건설하려면 막대한 자금이 드는데 그 문제를 해결할 방도가 막막했거든. 이회영은 형과 동생들을 불러 모았어. 그러곤 그동안 숨겨 왔던 자신의 계획을 털어놓았지.

"형님, 간도로 가야겠습니다. 그곳에 가서 독립운동 기지를 건설할 생각입니다."

그러면서 이회영은 자신의 땅과 집을 팔아 독립운동 기지를 건설하는 데 쓰겠다고 말했어. 이회영의 형과 동생들은 이회영의 뜻에 따라 집과 땅을 처분하고 간도로 가기로 결정했어.

그날부터 이회영은 전 재산을 서둘러 처분하기 시작했어. 그의 형제들도 마찬가지였지. 조선에서 다섯 손가락 안에 드는 갑부답게 이회영 일가의 땅은 엄청 많았어. 조금 과장해 경기도 남양주에서 서울 동대문에 이를 때까지 이회영 가문의 땅을 밟지 않고 갈 수 없다고 말할 정도. 이회영 형제들이 땅과 집을 모두 팔아 마련한 돈은 오늘날 돈으로 약 600억 원에 해당하는 거금이었어.

이회영 6형제는 마침내 1910년 12월 서울을 떠나 신의주로 가는 기차에 몸을 실었어. 이회영 일가 사십여 명, 그를 따르는 노비들 이십여 명, 모두 육십여 명에 이르는 대가족이었지.

이회영 일가가 얼어붙은 압록강을 건너 도착한 곳은 삼원보라는 곳이었어. 이회영은 그곳에 학교를 세우고 집을 짓고 마을을 이뤄 장차 독립군을 길러 내는 독립군 기지를 건설할 계획이었지. 하지만 그 계획은 처음부터 난관에 부딪혔어.

그곳에 살고 있던 중국인들은 수십 명의 조선인이 몰려와 자기 마을에 터를 잡으려 하자 경계심을 드러냈어. 혹시 조선인들이 먼저 들어오고 일본군이 뒤따라 들어와 자기들을 해치는 건 아닌가 하고. 이런 어려움 속에서 이회영은 중국인이 옥수수 창고로 쓰는 건물을 겨우 빌려 신흥강습소라는 학교를 세웠어. 이 학교가 훗날 독립군 사관 학교로 불리는 신흥무관학교인데 중국인들의 의심과 일제의 감시를 우려해 처음엔 무관학교라는 이름을 달진 않았어.

하지만 중국인들은 여전히 이회영 일가에 대한 의혹의 눈초리를 거두지 않았어. 이회영은 난감했지. 돈이 있어도 땅을 살 수 없고 학교 건물을 지을 수 없었으니까. 이회영은 마침내 정면 돌파하기로 결심했어. 북경에 가서 중국의 최고 권력자인 원세개, 즉 위안 스카이를 만나 토지 문제를 해결해야겠다고. 이회영은 신흥무관학교 개교 소식을 듣고 찾아온 이상룡과 함께 북경으로 떠났어.

이회영과 동행한 이상룡(1858~1932)은 경북 안동의 이름난 집안의 종손으로 을미의병을 일으키려다 일제 탄압으로 실패하고, 을사늑약 이후에는 협동학교를 세워 교육 계몽에 앞장선 인물이야. 그는 일제가 우리나라를 강제 병합하자 마침내 독립운동에 투신할 결심을 굳혔지.

"공자 맹자는 시렁 위에 얹어 두고 나라를 되찾은 뒤에 읽어도 늦지

않다."

 퇴계 이황의 고장 안동에서 정통 유학을 공부한 보수주의자로선 파격이었지. 그는 한술 더 떠 "나라가 망했는데 제사는 무슨 제사냐."며 집안 사당에 있는 조상의 신줏단지를 땅에 묻어 버렸어. 그러고 난 뒤 노비를 해방시키고, 궁궐 다음으로 넓다는 99칸짜리 집 임청각을 팔아서 간도로 떠났어. 간도에 간 이상룡은 신흥무관학교 교장을 지내며 우리 역사를 정리한《대동역사》로 학생들을 직접 가르쳤어.

 이상룡과 함께 북경으로 간 이회영은 원세개를 만났어. 원세개는 청군을 이끌고 조선에 주둔하고 있을 때 이조 판서였던 이회영의 아버지와 친분을 맺은 사람이야. 그는 이회영의 말을 듣고 간도 지역 책임자에게 이회영에게 적극 협조해 주라는 공문서를 만들어 주었어.

 이회영이 북경에서 돌아올 때 동행한 중국 관리는 이회영에게 한 가지 조언을 했어.

 "지금 있는 곳은 중국인들이 대대로 살아온 마을이라 자기네 땅을 팔려고 하지 않을 것입니다. 지금 있는 곳 말고 다른 지역이 어떻겠습니까?"

 그러면서 그는 조금 떨어진 합니하 근처를 추천했어. 들판 앞으로 합니하 강이 흐르고 그 뒤로 높지 않은 산들이 둘러선 곳이었어. 이회영은 제안을 받아들여 그가 마련해 간 거금으로 그 일대 땅을 사들였어. 그러고는 그곳에 새로운 학교를 짓고 본격적으로 독립군을 교육하기 시작했지.

 독립군 교육을 시작한 1911년부터 일제의 탄압으로 학교가 폐교되는

1920년까지 신흥무관학교에서 배출한 독립군은 3천5백여 명이 넘어. 이곳을 졸업한 학생들은 들어오는 순간부터 독립군으로 길러져 졸업 뒤에는 항일 무장 독립 전선을 누비는 용감한 독립군으로 활약했지.

 무장 독립 전쟁 사상 가장 큰 승리였던 봉오동전투와 청산리전투는 신흥무관학교를 졸업한 학생들이 아니었다면 불가능했을 거야. 이곳 졸업생들은 일제 요인을 암살하는 의열단 단원으로도 큰 활약을 펼쳤어. 이런 이유로 신흥무관학교와 그 학교를 세운 이회영을 빼놓고는 우리 독립운동사를 온전히 채워 넣기 어려워.

토리가 놀라는 표정을 지으며 말했다.

"그러니까 신흥무관학교가 독립운동사에서 그렇게 중요하단 말이지?"

나는 고개를 끄덕였다.

"응. 말했다시피 신흥무관학교는 독립군을 배출하는 독립군 요람이었으니까. 하지만 이회영은 신흥무관학교 말고도 죽을 때까지 독립을 위해 싸운 사실 자체만으로도 큰 존경을 받을 만해."

"그래? 어떤 활동을 했길래 그러는데?"

"아나키스트로서 독립운동에 매진했지."

"아나키스트가 뭐야?"

"무정부주의자라고나 할까?"

"무정부주의자는 또 뭔데?"

"음, 설명이 쉽지 않은데 이를테면 자신을 억압하는 국가나 정부를 좋아하지 않는 사람들이라고나 할까?"

"설명이 쉽지 않다더니 정말 그러네. 뭔 소린지 모르겠어."

"한마디로 자유인. 누구도 억압하지 않으며 누구에게도 억압당하지 않는. 그런데 그가 아나키스트였던 게 중요한 게 아니라 예순여섯의 나이로 죽을 때까지 일제와 한 치의 타협도 없이 싸웠다는 사실이 중요해."

"어떻게 독립운동을 했는데?"

"흑색공포단 같은 일제 요인 암살단을 만들어 활동했고, 일제를 공포에 떨게 만든 의열단을 지원했고, 그러다가 66세 때인 1932년 만주 주둔 일본군 사령관을 처단하기 위해 상하이에서 배를 타고 가다가 밀고로 붙잡혀 모진 고문을 받다 세상을 떠났어. 그사이 조선 최고의 부자였던 그의 가족은 먹을거리가 없어 굶어 죽고, 해방이 되어 귀국할 때 이회영 6형제 가운데 돌아온 형제는 동생 이시영뿐이었어. 정말 대단한 형제들이었지."

토리가 고개를 끄덕이더니 엉뚱한 질문을 던졌다.

"혹시 일제 시대였다면, 그리고 부자였다면 아저씨는 어떻게 했을 거 같아?"

나는 예기치 못한 질문에 좀 당황했다.

"글쎄, 아마 친일파들처럼 일제에 빌붙어 앞잡이 노릇을 하지는 않았겠지만, 이회영처럼 부귀영화 다 버리고 독립운동에 평생을 바치진 못했을 거 같은데. 그건 아무나 할 수 있는 일이 아니거든."

"그런데 말이야, 똑같은 상황에서 누구는 친일파가 되고 누구는 독립운동가가 되고, 왜 그래? 사람들의 길을 가르는 건 뭐지? 유전자 차이인가? 아니면 양심?"

"토리야, 너 갑자기 왜 이러니? 질문이 엄청 고급지구나. 역사 수업이 갑자기 무슨 유전 공학이나 철학 시간이 된 거 같다. 글쎄, 그들을 가른 게 뭘까? 나도 무척 궁금한데 다음 수업 시간에 등장하는 두 사람의 엇갈린 선택에서 답을 한번 찾아보자."

"알았어. 이제 한 줄 역사 논평해도 되지? 켁켁. 이회영과 신흥무관학교. 조선 역사 최고의 노블레스 오블리주. 끝."

한눈에 보는 한국·중국·일본

1895	1902	1904	1905	1906	1907. 6.
일 청과 시모노세키 조약 체결 | 삼국 간섭 한 을미사변 | 을미개혁 | 을미의병 봉기	일 영·일 동맹 체결	일 러·일전쟁 (~1905) 한 일진회 등장	한 을사늑약 체결 | 을사의병 봉기 | 장지연의 '시일야방성대곡' 발표 | 민영환 자결 일 미국과 가쓰라-태프트 밀약 체결 | 제2차 영·일 동맹 체결 | 러시아와 포츠머스 조약 체결	일 일제, 통감부 설치	한 헤이그 특사 파견 | 고종 강제 퇴위 | 정미의병 봉기

1907. 11.	1909. 9.	1910
한 13도 창의군 결성	일 남한 대토벌	일 대한제국 강제 병합 한 황현 자결

• 대한제국이 망하고 한 달 뒤 자결함으로써 당대 지식인으로서 책임을 다하려 한 황현(왼쪽)과 친일 매국노의 대명사 이완용.

네 번째 이야기

망국을 대하는 지식인의 자세

"우리 토리 많이 컸네. 노블레스 오블리주를 다 알고."

내가 박수를 치자 토리가 어깨를 으쓱했다.

"아저씨 덕분이지 뭐. 헤헤."

"근데 너 그 말이 무슨 뜻인지 알고 한 거야?"

내 말에 토리가 발끈했다.

"그걸 내가 왜 몰라. 잘살거나 지체 높으신 양반들이 도덕적 의무를 다한다는 말이잖아!"

"하하. 미안하다. 그럼 이 시간엔 좀 전에 네가 한 질문에 대한 답을 찾아볼까?"

"방금 전에 내가 한 질문? 아하, 왜 누구는 친일파가 되고 누구는 독립운동가가 되느냐고 했던 거?"

"그래. 내 생각엔 말이야, 네 말처럼 양심이 있느냐 없느냐에 따라 달라지는 건 맞는 거 같아. 그런데 그것 말고도 뭔가 또 있을 거란 생각이 들어."

"그게 뭔데?"

"안 가르쳐 주~지. 내 스승님이 그러셨걸랑. 아이들에게 답을 해 주기보단 생각할 수 있는 질문을 던지는 게 필요하다고. 책을 읽는 어린이들 스스로 생각해 볼 수 있는 시간을 갖게. 나도 답을 주지 않고 네 스스로 생각해 보라고 말해 주고 싶어."

토리가 좀 안쓰럽다는 표정으로 나를 쳐다봤다.

"스스로 생각해 보는 것도 좋은데 생각한 다음에도 답을 못 찾으면 어쩔 건데. 그 답을 알려 주려고 책도 있고, 선생님도 있는 거 아냐? 여러분이 생각해 보세요, 스스로 생각해 보는 게 중요해요, 이럴 거면 책이 왜 있냐고!"

토리의 반격에 대답이 좀 궁색해졌다.

"누가 답을 안 준대? 생각할 시간을 주는 게 중요하단 말이지. 그러니까 이번 시간에 그 문제에 대해 한번 생각해 봐. 똑같은 사람인데 왜 누구는 우국지사가 되고 누구는 친일파가 되는지. 상반된 선택을 한 두 사람 이야기를 통해서."

"두 사람? 누군데?"

"한 사람은 나라가 망해 갈 때 목숨을 던진 선비이고, 또 한 사람은 일제에 빌붙어 부귀영화를 누린 친일 매국노."

나는 황현과 이완용 이야기를 시작했다.

1910년 8월 29일 조선이 망했어. 일찍이 우리 역사에서 일제 강점기 때처럼 남의 나라 식민지가 된 경우는 없어. 고려가 100년 몽골 지배를 받긴 했지만 그땐 고려의 왕이 존재했고 고려라는 나라의 꼴은 유지했지. 병자호란 때 인조가 청 태종에 무릎 꿇고 이마를 땅에 처박으며 항복했을 때도 나라가 망한 건 아니었고. 그런데 이번엔 완전히, 깨끗하게, 홀라당 망한 거야.

조선이 망하고, 정확히 말하면 대한제국이 망한 거지, 한 달 뒤 전라남도 구례에서 시 몇 수를 남기고 자결한 선비가 있어. 이름은 황현(1855~1910). 내가 수업 때 가끔 《매천야록》에 따르면, 하고 자료를 인용했던 거 기억하니? 황현은 바로 그 역사책을 지은 문인이야. 그는 왜 스스로 목숨을 끊었을까? 자기 때문에 나라가 망한 것도 아니고 나라에서 주는 월급 한번 받은 적이 없는 사람이 왜? 황현이 걸어온 삶 속에 작으나마 단서가 숨어 있을지 모르겠구나.

황현은 명재상 황희의 먼 후손이야. 어려서부터 총명해 서당을 다니기 시작한 열한 살부터 한 번 듣고 본 것은 모두 외웠다고 해. 그는 시 짓는 데 뛰어난 재능을 보였고 역사책을 즐겨 읽었어. 조선의 양반이 그랬던 것처럼 과거를 보았고 1등으로 합격했지.

그런데 시험 채점관은 황현이 시골 출신이라는 이유로 2등으로 끌어내렸어. 이미 과거 시험장의 온갖 부정을 경험한 데다, 어처구니없는 이유 때문에 2등으로 밀려나자 황현은 부패한 정치에 미련을 버리고 고향으로 내려왔어. 옳지 못한 것과 타협하는 게 황현 자신에게 용납이 안 됐기 때문이야.

하지만 몇 년 뒤 아버지의 강한 권유로 다시 과거를 보았고 역시 급제를 했어. 그러나 이번에도 권력을 쥔 민씨 친척 일가들의 부정과 부패를 본 황현은 다시 시골로 내려왔어. 그 뒤부터 황현은 벼슬에 대한 미련을 모두 버리고 글을 읽으며 시와 역사책을 짓는 데 힘을 기울였지.

황현은 실학자 연암 박지원의 문장을 좋아했어. 박지원의 문장을 조선에서 제일로 칠 정도로. 또한 정약용의 학문을 흠모해 정약용이 지은 《목민심서》와 《흠흠신서》를 최고의 저술이라 평가했지. 그렇게 옛 학자의 글을 읽으며 시골 생활을 하던 중 동학 농민들이 포학한 정치에 견디다 못해 봉기를 일으켰을 때 황현은 당대 역사를 기록으로 남겨야겠다는 생각을 하게 되었어. 그때부터 그는 흥선대원군 집권기부터 나라가 망하던 1910년까지의 역사를 기록하기 시작했지. 그 책이 바로 《매천야록》이야.

을사늑약이 체결되자 황현은 크게 낙심했어. 그는 을사늑약 체결에 항거하며 자결한 민영환을 애도하고 조약 체결에 찬성한 을사오적에게 "나라 위해 죽은 매국노가 한 사람도 없다."며 개탄했지. 그러면서 자기도 죽지 못한 것을 한탄히는 말을 주위에 하곤 했는데 몇 년 뒤 일제가 강제로 조선을 병합했다는 소식을 전해 듣고는 마침내 어려운 결단을 내렸어.

조선이 일제에 강제 병합된 지 며칠이 지난 1910년 9월 8일. 황현은 자신의 방에서 떨리는 손으로 붓을 들었어.

"아들들아, 나는 죽어야 할 의리는 없다. 다만 나라에서 500년이나 선비를 길러 왔는데, 나라가 망해 국난을 당할 때 죽는 사람이 하나도 없다는 것이 어찌 원통하지 않겠느냐."

이렇게 아들에게 글을 남기고는 비통한 심정으로 절명시를 지었지.

새와 짐승도 슬피 울고 강산도 찡그리네
무궁화 이 나라가 이제 망해 버렸구나
가을밤 등불 아래 책을 덮고 생각해 보니
인간 세상에서 글 아는 사람 노릇하기 어렵기만 하구나.

시를 지은 뒤 황현은 독약을 마셨어. 비록 총 들고 싸우지 못했지만 당대 지식인으로서 책임을 다하려 한 거야. 황현이 자결 전날까지 기록한 《매천야록》에는 부끄러움을 모르는 친일 매국노의 이야기가 나와. 그 매국노 이름은 이완용이야. 죽기 전 황현은 이완용에 대해 재미있는 일화를 남겨 놓았어.

일제 식민지가 되기 얼마 전, 친일 단체 일진회는 일본과 조선이 합방을 해야 한다고 공공연하게 주장하고 다녔어. 일진회가 어느 날 총리대신 이완용을 찾아와 말했어.

"어서 빨리 일본과 합방을 하자고 왕께 아뢰어 주십시오."

일진회의 요청을 받은 이완용은 화를 내며 그들을 돌려보냈지. 이유는 자기가 먼저 합방을 주장해 공을 세우려 했는데 일진회한테 선수를 빼앗긴 게 분해서. 이렇듯 뼛속까지 친일파였으니 수많은 우국지사들이 이완용을 처단하려고 한 건 당연했겠지. 황현은 《매천야록》에 청년 우국지사 이재명이 이완용을 습격한 사건을 비중 있게 다루었어.

1909년 12월 22일. 벨기에 황제 추모 미사를 마치고 명동성당을 나온 이완용이 막 인력거를 타려 할 때였어. 군밤 장수로 변장해 있던 이재명이 이완용을 향해 쏜살같이 달려들었어. 그는 먼저 인력거꾼을 찌르고, 도망가는 이완용을 덮쳤어. 그러고는 허리와 어깨를 찔렀지. 하지만 이완용이 두꺼운 모직 코트를 입고 있어서 급소를 찌르는 데 실패했어. 그러는 사이 일제 순사들이 달려들어 이재명을 체포했어. 이완용? 폐를 찔려 중상을 입었지만 운 좋게 살아남았지.

몇 달 뒤 이완용은 이른바 조선과 일제의 합방 문서에 총리대신 자격으로 서명을 했어. 일제 강점기가 시작된 뒤로도 이완용은 초지일관 줄기차게 친일 매국노 노릇을 했어. 3·1운동이 일어났을 때 그는 독립 투쟁을 비판하는 경고문을 발표하며 3·1운동을 불순 세력들이 선동해 무지한 백성들이 경거망동한 것이라고 비난했지.

덕분에 그는 돈을 엄청 벌었어. 일제 강점을 전후해 일제로부터 받은 돈과 황실 공금을 횡령한 돈을 합쳐 오늘날 돈으로 약 600억 원을 챙겼어. 하지만 1926년 세상을 떠난 뒤에 그는 더 이상 이 땅에 살 수 없게 되었어. 사람들이 그의 묘를 하도 파헤쳐 버리자 그의 후손들이 이완용의 시신을 파내 화장할 수밖에 없었지. 해방 이후 그의 후손들은 사람들로부터 손가락질을 당하고 돌을 맞고 다녀서 일본으로 밀항을 하거나 외국으로 이민을 갔어.

그들이 그렇게라도 반성하며 살았으면 좋았겠지만 친일파 후손들이 최근에 나라에 빼앗긴 땅을 되찾겠다며 소송을 벌여 온 국민의 지탄을 받았어. 더 큰 문제는 일제에 협력했던 친일파와 그의 후손들이 지금도 대한민국의 정치·경제·사법·검찰·언론·경찰·학교 곳곳에 뿌리박고 있어서 아직까지 문제가 되고 있다는 점이야. 그들이 아직도 우리 사회의 주류로 남게 된 이유는 내일 해방 이야기할 때 하도록 할게. 망국에 대처하는 두 지식인의 자세에 대한 강의는 여기까지.

나는 말을 마치고 한숨을 크게 내쉬었다.

"매국노 얘기를 했더니 다른 수업 때보다 세 배는 더 힘든 거 같다. 에효."

"그렇게 힘들 거면 뭐 하러 매국노 얘길 했어? 내가 해 달라고 한 것도 아닌데."

"물론 초등 역사책에 나오는 사람도 아니고, 말해 봤자 우리의 치부를 드러내는 역사라 너에게 말하기 부끄럽기는 하다만 그래도 알려 줘야지. 나라가 망할 때 제 욕심만 차려 일제에 빌붙어 부귀영화를 누리고 산 사람이 있고, 아무것도 할 수 없는 걸 부끄러워하며 목숨을 끊은 사람이 있다는 사실을."

내 말에 토리가 뭔가 생각난 듯 눈을 반짝 떴다.

"아 참, 내가 했던 질문에 답해 줘야지. 인간들은 왜 결정적인 순간에 다른 길을 가는지."

"참 어려운 문제다. 네 말대로 양심 문제일 수도 있고 부끄러움을 아느냐, 모르느냐의 차이일 수도 있고. 인간이 원래 다른 동물과 다른 점이 부끄러움을 느낄 수 있는 능력이 있다는 건데 매국노는 부끄러움을 느끼는 감각을 상실한 사람들 같아. 대신 오로지 돈과 권력을 추구하는 촉만 발달한 사람들이지. 그런 부류는 불의가 뭔지, 정의가 뭔지, 나라가 망하든 말든 상관없이 제 살 궁리만 해. 그때도 그랬고 지금도 마찬가지야."

토리가 안됐다는 표정으로 나를 쳐다봤다.

"우리 별에선 그런 사람 없는데."

"토리 네가 아직 어려서 모르는 걸 수도 있어. 너희 별이 동물만 사는 데가 아니고, 하나님, 부처님, 공자, 맹자 이런 분들만 모여 사는 천국이 아니라면 어느 곳에나 그런 어른들이 있거든. 마지막으로 중요한 거 한 가지만 더 얘기하고 마칠게. 왜 누구는 부끄러워하며 목숨을 끊고, 누구는 가진 재산 다 팔아 독립운동을 하고, 또 누구는 일제에 빌붙어 친일 앞잡이 노릇을 하는지. 그건 바로 역사를 두려워하느냐 두려워하지 않느냐의 차이가 아닐까 싶어. 자기의 행동이 죽어서까지 역사에 남을 텐데 그걸 알고도 친일 매국노 노릇을 한 거라면 역사를 두려워하는 마음이 없는 거겠지. 이쯤 하고 오늘 강의는 마치도록 하자."

내가 말을 마치자 토리가 한 줄 역사 논평을 하겠다고 나섰다.

"토리의 한 줄 역사 논평. 켁켁. 이완용. 부끄러움을 모르는 자, 그대 이름은 매국노."

나는 달리 할 말이 없어서 자리에서 일어났다.

근대 문물과 생활의 변화

 토리와 나는 큰 바위 하우스 밖으로 나왔다. 수평선 너머로 노을이 붉게 물들고, 파도가 제법 높게 일었다. 우리는 붉은 노을을 바라보며 천천히 섬을 돌았다. 큰 파도를 보자 문득 생각나는 게 있었다.

 "토리야, 너는 저 파도를 보면 무슨 생각이 드니?"

 토리가 잠깐 생각하는 척하더니 대답했다.

 "참 잔잔한 호수 같구나, 하는 생각?"

 "엥? 저게 잔잔하다고?"

 "응. 내가 아는 별에선 파도가 수백 미터 높이까지 올라갔다 떨어지거든. 아저씬 얘기해 줘도 모르겠지만."

 허허, 참. 또 개 달 쳐다보는 얘기군.

 "그렇구나. 근데 말이야, 이 아저씬 저 파도를 보면 개항 생각이 나. 개항의 파도가 밀려와 조용한 아침의 나라 조선을 뒤흔들었던 모습 말이야."

 "그건 그런 거 같아. 개항 이후 갑신정변에 동학에 청·일전쟁, 러·일전쟁, 을사늑약, 강제 병합까지 아주 숨 가빴잖아."

"어디 그런 정치적 사건뿐이니? 신분제 폐지되고, 과거제 폐지되고, 머리 자르고, 조선 사람들의 삶을 획기적으로 변화시킨 일들이 모두 개항 이후에 나타났지. 그래서 오늘 생활사 3분 특강에서는 조선 사람들 눈을 휘둥그렇게 만든 근대 문물에 대해 이야기해 볼까 해."

토리가 눈을 크게 뜨며 물었다.

"그래? 그게 뭔데?"

"새로운 학교, 새로운 병원, 새로운 교통수단, 새로운 통신 수단, 새로운 등불, 새로운 기계, 아주 그냥 뭐든 새로운 거. 새로운 근대 문물이 사람들 일상에 어떤 변화를 몰고 왔는지도 살펴보고."

"알았어. 얼마나 새로운 문물이 들어왔는지 기대할게."

어느새 주위가 어두워졌다. 우리는 서둘러 큰 바위 하우스로 돌아왔다. 실내는 밝고 따뜻했다. 나는 방에서 수업에 필요한 몇 가지 물건을 들고 나왔다.

"이걸 봐라. 카메라, 레코드플레이어, 전화기, 이런 물건들이 죄다 개항 이후에 들어온 물건이야. 그리고 여기 사진 속에 보이는 기차, 전차, 이런 것들도 다. 듣도 보도 못한 물건들이 나타나자 사람들 놀라는 건 당연하고, 거기에 맞게 사람들 일상도 변화하고, 아무튼 근대 문물이 가져온 생활의 변화가 엄청난데 지금부터 그 얘길 들려줄게."

어제 생활사 3분 특강에서 과거를 준비하던 토리 도령이 과거 제도가 폐지되자 신식 학교에 입학했던 거 기억나니? 토리가 다니는 그 신식 학교는 서울 정동에 있는 배재학당이었어. 1885년 외국인 선교사 아펜젤러가 세운 학교인데 외국인이 세운 최초의 사립학교지.

배재학당이라는 학교 이름은 인재를 배양한다는 뜻을 담아 고종이 직접 내린 이름이야. 설립 취지에 맞게 이 학교에서 우리 역사를 빛낸 인물이 많이 배출됐지. 독립협회 회원으로 만민공동회 스타였던 이승만도 이곳 출신이고, 한글 사랑 나라 사랑 주시경도 배재학당에서 공부했어.

이곳에서 배우는 과목은 오늘날 수능을 대비한 과목과 비슷해. 한문과 고전을 배우는 언어 영역, 수리 영역, 역사, 지리 등의 사탐, 물리 등의 과탐까지, 지금과 너무나 비슷했지. 뿐만 아니라 배재학당에서는 논술과 토론도 가르쳤어. 축구, 야구, 정구, 농구 같은 운동도 이 학교에서 처음 가르친 과목이었어.

그런데 배재학당이 우리나라 최초의 사립학교는 아니었어. 배재학당보다 2년 앞서 원산에 세워진 원산학사가 우리나라 최초의 사립학교야. 원산에 처음으로 사립학교가 세워진 까닭이 있어. 개항 이후 원산이 개항장이 됐어. 그때 일본 상인들이 원산에 들어와 자리를 잡았어. 그러자 조선인들이 "새로운 세대에게 새로운 학문을 가르쳐 밀려오는 외국 세력에 대응하도록 해야겠다."는 생각에서 돈을 모아 학교를 세웠지.

- 아펜젤러가 세운 배재학당의 체육 수업 모습(위쪽)과 선교사 헐버트가 영어를 가르치고 있는 육영공원의 수업 모습이다. ⓒ 헐버트박사기념사업회

원산학사에서는 문예반에 50명 무예반에 200명의 학생이 공부를 했어. 이곳 학생들은 산수, 물리, 농업, 일본어 등 실용적인 학문을 배웠고, 무예반 학생들은 전쟁을 연구하는 병서도 공부했어. 그때는 아직 과거 제도가 있던 때여서 매월 초 시험을 치러 최우수 성적을 받은 학생은 과거 시험의 초시 합격자 명단에 넣어 주기도 했어.

원산학사가 우리나라 최초의 사립학교라면 최초의 공립학교도 있겠지? 바로 육영공원이야. 1886년 개교한 육영공원은 주로 정부 고관의 자제를 가르치는 학교였어. 이를테면 왕립로열국립학교라고나 할까? 이 학교는 주로 영어를 가르쳤고, 영어 외에 각국 언어와 지리, 정치 등의 과목을 가르쳤어. 개항 이후 외국과 수교를 맺어 외국어 능통자가 많이 필요한 시기여서 각국의 언어를 가르쳤지. 요즘의 외국어고등학교처럼.

고위 관료의 양아들이던 이완용은 과거 급제 뒤 이 학교에 입학해 외국어와 역사, 정치 등의 학문을 배웠어. 그 덕분에 사절단을 따라 미국에 가서 공부도 했고, 나중에 친일파가 되어 나라를 팔아먹는 오점을 남기지.

원산학사, 배재학당, 육영공원 등 근대 학교가 문을 열어 새로운 시대를 이끌어 갈 새로운 인재를 양성했지만 이것만으로 근대를 이야기하기엔 2프로 부족해. 왜 그럴까? 여성이 빠졌기 때문이야. 이런 부족함을 채워 준 학교가 최초의 사립여학교인 이화학당이야.

이화학당은 여자 선교사인 스크랜턴 부인이 1886년 세운 학교야. 명성황후는 여학교 설립 취지에 동의해 왕실을 상징하는 배꽃을 학교 이름으로 내려 주었어. 배꽃이 한자로 이화(梨花)여서 이화학당이 된 거야. 이화학당은 개교한 지 1년 만에 학생 수가 무려 일곱 배로 불어났어. 한 명에서 일곱 명으로.

이렇게 학생 모집에 애를 먹은 건 전근대적인 관습 때문이었어. 생각해 봐. 어두운 동굴에서 마늘과 쑥만 먹던 곰이 여자로 변신한 이래로 한반도에서 여자가 학교에 다닌 적은 없어. 더구나 조선 시대는 남존여비라 하여 남자는 귀하게 여기고 여자는 천하게 여기는 나라여서 여자가 학교 가서 공부하는 건 상상할 수도 없었어. 조선 역사 500년 동안 여자아이가 서당 가서 글공부했다는 말 들어 봤냐고. 이랬으니 어느 누가 학교에 자기 딸을 보내려 했겠어. 그래도 시간이 흐르면서 점차 학생 수가 늘어나 이 학교를 보러 오는 사람까지 생겨났지.

이 학교 교사는 대부분 여자 선생님이었는데 고전 과목만은 남자 선생님이 맡았어. 하지만 남녀가 한 교실에서 마주 보고 수업하는 게 도저히 용납되지 않아서 초창기에는 남자 선생님이 여학생들을 등지고 뒤돌아앉아 수업을 했대. 이런 일도 있었어. 이 학교에서는 학생들에게 운동과 체조도 가르쳤는데 여학생들이 두 팔을 쭉쭉 들어 올리고 가랑이를 쩍쩍 벌리며 체조를 하자 이를 안 학부모가 하인더러 자기 딸을 업어 오라고 시키고, 계속해서 자기 딸을 그 학교에 보내야 하는지 가족회의를 열고, 이런 웃지 못할 일들이 이화학당 초창기에 벌어졌어. 우여곡절을 겪으며 이화학당은 근대가 시작된 이래 여성 인재를 길러 내는 요람으로 자리 잡았어. 이 학교 학생인 유관순이 3·1운동 때 얼마나 큰 역할을 했는지는 다음 시간에 자세히 이야기해 줄게.

근대 학교와 더불어 사람들 생활에 큰 변화를 몰고 온 건 병원이야. 1885년 최초의 서양식 병원이 세워지기 전까지 조선 사람들은 의원이 운영하는 약방에서 약을 지어 먹거나 침을 맞았어. 혹은 무당한테 찾아가 병을 낫게 해 달라고 빌기도 하고. 그도 아니면 민간에 전해 내려오는 민간요법으로 치료를 하곤 했지. 벌에 쏘이면 된장 바르고, 넘어져 머리가 깨져도 된장 바르고, 만병통치약처럼 된장을 마구 발랐어. 서양식 병원이 세워지기 전까지 서민들이 병을 치료하는 방법이 이랬다고.

그런데 1885년 광혜원이 설립되면서부터 새로운 의료 생활이 시작됐어. 광혜원은 1884년 갑신정변 때 우정국 개국 축하연에서 칼에 맞아 부상을 입은 민영익을 치료해 준 알렌이 고종에 건의해 세운 서양식 근대 병원이야. 병원 이름이 곧 제중원으로 바뀌었는데 얼마 뒤 장로교 선교부로 운영권이 넘어갔다가 미국인 세브란스가 남대문에 현대식 병원을 짓고 세브란스병원이라 불렀어.

혹시 기억할지 모르겠구나. 만민공동회의 스타 연사였던 백정 출신 박성춘의 아들이 제중원 의학교 1회 졸업생으로 세브란스병원에서 환자를 치료했던 거 말이야. 병원도 남자 이야기만 하면 뭔가 부족하겠지? 우리나라 최초의 여의사가 있었어. 에스더 박으로 불린 김점동이야.

김점동(1876~1910)은 이화학당에 다니던 시절 동대문에 있는 구제병원에 아르바이트생으로 파견됐는데 병원에서 수술을 하던 홀 부인의 모습을 보고 반해서 의사가 되기로 결심했어. 김점동은 홀 부인이 미국에 잠시 귀국할 때 함께 가서 의학을 공부해 의사가 되었어. 1900년 귀국해 구제병원 의사로 일하면서 한 달에 3천 명을 치료할 정도로 열심히 일했지. 하지만 김점동은 자기 몸을 돌보지 않을 정도로 십여 년 동안 서울과 평양에서 환자들을 돌보다 폐결핵으로 세상을 떠났어. 그러자 이를 슬퍼한 홀 부인의 아들이 나중에 의사가 되어 1932년 우리나라에서 최초로 크리스마스실을 발행하기도 했어. 크리스마스실은 결핵 퇴치 기금을 모으기 위해 크리스마스 때마다 발행해 우표 옆에 함께 붙이는 거야.

다음은 근대 문물의 상징인 전차 이야기야. 한성에 전차가 개통된 건 1899년 5월 17일이야. 처음 개통 땐 서대문에서 청량리까지 전차가 운행됐는데 이렇게 된 사연이 있어. 고종은 청량리 인근 홍릉에 묻힌 명성황후를 보러 가기 위해 자주 그곳에 행차했어. 그런데 갈 때마다 너무 많은 수행원이 따르고 돈도 많이 들어 여간 불편한 게 아니었어. 그래서 홍릉 행차 비용도 절약하고 백성들도 편하게 이용하라고 전차를 운행했지.

한성에 전차가 처음 나타났을 때 모습을 한번 상상해 봐. 철길 위를 육중한 차량이 빠른 속도로 내달리는 모습을 말이야. 이 신기한 전차를 타기 위해 시골에서 올라오는 사람도 있었고, 전차를 너무 많이 타서 집안이 망한 사람도 생겨났어. 그런데 전차가 모든 사람의 환영을 받았던 건 아니야. 전차가 사람을 치어 죽는 일이 벌어지자 사람들은 전차에 대해 분개하기도 했지. 이런 사건이 있었어.

다섯 살짜리 아이가 전차에 치여 죽자 아이의 아버지가 도끼를 들고 운전사에게 달려들었어. 그러자 운전사가 도망가고, 주위에 있던 사람들이 달려들어 전차를 부수고 석유를 붓고 불태워 버렸어. 이 사건으로 전차 운행이 몇 달 동안 중단되었어. 사람들이 전차에 분개한 건 단순히 사고 때문은 아니었어. 전차로 상징되던 개화와 그 개화 문명을 상징하는 일본에 대한 저항이었지.

전차가 사람들의 일상에 가져온 변화는 무엇보다 시간과 공간의 파괴야. 쉽게 말해 시간은 엄청 단축되고 공간은 좁혀졌단 얘기지. 그런데 전차보다 더 시공간을 파괴한 물건이 있어. 바로 철도야.

전차가 개통된 지 네 달 뒤인 1899년 9월 18일 노량진에서 인천 제물포까지 연결된 경인철도가 개통됐어. 1년 뒤에는 한강철교가 완성돼 마침내 서대문에서 제물포까지 달리는 경인선이 완공됐지. 시속 30킬로미터 정도로 달리는 기차가 얼마나 빨라 보였는지 〈독립신문〉은 "기차 구르는 소리가 우레 같아 천지가 진동하고, 나는 새도 미처 따르지 못하더라."고 기사를 쓸 정도였어.

기차가 운행하기 전에는 서울에서 인천을 가려면 걸어서 하루하고도

- 종로 거리를 달리던 전차와 1887년 건달불, 도깨비불이라 불리던 전기등이 건청궁 뜰을 처음 밝힌 뒤 종로에 설치된 가로등 모습이다.(위쪽) 노량진에서 제물포까지 33.2km를 달린 경인선, '모갈 1호'의 기관차 모형이다._ⓒ 한국콘텐츠진흥원 문화콘텐츠닷컴, 인천개항박물관

반나절이 더 걸렸는데 기차를 타고 한 시간 반 만에 인천에 닿았어. 서울과 인천이 일일생활권이 된 거야.

경인선에 이어 경부선이 개통된 건 1905년 1월이야. 러·일전쟁 전 대한제국이 경부선 공사를 하고 있었는데 러·일전쟁을 준비하던 일제가 철도 부설권을 빼앗아 빠르게 부설 작업을 진행했어. 그 결과 부산에서 한성을 잇는 경부선이 완공됐고, 일제는 그 기차에 일본 군인들과 군수 물자를 실어 날랐지. 러·일전쟁을 철도 전쟁이라고 부른 이유가 바로 여기 있어.

경부선 개통 다음 해인 1906년 서울과 신의주를 잇는 경의선이 완공됐어. 이로써 한반도 최남단 부산에서 최북단 신의주를 달리는 한반도 종단 철도가 완성됐지. 이 철길을 따라 일본 상인들이 들어오고, 우리의 소중한 자원이 일본으로 빠져나가고, 일제 강점기 때는 학도병으로 뽑힌 조선의 젊은이들이 경부선, 경의선 기차에 몸을 싣고 전쟁터로 끌려 나갔지. 시간과 거리를 좁혀 준 근대 문물의 상징인 철도는 이처럼 일제 침탈의 상징이기도 했어.

전기와 전화도 사람들의 일상을 바꾸어 놓은 근대 문물이야. 조선에서 처음 전기등이 켜진 건 1887년. 그때 처음 경복궁 내 건청궁 뜰에 전기등을 설치하고 불을 밝혔지. 전기가 처음 들어오던 날 밤 그 모습을 구경하던 사람들은 입을 다물지 못할 정도로 놀랐어. 향원지라는 연못 앞에 설치한 발전기가 덜덜덜 돌아가더니 얼마 뒤 유리 전구 안에서 휘황찬란한 불빛이 점화됐어. 에디슨이 전구를 발명한 해로부터 7년 뒤 지구 반대편 조선에서 벌어진 대사건이지.

전깃불은 처음에 물을 이용한 발전기로 켠다고 해서 물불, 도깨비불처럼 환하다 해서 도깨비불, 묘한 불이라 해서 묘불, 건들거리며 꺼졌다 켜졌다 해서 건달불이라고도 불렸어. 전깃불을 밝혀 놓고 고종과 명성황후가 밤마다 파티를 열었어. 황현은 큰돈이 들어가는 전기에 대해 《매천야록》에 이렇게 기록했어.

"고종은 임오군란과 갑신정변 같은 변란이 다시 일어나는 것을 두려워하여 배부르게 먹인 가마꾼을 궁성 북문에 항시 대기하게 했다. 또한 밤에 소요가 발생하므로 궁궐 내 전등을 새벽까지 밝혀 놓았다."

경복궁에 전등이 처음 점화된 시기가 도쿄 궁성과 베이징의 자금성보다 빨랐다고 하니 고종이 느끼는 두려움이 얼마나 컸는지 짐작할 수 있겠지? 물론 근대 문물에 대한 고종의 관심이 전기를 그토록 빨리 받아들이게 했지만.

전화도 사람들의 일상을 크게 바꾸어 놓은 신문물 가운데 하나야. 조선에 처음 전화가 설치된 건 1896년. 궁궐에서 인천 사이에 전화선이 처음 연결됐는데 이에 대한 재미있는 에피소드가 있어. 김구가 지은 《백범일지》에 나오는 얘기야.

일제가 명성황후를 시해하고 나서 어느 날 김구는 치하포 나루터 주막

집에서 한국인으로 변장한 일본인을 왕비를 시해한 일본인으로 생각해 죽였어. 그 일로 인천감옥에 갇혀 사형 날만 기다리는데 사형 직전 한성에서 전화 한 통이 걸려 왔어. "사형을 멈추라."는 고종의 전화였어. 전화 덕에 김구는 처형을 면했지.

 마지막으로 사진기 얘기를 해 줄게. 카메라가 우리나라에 처음 선보인 건 1883년이야. 한성에 황철 촬영국이란 간판을 달고 사진관이 문을 열었는데 사진을 처음 접한 사람들은 기차나 전깃불, 전차를 처음 봤을 때처럼 크게 놀랐지. 그래서 사람들 사이에 사진에 몸이 절반만 찍히면 몸이 반 토막 나서 죽는다는 둥, 사진을 찍으면 영혼이 빠져나간다는 둥 별별 해괴한 소문이 다 돌았어.
 근대 문물의 상징이었던 사진관도 갑신정변 때 수난을 겪었어. 갑신정변이 일본에 힘입은 개화파가 일으킨 정변이란 걸 안 백성들이 일본과 개화의 상징인 사진관을 부숴 버린 거야. 그러나 사진관도 차츰 사람들 사이에 인기를 끌어서 단발령이 내려지자 상투 튼 자기 모습을 간직하기 위해, 상투를 자르고 새롭게 변모한 자기 모습을 찍기 위해 사진관을 찾았어.
 1900년대 초 사람들 발길이 잦았던 한 사진관은 2층에 촬영실이 있었어. 촬영실 옆에는 축음기를 갖춘 응접실이 있어서 축음기에서 나오는 음악을 들으며 순서를 기다리곤 했지. 내가 가져온 턴테이블은 전기를

연결해 자동으로 돌아가게 만든 축음기지만 그 시절 축음기는 수동으로 레코드판을 돌리는 방식이었어. 오늘 생활사 3분 특강 끝.

강의를 마치고 난 뒤 턴테이블에 음반을 한 장 올려놓았다.
"가만있자, 선을 어디에 꽂아야 하나?"
"지금 뭐 하려고?"
"떡 본 김에 제사 지낸다고 턴테이블로 음악 좀 들을까 해서 선을 어디에……."
"꽂긴 뭘 꽂아. 그냥 돌리면 되지."
토리가 손가락으로 턴테이블을 가리키자 턴테이블이 돌기 시작했다.
"무슨 음악이야? 혹시 최신 케이팝? 그거라면 내가 좀 알지. 켁켁. 집 떠나와 은하철도 타고 안드로메다 가는 날, 메텔 아줌마께 큰절하고."
"그만해라, 토리야. 그게 무슨 최신 케이팝이냐. 추억의 한국 음악이지."
"최신 인기 가요라고 아저씨가 그랬잖아."
토리가 입을 삐죽였다.
"농담이었어. 그만 까불고 이 음악 들어 봐."
나는 레코드판을 올려놓으며 말했다.
드보르자크의 〈신세계 교향곡〉 2악장 도입부가 흘러나왔다. 토리는 음악은 들은 체 만 체하며 신이 나서 떠들었다. 자기 별로 돌아갈 땐 몇 번째 웜

홀을 이용할 거라는 둥, 지구에 파견된 친구들과는 언제 어디에 모여서 지구를 떠날 거라는 둥, 돌아가다가 황금 머리카락 소년을 만나면 아자씨 얘기를 전해 줄 거라는 둥, 되지도 않는 말을 마구 지껄였다. 도입부가 끝나고 오보에 독주가 흘러나왔다. 신나서 떠들던 토리가 말을 멈추고 음악에 귀를 기울였다.

"토리야, 왜 그래?"

슬픈 표정으로 토리가 말했다.

"이 음악 들으니까 집 생각나. 아, 슬퍼."

"너 대단하다. 지금 듣는 2악장이 드보르자크가 고향을 그리면서 작곡한 곡이야. 그때가 언제더라, 우리나라에서 동학농민혁명이 일어나기 전이던가 그때쯤 체코 작곡가인 드보르자크가 미국에 가서 작곡한 교향곡이거든. 부제가 고잉 홈이야, 집으로."

토리는 2악장이 다 끝날 때까지 말없이 음악을 들었다. 눈물을 글썽이는 것도 같았다. 그런 토리를 보자 나도 집 생각이 났다. 토리섬의 밤이 그렇게 깊어 갔다.

넷째 날
독립운동 36년

첫 번째 이야기	옥중에서 울려 퍼진 만세 소리
두 번째 이야기	봉오동전투와 청산리대첩의 승리
세 번째 이야기	의열단원 김상옥의 1 대 1000 경성 시가전
네 번째 이야기	세계를 놀라게 한 훙커우공원 폭탄 투척
다섯 번째 이야기	실력으로 독립을! 물산장려운동과 대학 설립 운동
판타스틱 생활사 3분 특강	모던보이와 모던걸, 경성의 젊은이들

한눈에 보는 한국·중국·일본

1910	1911	1912	1914	1918	1919. 1.
일 대한제국 강제 병합	중 신해혁명	한 토지 조사령 공포(~1918) | 대한 독립 의군부 조직 중 중화민국 성립 일 다이쇼 데모크라시	세계 제1차 세계 대전(~1918)	한 신한청년당 조직	한 신한청년당, 파리 강화 회의에 김규식 파견

1919. 2.	1919. 3.	1919. 4.	1919. 5.	1919. 9.	1919. 12.
한 2·8독립선언	한 3·1운동	한 제암리 학살 사건	한 서로군정서 조직 중 5·4운동	한 대한민국 임시 정부 수립	한 북로군정서 조직

1920
한 봉오동전투 \| 유관순 열사 순국 \| 청산리 대첩

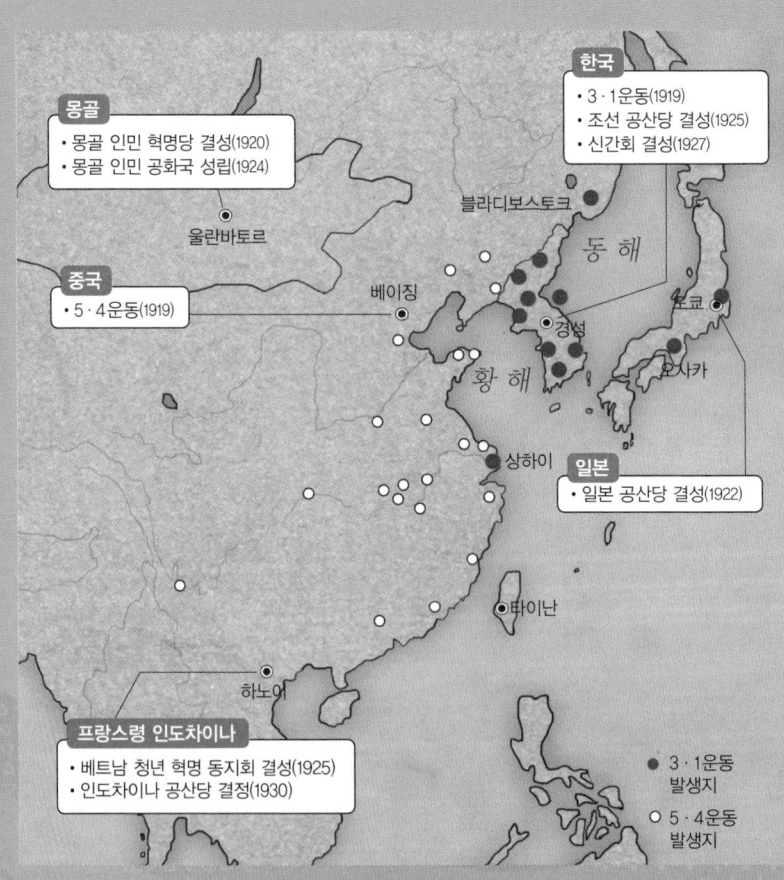

• 3·1운동과 동아시아의 민족 운동

첫 번째 이야기

옥중에서 울려 퍼진 만세 소리

또 하루가 밝았다. 토리가 생글생글 웃으며 아침 인사를 했다. 집 생각난다며 눈물을 글썽이던 게 몇 시간 전인 것 같은데 역시 애는 앤가 보다. 그런 모습이 보기 좋았다. 나는 강의를 시작하기 전에 칠판에 동아시아 지도를 그렸다.

"오늘 강의할 배경을 한번 살펴볼게. 오늘은 본격적으로 일제 강점기의 독립운동 이야기를 할 텐데 활동 공간이 여기 한반도에서부터 중국 남쪽 상하이, 압록강과 두만강 건너까지야. 그럼 빼앗긴 나라를 되찾기 위해 우리 민족이 어떻게 일제와 싸웠는지 하나하나 살펴볼게."

나는 탁자에 앉으며 물었다.

"오늘 강의 내용이 뭐라고?"

"나라를 되찾기 위해 아자씨네 민족이 어떻게 싸웠는지 살펴보는 거."

"맞았어. 그래서 내가 1910년부터 1945년까지 일제 강점기의 성격이 뭔지, 36년 동안 일제 탄압에 맞서 우리가 어떻게 저항했는지 이해할 수 있게 시를 지었어. 오늘과 내일 강의에 바탕이 되는 내용이니까 잘 들어 봐."

1910년대 헌병과 경찰이 무단 통치
1920년대 친일파 내세워 문화 통치
1930~1940년대 민족 말살 통치

1910년대 토지 조사 사업으로 땅을 빼앗고
1920년대 산미 증산 계획으로 쌀을 빼앗고
1930~1940년대 전쟁 준비로 모든 걸 빼앗았네

탄압과 수탈에도 우리는 죽지 않아
3·1운동 일으켜 독립을 외치고
봉오동 청산리에서 일본군 물리치고
의열단 애국단 폭탄 던져 일본 고관 처단하고
의용군 광복군 독립 전쟁을 벌였네.

시를 마치고 토리에게 물었다.

"어떠니, 시가 이해가 돼?"

"뭐 대충. 하지만 잘 모르겠어."

"핵심은 일제가 시기별로 온갖 방법을 써 가며 우리 민족을 탄압하고 수탈했지만 우리 또한 여러 가지 방법으로 맞서 싸웠다는 사실이야.

독립운동을 하는 사람마다 그 방법이 달랐어. 어떤 사람들은 폭탄 던지고 암살하는 의열 투쟁으로 일제를 물리치자고 주장했고, 어떤 사람들은 외교를 통해 독립을 해야 한다고 말했어. 또 어떤 사람들은 지금은 힘이 없으니 실력을 키워 독립해야 한다고 주장했고, 어떤 사람들은 우리 민족이 못나서 식민지가 됐으니 민족성을 뜯어고쳐야 한다고 주장했어. 어떤 사람들은 해외에서 총을 들고 일본군과 싸워서 나라를 되찾아야 한다고 주장했고, 어떤 사람들은 온 나라에서 민중들이 한꺼번에 들고일어나야 한다고 주장했어. 이 시간에 이야기할 3·1운동은 조선 민중이 하나로 들고일어나 일본과 싸워서 독립을 이루자고 생각한 사람들이 만들어 낸 작품이야. 흔히 상하이에서 임시 정부가, 만주에서 독립군 부대가 독립운동 다 했다고 생각하기도 하는데 국내에서 일제의 탄압을 받아 가며 만세를 부른 민중들이야말로 정말 어렵게 독립운동을 한 사람들이 아닌가 싶어."

나는 3·1운동 이야기를 시작했다.

1910년부터 일제의 식민 통치가 시작됐어. 식민지가 뭔지 실감이 안 날 수도 있는데 간단히 말하면 이런 거야. 어느 날 강도가 집에 들어와 집을 빼앗고, 식구들을 노예로 부리는 거. 한마디로 자유 박탈. 그런 세월을 10년 가까이 보내던 우리 민족은 도저히 이렇게는 못 살겠다, 일본 놈들은 너희 나라로 가라, 이렇게 외치며 들고일어났지. 그게 1919년에 일어난 3·1운동이야.

3·1운동은 흔히 미국 대통령 윌슨이 주창한 민족 자결 원칙에 고무된 천도교와 기독교와 불교 지도자 33인이 만세 시위를 조직하고, 이에 호응한 조선 민중들이 떨쳐 일어난 만세 운동이라고 알려져 있어.

하지만 문제가 그리 간단하지 않아. 독립운동의 가장 큰 강물이던 3·1운동을 조직하고 성사시킨 배후 세력이 있었어. 그들은 1918년 상하이에서 독립운동을 하던 신한청년당과 신한청년당을 만든 몽양 여운형이야. 이들이 어떻게 3·1운동을 기획하게 되었을까?

3·1운동이 일어나기 2년 전 러시아와 미국에서 대단히 의미 있는 사건이 벌어져. 1917년 러시아에서는 레닌을 중심으로 하는 노동자와 농민들이 사회주의 혁명을 일으켜 이른바 소비에트 정권을 탄생시켰어. 이를 러시아혁명이라고 하는데 혁명에 성공한 레닌은 아시아와 아프리카 약소민족들의 해방을 지지한다고 선언해. 레닌의 선언은 우리 독립운동가들에게 독립에 대한 희망을 품게 만들었지.

1년 뒤인 1918년에는 태평양 건너 미국에서 더 큰 희망을 품게 만든 원칙이 발표되었어. 미국 대통령 윌슨이 민족 자결 원칙을 제창한 거야. 핵심은 "식민지 민족은 정치적 운명을 스스로 결정할 권리가 있다."는 것. 그런데 실은 윌슨이 주장한 민족 자결 원칙은 제1차 세계대전 패전국인 독일과 오스트리아의 식민지에나 해당하는 거였어. 승전국인 일본의 식민지였던 조선에는 해당이 안 되는 원칙이었지.

그런데 이런 본질을 몰랐던 우리 독립운동가들은 윌슨의 민족 자결이 우리에게도 해당되는 줄 알고 독립에 대한 희망으로 잔뜩 부풀었어. 그래서 파리에서 열리는 강화 회의에 대표단을 파견해 조선의 독립을 호소하기로 했지. 해당이 되든 안 되든 우리는 파리 강화 회의에 기대를 품고 본격적인 대표단 파견을 준비했어.

이 일을 기획하고 시행한 게 신한청년당과 여운형이야. 여운형은 미국 대통령의 특사로 상하이에서 강연한 클레인에게 지지를 호소하는 한편, 영어에 능통한 김규식을 상하이로 불러들여 파리에 특사로 파견했어. 김규식은 파리로 가기 전 동지들에게 말했어.

"나는 파리에 가서 일제 잔학함을 폭로하겠소. 신한청년당에서는 서울에 사람을 보내 독립을 선언할 준비를 해 주시오. 국내에서 식민 통치에 항거한다는 거국적인 시위를 벌이면 독립에 보탬이 될 것이오."

이런 주장에 따라 여운형은 김규식을 파리에 파견하고, 신한청년당 당원들을 국내와 일본으로 보내고, 자신은 만주로 가서 파리 강화 회의에 대표단을 파견했다는 소식을 알리며 독립 시위를 벌여 달라고 호소했어.

얼마 뒤 성과가 나타났어. 도쿄에서 유학 중이던 조선 유학생들이 1919년

2월 8일 조선인 기독교청년회관에 모여 2·8독립선언을 했어. 유학생들은 선언문에서 일제가 물러나지 않으면 영원한 혈전을 벌이겠다고 주장했지. 비록 일제의 무자비한 탄압으로 주동자들이 체포되긴 했지만 일본을 빠져나온 유학생을 통해 이 소식이 국내에 알려지자, 마침 항일 시위를 준비하고 있던 국내 종교 지도자들이 거국적인 시위를 벌일 계획을 세웠어.

거사일은 3월 3일로 정해졌어. 그날 고종의 장례식이 열릴 예정이었어. 엊그제 고종에 대해 강의할 때 고종이 다른 건 몰라도 돌아가실 때 나라에 큰 보탬이 되게 돌아가셨다고 한 말 기억나? 고종은 1월 어느 날 식혜를 마시고 숨을 거두었는데 멀쩡하던 고종이 갑자기 세상을 뜨자 조선 민중들은 일제가 고종을 독살했다고 생각했어. 그래서 일제에 대한 분노가 머리끝까지 치밀었는데 만세 운동을 준비한 주최 측은 고종 장례식 날 사람들이 서울로 몰려들 거라 예상하고 그날을 거국적인 시위 날로 잡은 거야.

은밀하게 진행되던 거사 계획은 거사를 며칠 앞두고 물거품이 될 뻔했어. 2월 26일 밤, 천도교가 운영하는 인쇄소에서 독립선언서를 인쇄하고 있을 때였어. 인쇄소 문을 열고 일제 고등계 형사가 들이닥쳤어. 형사의 이름은 신철. 일제의 사냥개로 불리는 악명 높은 한국인 형사였지. 사냥개한테 거사 준비가 발각됐으니 이 일을 어쩌면 좋아.

인쇄소에 있던 최린은 천도교 교주인 손병희의 집으로 신철을 데려갔어. 늦은 밤 손병희의 집에 모인 세 사람. 최린은 신철에게 거사 계획을 솔직하게 털어놓았어.

"당신은 어느 나라 사람이오?"

신철이 대답했어.

"조선 사람입니다."

"그렇소. 나도 조선 사람이고 신 형사도 조선 사람이오. 지금 우리가 추진하고 있는 일은 우리 민족에게 매우 중대한 일이오. 일을 성사시키느냐 그르치느냐는 오로지 당신에게 달렸소."

두 사람의 대화가 끝나고 손병희는 신철에게 거금 5천 원을 건네며 잠시 만주에 다녀오라고 말했어.

신철은 말없이 돈을 받아 들고 손병희의 집을 나섰어. 다음 날 신철은 만주에서 국내로 잠입하는 독립군을 색출한다며 만주로 출장을 떠났어. 3·1운동이 일어나고 며칠 뒤 신철은 신의주에서 서울로 돌아오는 기차 안에서 체포되었고, 조사를 받던 중 독약을 마시고 자살했어. 신철은 비록 독립운동가를 잡아들이는 악질 경찰이었지만 비밀을 발설하지 않고 죽음을 택해 3·1운동을 차질 없이 할 수 있게 해 주었지.

인쇄소 발각 사건이 일어난 뒤 지도자들은 거사일을 앞당기기로 결정했어. 자칫 미적대다 큰일을 그르칠지도 모른다는 우려 때문에. 시간과 장소가 정해졌어. 3월 1일 정오 종로 탑골공원. 거사일을 3월 1일로 앞당긴 데는 운동을 주도한 세력 가운데 하나인 기독교와도 관련이 있어.

3일이 일요일이었는데 기독교 대표들은 주일을 지켜야 한다며 난색을 표했어. 민족 대표들은 시위에 참가할 사람들 중 기독교 신자들도 적지 않다고 판단해 결국 시위 날짜를 앞당겼지.

그날 아침부터 학생들과 시민들이 탑골공원으로 몰려들었어. 정오가 가까워 오자 공원은 팽팽한 긴장감이 감돌았지. 그런데 막상 예정된 시간이 지났는데 민족 대표 33인은 거사 장소에 나타나지 않았어. 어찌 된 일일까?

그 시각 민족 대표 33인은 공원 옆 식당 태화관에 모여 있었어. 그들은 그곳에서 독립선언문을 낭독한 뒤 일본 경찰에 전화를 걸어 자신들이 여기 있으니 체포해 가라고 말했어. 사연은 이래.

전날 밤 민족 대표 33인은 탑골공원에서 기미 독립선언문을 낭독하려던 계획을 갑자기 바꿔 버렸어. 민족 대표가 수많은 사람들이 모인 장소에서 독립선언문을 낭독하면 자칫 유혈 사태가 일어나지 않을까 염려돼서 그랬대. 학생 몇 명이 태화관으로 달려가 어서 나오시라고 민족 대표를 설득했지만 요지부동이었어.

오후 2시경 탑골공원에서 기다리다 못한 한 학생이 마침내 독립선언서를 읽기 시작했어.

"우리는 조선이 독립국임과 조선 사람이 자주민임을 선언하노라!"

선언문 낭독을 마치자 시위대는 누구의 지시랄 것도 없이 만세를 부르며 공원을 빠져나갔어. 종로 거리는 삽시간에 만세 행렬로 가득 찼지. 학

• 3·1운동 발단에 직접적인 영향을 준 2·8독립선언서(위쪽)와 3·1독립선언서. ⓒ독립기념관 제공

생, 부녀자, 노인, 농민, 나이도 다르고 신분도 달랐지만 수천 명의 입에서 터져 나오는 함성은 하나였어. 대한 독립 만세!

이 여섯 글자를 자기 땅에서, 대놓고, 목이 터져라 외치는 데 무려 10년의 시간이 걸린 거야. 종로를 빠져나온 시위대 일부는 덕수궁을 거쳐 남대문 쪽으로, 다른 일부는 을지로로 방향을 잡았어. 시위대의 얼굴은 내일이라도 당장 독립을 이룰 것 같은 기대로 부풀어 올랐지. 기세등등하던 일본 헌병들은 활화산처럼 뿜어져 나오는 만세 소리 앞에서 전전긍긍했어.

이날부터 두 달 동안 전국 방방곡곡, 세계 각지에서 만세 운동이 일어났어. 처음엔 학생들이 주로 만세를 불렀지만 시간이 흐르면서 농민, 상인, 노동자 할 것 없이 200만 명이 넘는 사람들이 시위에 참가했지.

만세를 부르는 데는 신분의 구분이 없었어. 3월 16일 진주에서 기생 오십여 명이 만세를 불렀어. 그들은 독립 만세를 외치며 남강에 있는 촉석루까지 행진했어. 기생들의 만세 운동 소식이 알려지자 사람들은 '사상 기생'이라며 그들을 치켜세웠지. 요즘 말로 하면 개념 기생이라고 할까?

기생 만세 시위는 4월 1일 황해도 해주와 통영에서도 이어졌어. 기생들이 금반지를 팔아 만세 운동을 벌인 것이 알려지자 뒤따르던 여인들은 치마를 흔들고, 사내들은 모자를 흔들며 목이 터져라 만세를 불렀어.

만세 운동의 물줄기가 점점 더 거세지자 일제의 탄압도 무자비해졌어. 4월 15일 수원 제암리에서 자행된 일제의 만행은 탄압의 끝을 보여 준 사건이야. 일제 헌병은 마을 사람들을 교회당에 몰아넣은 뒤 석유를 뿌

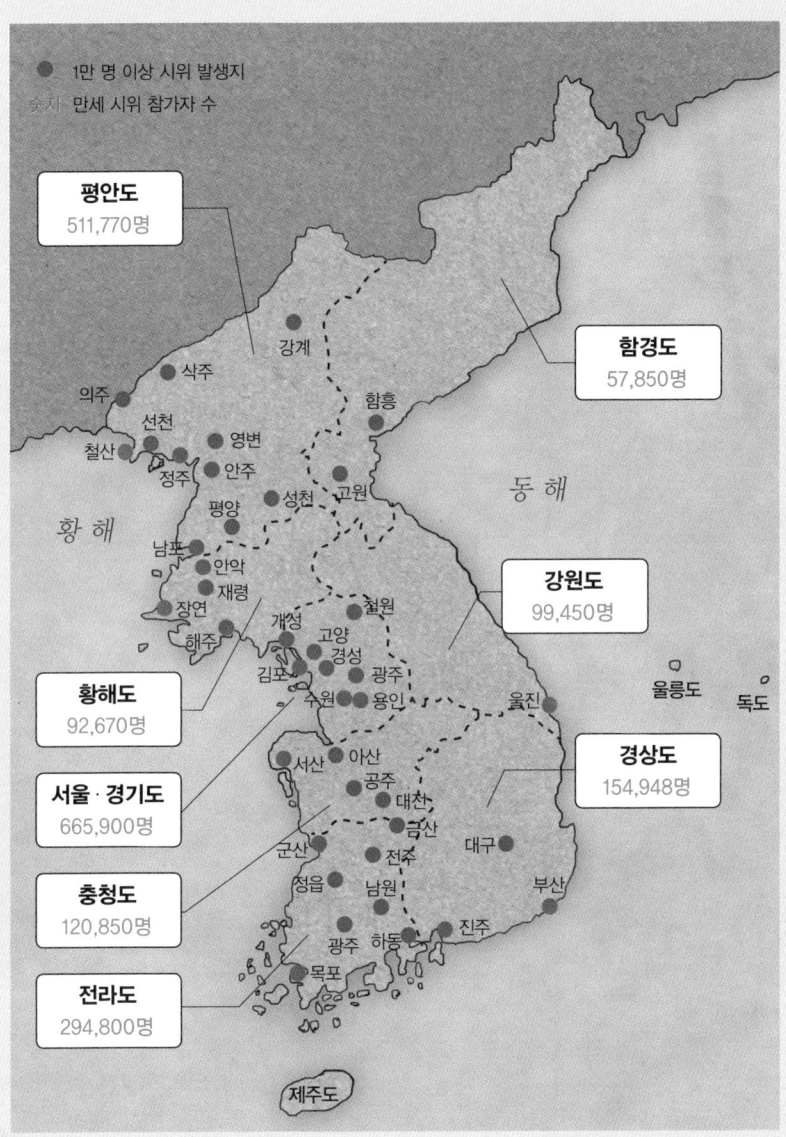

• 3·1운동의 전개

• '1919년 4월 15일 오후 일본군 1개 소대가 수원 제암리에 와서 예수교인들과 천도교인들을 교회당에 몰아넣고 총으로 난사하며 불을 질렀다. 불을 피해 나오는 부인은 칼로써 잔인하게 죽이고 창문으로 내보내는 아기들마저 죽였다.'는 내용을 벽화로 형상화한 모습이다. 벽화는 수원 제암리 학살 탑골공원에 있다. _ⓒ 연합뉴스

리고 불을 질렀어. 교회당은 삽시간에 불길에 휩싸였고, 그 안에서 스물한 명이나 되는 사람들이 타 죽었지. 불길을 피해 빠져나오려던 사람은 총 맞아 죽었고. 제암리 교회당 학살 사건은 3·1운동 기간 안에 벌어진 일제의 만행 중 가장 악랄한 학살이었어.

토리가 놀랍다는 듯 두 눈을 동그랗게 떴다.

"식민지 상태에서 그렇게 많은 사람들이 만세를 불렀다는 것도 놀랍고, 또 일본이 만세 부르는 사람들을 무자비하게 탄압했다는 것도 놀라워."

"그럴 거야. 어쨌거나 3·1운동은 우리 독립운동사에 길이길이 빛날 위대한 저항 운동이었는데 그 위대한 운동에서 별처럼 빛나는 한 사람이 있었어."

"그게 누군데?"

"그렇게 물어볼 줄 알았다. 하하. 유관순이라고, 3·1운동의 꽃이라고나 할까?"

"그분이 그렇게 대단해? 어떤 역할을 했길래?"

"여학생의 몸으로 만세 시위를 주도하다 옥에 갇혔고 옥에서도 만세를 부르다 그만……."

나는 유관순 이야기를 시작했다.

1919년 3월 1일 서울 탑골공원에서 만세 함성이 터져 나왔을 때, 이화학당 학생이던 유관순(1902~1920)은 남대문 근처에서 만세 운동을 벌이고 있었어. 유관순은 시위 첫날부터 만세 시위에 참여해 며칠 뒤 학생 연합 시위에도 주도적으로 참여했어. 유관순은 학교 다닐 때부터 독립운동에 뜻을 둔 학생 모임의 조직원으로 참여했기 때문에 누구보다 애국심이 컸지.

서울에서 시위가 격해지자 이화학당은 휴교령을 내렸어. 그러자 유관순은 그날로 짐을 싸서 고향인 충남 천안으로 내려갔어. 고향에 내려간 유관순은 고향 마을의 유지들을 만나 천안에서도 거국적인 만세 시위를 벌여야 한다고 주장했어. 유관순과 마을 지도자들은 4월 1일 천안에서 만세 운동을 벌이기로 결정하고 준비에 나섰어.

유관순은 이웃 마을을 돌아다니며 만세 시위에 참여해 달라고 호소했어. 그렇게 밤늦도록 돌아다니다 새벽에 집에 돌아와선 시위 때 사용할 태극기를 그렸지. 그리고 마침내 3월 31일 밤, 매봉산 봉화에서 연기가 피어올랐어. 다음 날 만세 시위가 일어난다는 신호를 이웃 마을에서 다 볼 수 있게.

4월 1일 천안 아우내 장터로 사람들이 모여들었어. 장터 너른 마당에 쌓아 놓은 볏가마 위로 유관순이 올라갔어. 그러곤 사람들을 향해 외쳤지.

"우리는 나라를 잃고 10년 세월을 왜놈들에게 억압당하며 살아왔습니다. 이제 2천만 동포가 떨쳐 일어나 잃어버린 우리 강토를 되찾읍시다. 대한 독립 만세!"

유관순이 독립선언서를 읽자 이를 지켜보던 사람들이 일제히 만세를 불렀어. 그러고는 곧 행진에 들어갔어. 일제 헌병과 경찰들이 가만히 놔둘 리 있나. 헌병과 경찰들이 시위대를 막아서자 시위대는 아랑곳 않고 만세를 불렀어. 그러자 일제 헌병이 총을 쏘고 칼을 휘둘렀어. 그 바람에 유관순의 아버지도 총에 맞아 죽었어. 헌병들은 총에 맞은 사람들을 주재소로 끌고 갔어. 그러자 시위대가 주재소로 몰려가 주재소를 부수고 시신을 내놓으라고 요구했어. 시위는 오후 내내 이어져 그날 일제 헌병과 경찰의 총칼에 쓰러진 사람이 열아홉 명이나 생겼어. 유관순은 시위 주동자로 체포돼 천안 경찰서에 갇혔지.

천안에서 공주 법원으로 옮겨진 유관순은 다시 서울 서대문형무소로 이감되었어. 형무소에 갇혀 재판을 받던 유관순은 "잘못을 뉘우치면 형을 감해 주겠다."는 일본인 검사에게 "남의 나라를 빼앗은 도둑놈을 내쫓고 내 나라를 되찾겠다는 게 왜 죄가 된다는 거냐?"며 의자를 집어던졌어. 이 일로 유관순은 법정모독죄가 추가돼 7년 형을 선고받았지. 그로부터 1년이 지나고 유관순은 서대문형무소에서 3·1운동 1주기를 맞았어. 유관순은 함께 수감된 사람들과 1주년을 기념하는 만세 운동을 벌이자고 모의했어.

1920년 3월 1일. 유관순이 갇혀 있던 감방에서 대한 독립 만세 소리가

• 서대문형무소에 수감될 때 찍은 유관순 열사의 사진이다. 만세를 부를 때 일본군의 가혹한 폭행 때문에 얼굴 전체가 부어올라 있는 것을 확인할 수 있다.

터져 나왔어. 그러자 서대문형무소에 있던 3천여 명의 수감자들이 일제히 만세를 불렀지. 유관순은 옥중 만세 사건의 주동자로 지목돼 모진 고문을 받았어. 맞고 뜯기고 꺾여 얼굴을 분간하기 힘들 정도였어. 유관순은 독방에 갇혀 지내다 고문의 후유증으로 숨을 거두었어. 죽기 전 유관순은 이런 유언을 남겼어.

"내 손톱이 빠지고 내 귀와 코가 잘리고 내 손과 다리가 부러져도 그 고통은 견딜 수 있사오나 나라를 잃어버린 그 고통만은 견딜 수 없습니다. 나라에 바칠 목숨이 오직 하나밖에 없다는 것이 이 소녀의 유일한 슬픔입니다."

1920년 9월 28일 아침이었어.

토리가 두 눈을 찡그렸다.

"아유, 끔찍해. 어린 여학생을 그토록 잔인하게……."

"그러게 말이다. 아무튼 감옥에서도 만세를 부르다 죽은 유관순은 오늘날 3·1운동의 꽃으로 피어났다는 말씀."

"그러니까 유관순 누나는 조선의 잔 다르크란 말이네."

"토리 네가 잔 다르크를 알아?"

"하 참, 날 뭘로 보고. 내 친구 지나가 서유럽 역사 탐구 담당관이잖아. 지나가 가르쳐 줬어. 영국과 프랑스가 백년전쟁을 벌일 때 열일곱 살 프랑스 소녀가 흰말 타고 나타나서 위기에 빠진 프랑스를 구했다고. 유관순도 열여덟 살인가 그때 만세 부르다 죽었다니까 그 생각이 나더라고."

"너 정말 대단하다. 그러잖아도 잔 다르크 얘기하려다 까먹고 못 했거든. 실제로 유관순은 어린 시절 잔 다르크 이야기를 듣고 잔 다르크처럼 나라를 위해 목숨을 바쳐야겠다고 생각했대. 우아, 토리 덕에 그 얘길 하게 되네. 고마워, 토리야."

내 말에 토리는 쑥스러운 것 같기도 하고 조금 잘난 체하는 것 같기도 한 표정을 지으며 어깨를 으쓱했다.

"이제 3·1운동이 어떤 의미가 있는지 알려 주고 이야기 마칠게."

3·1운동은 우리 독립운동사에서 혁명적인 사건이야. 민중들의 저항을 경험한 일제는 조선인을 억압만 해서는 통치하기 힘들겠다 싶어서 무단 통치를 버리고 소위 문화 통치를 실시했어. 일부 언론과 집회, 출판의 자유를 허용했어. 그러는 한편 친일파를 양성해 서로 싸우게 만드는 전략을 구사했지.

독립운동 지도자들은 3·1운동이 결실을 맺지 못한 원인이 강력한 구심점이 없었기 때문이라고 판단해 서울과 연해주에 있는 임시 정부를 통합해 상하이 임시 정부를 만들었어. 임시 정부는 수천 년 이어져 온 봉건 왕조를 버리고 국민이 주인인 민주 공화제를 채택했어. 그래서 우리 헌법에 "대한민국은 3·1운동의 정신을 계승하고 임시 정부의 법통을 계승한다."는 문구가 있는 거야. 낡은 봉건 체제를 버리고 민주 공화정을 채택했으니 3·1운동을 운동이 아닌 혁명으로 고쳐 불러야 하지 않을까 싶어.

무장 독립군 세력은 3·1운동에서 곡괭이 들고 일제와 맞서 싸우는 민중들을 보고 우리가 이러고 있어서야 되겠냐며 일본군과 대대적인 전쟁을 벌이기로 했어. 실제로 1년 뒤 봉오동과 청산리 전투에서 일본군과 싸워 크게 이겼지.

또 다른 독립운동가들은 무기를 들지 않고 평화적으로 만세 시위를 벌여서는 일제가 꿈쩍도 안 한다고 생각해 총과 폭탄을 들고 일제 총독과 일본군 대장과 식민 통치 기구를 파괴하는 의열단을 만들었어.

3·1운동은 중국에도 영향을 미쳤어. 3·1운동 소식을 접한 중국의 지식인과 학생들은 조선인이 저렇게 일본에 항거하는데 우리는 뭐 하는 거냐면서 5월 4일 천안문 광장에 모여 반일 시위를 벌였지.

이야기를 마치자 토리가 물었다.

"조선의 독립을 호소하려고 파리에 갔던 그분은 어떻게 됐어?"

"김규식? 어렵사리 파리 강화 회의장에 도착했지만 문전 박대당했어. 기억나니? 1907년 헤이그 특사 3인방이 평화 회의장에 가서 외면당한 거? 그

때처럼 이번에도 나라 없는 약소국의 설움을 톡톡히 당했지. 그러나 비록 파리에 파견된 우리 대표단 활동으로 조선이 독립을 이루지는 못했지만 의미는 컸어. 3·1운동을 일으키는 불씨가 됐으니까. 말 나온 김에 지금은 뭐해요? 코너를 해야겠다."

김규식(1881~1950) 파리에서 돌아온 뒤 임시 정부에서 활동하며 외교 활동을 펼치다 해방 후 김구와 함께 귀환해. 그 뒤 좌파와 우파가 나뉘어 대립할 때 좌우합작운동을 벌이지. 그러다가 좌우합작이 실패하자 김구와 함께 남북 협상에 참여해 분단 극복을 위해 노력했어.

여운형(1886~1947) 3·1운동이라는 거국적인 운동의 밑그림을 그린 그는 상하이에서 독립운동을 벌이던 중 일제에 체포돼 국내로 압송돼. 3년 수감 생활을 마치고 출옥한 뒤에는 〈조선중앙일보〉 사장을 지내며 독립운동을 벌여. 해방 직전에는 건국동맹이라는 비밀 결사 조직을 만들고 해방 직후에는 건국준비위원회를 조직해 새로운 나라를 만드는 데 헌신하다 김규식과 함께 좌우합작을 벌여. 그 이야기는 다음 주 현대사 이야기할 때 자세히 들려줄게.

내 말이 끝나자 토리가 입을 열었다.

"이제 내가 한 줄 역사 논평할 차례지? 켁켁. 3·1운동. 워싱턴 나비의 날갯짓이 서울에서 3·1운동 태풍을 일으키다. 끝."

"그게 무슨 말이야?"

"미국 대통령 윌슨이 말한 민족 자결에 고무돼서 신한청년당의 여운형이 파리에 대표단 파견하고, 파리 대표단 파견 소식을 들은 도쿄 유학생들이 2·8독립선언을 하고, 거기에 자극받은 국내 지도자들이 3·1운동 일으키게 된 거니까."

"하이고, 토리 똑똑하네. 주몽 아들 유리왕 이야기 때 들은 나비 이론을 지금껏 기억하고. 다음 시간엔 3·1운동 이후 일제의 심장을 쪼그라들게 만든 독립군 이야기를 들려줄게."

한눈에 보는 한국·중국·일본

1919. 5.	1919. 9.	1919. 12.	1920. 6.	1920. 10.	1921. 6.
한 서로군정서 조직 중 5·4운동	한 대한민국 임시정부 수립	한 북로군정서 조직	한 봉오동전투	한 청산리대첩 ㅣ 간도 참변	한 자유시 참변
1921. 7.	**1923**	**1924. 1.**	**1924. 11.**	**1925. 3.**	**1926**
중 공산당 창당	한 참의부 조직	중 제1차 국·공 합작	한 정의부 조직	한 신민부 조직	중 국민당, 북벌 개시(~1928) 일 쇼와 시대 (~1989)
1928					
중 난징 국민정부 수립					

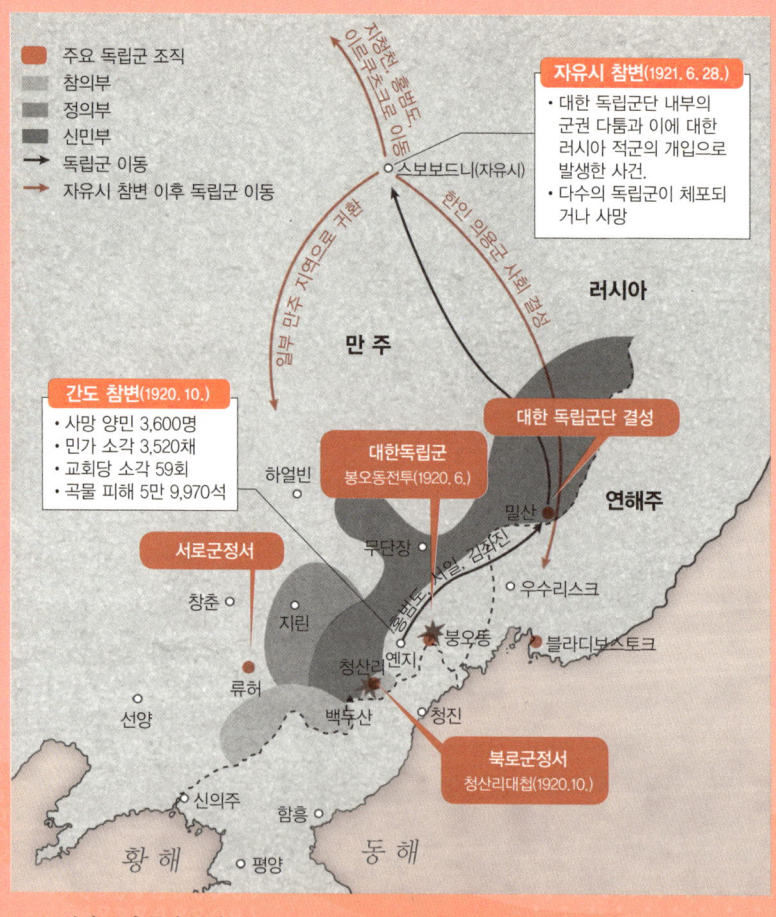

- 1920년대 국외 무장 투쟁

두 번째 이야기

봉오동전투와 청산리대첩의 승리

"이번 시간엔 독립운동사에 빛나는 독립군의 승리에 대해 이야기해 줄게."

내 말에 토리가 불쌍한 표정을 지었다.

"좀 쉬었다 하면 안 돼?"

"안 돼. 오늘 할 얘기가 많아. 그러니까 더 달려야 해! 대신 재밌는 거 보여 줄게."

나는 방에서 턴테이블을 들고 나왔다.

"토리야, 요거 플레이시켜 줘."

토리는 이 정도쯤이야 하는 표정을 짓더니 의기양양하게 손가락을 뻗었다. 낡은 레코드판이 돌기 시작하더니 치지직, 잡음과 함께 우렁찬 노랫소리가 흘러나왔다.

신대한국 독립군의 백만 용사야 조국의 부르심을 네가 아느냐
삼천리 삼천만의 우리 동포들 건질 이 너와 나로다
나가 나가 싸우러 나가, 나가 나가 싸우러 나가
독립문의 자유종이 울릴 때까지 싸우러 나가세~

노래는 4절까지 이어졌다. 나는 노래가 끝날 때까지 오른팔을 들어 위에서 45도 아래로 내려 저으며 노래를 따라 불렀다. 노래를 마치고 내가 말했다.

"캬, 혼자 외로울 때 음악 들으려고 가져온 건데 요긴하게 잘 써먹네."

"그 얘긴 전에도 했잖아."

"내가? 진짜? 하, 요샌 뭐든 금세 까먹는단 말이야. 어쨌거나 노래 듣고 뭐 생각나는 거 없어?"

"생각나는 건 없고, 이번 시간엔 뭔 강의를 하려고 또 저리 오버를 하시나 그런 생각이 들어. 큭큭."

"오버는 무슨. 이 노래는 독립군이 일본군과 싸우러 갈 때 가장 즐겨 부른 독립군가야. 그때 생각하며 한번 들어 본 거다. 이번 시간 강의가 독립군이 일본군과 싸운 이야기거든."

내 말에 토리가 알은체를 했다.

"그 얘긴 내 좀 알지. 일본이 조선을 잘살게 해 주려고 했는데 일부 불순한 조선 사람들이 총 들고 일본군을 공격해서 고생 좀 했다고 그러더라고."

"나카무라 상이 그래? 이젠 뭐 까무러칠 마음도 없다. 됐고, 내 얘기 들어

봐. 3·1운동이 끝나고 만주에서 독립 전쟁을 준비하던 독립군은 고국에 있는 민중들이 괭이와 삽 들고 일본 헌병과 싸우는 걸 보고 마음이 심란했어. 동포들이 저렇게 곡괭이 들고 싸우는데 우리는 여기서 뭐 하고 있는 건가, 하고. 그래서 본격적으로 무장 독립 전쟁을 벌이기 시작했는데 가장 최초로, 그리고 가장 크게 일본군을 무찌른 전투가 있어. 바로 봉오동전투야. 그 전투를 이끈 대한독립군 대장이 홍범도 장군이고."

내 말에 토리가 두 눈을 반짝 떴다.

"홍범도 장군? 어디서 들어 본 이름인데."

"의병 전쟁 얘기할 때 했잖아. 함경도에서 이름 날리던 포수 출신의 의병장이라고."

"맞다. 그럼 그분이 독립군으로 직업을 바꾼 거야?"

"직업을 바꿔? 하긴 그러고 보니 이분은 남의 집 머슴에 공장 노동자에 대한제국 군인에 호랑이 잡던 포수에 일본군 잡는 의병장에 독립군 대장에, 직업이 많이 바뀌긴 했네. 하지만 아무리 직업이 바뀌어도 일본군과 싸우는 건 변함없었어. 그럼 지금부터 홍범도 장군이 어떤 활약을 펼쳤는지 들려줄게."

옛날, 조선이 망하기 전 함경도 주민들 사이에서 널리 불리던 노래 하나가 있었어.

> 홍 대장 가는 길에는 일월이 명랑한데
> 왜적 군대 가는 길에는 눈과 비가 내린다
> 에헹야 에헹야 에헹 에헹 에헹야
> 왜적 군대가 막 쓰러진다.

 이 노래는 함경도 삼수갑산 지역에서 이름을 날리던 의병장 홍범도를 칭송하는 노래야. 이런 노래와 함께 홍범도에겐 총알로 바늘귀를 뚫는다든가, 축지법을 구사하는 신출귀몰하는 명장이라는 신화가 따라붙었지.
 실제로 홍범도는 포수 출신답게 백발백중 명사수였어. 의병장 시절부터 일제와 가장 많이, 가장 치열하게, 가장 지속적으로 싸워 왔고, 모든 싸움에서 승리했어. 그는 마치 패배라는 단어를 모르는 사람 같았어. 때문에 일제는 독립군 부대 중에서도 홍범도 부대를 가장 두려워했지.
 홍범도가 이끄는 독립군은 자주 두만강을 건너와 일본군 초소와 경찰서를 습격했어. 그럴 때마다 일본군에 심한 타격을 입혔지. 화가 난 일본군은 독립군 부대를 그냥 놔둬선 안 되겠다 생각해 만주 일대에서 활약하는 독립군을 토벌하려는 작전을 세웠어.
 1920년 6월 일본군이 두만강을 건너 독립군이 활동하는 밀림 지역으로 진격해 왔어. 일본군이 쳐들어온다는 정보를 입수한 홍범도는 마을 사람들을 모두 산으로 피신시키고, 가축과 먹을거리를 없앴어. 조선인을 보호하고, 일본군에게 식량을 제공하지 않기 위해서.

1920년 6월 7일 오전. 홍범도의 지시에 따라 봉오동 계곡 입구에서 일본군과 한차례 접전을 벌인 부대원들이 밀리는 척하며 골짜기를 따라 후퇴했어. 홍범도는 골짜기 가장 상류에서 최진동이 이끄는 군무도독부군, 안무가 이끄는 국민회군과 함께 매복을 한 채 일본군을 기다리고 있었지. 유인 작전에 낚인 일본군은 골짜기 깊숙이 진격해 들어왔어. 일본군은 유인 작전 다음에 매복 작전이 있을 거라는 걸 예상하지 못했나 봐.

홍범도는 일본군이 더 깊숙이, 그리고 더 가까이 접근해 오길 기다렸어. 이건 포수 시절부터 몸에 밴 습관이야. 가능하면 최대한 가까이에서 한 방에 목표물을 쓰러뜨리기 위한 저격수의 생리라고나 할까?

드디어 일본군 본대가 저격수의 사정거리에 근접하자 홍범도는 가볍게 방아쇠를 당겼어. 고요를 가르는 총성과 함께 앞장섰던 일본군 지휘관이 고꾸라졌지. 그것을 신호로 독립군 연합 부대원들이 일제히 총을 쏘기 시작했어. 총알이 사방에서 쏟아지자 일본군들은 허둥대다 쓰러졌어. 바로 그때, 천둥과 번개가 몰아치고, 앞을 분간하기 힘든 장대비가 내리기 시작했어. 하늘도 무심하시지. 살아남은 일본군은 장대비를 틈타 골짜기를 빠져나갔지.

봉오동전투는 우리 독립군이 일본 정규군과 맞붙은 최초의 전투였어. 그 첫 상견례에서 홍범도가 지휘하는 독립군 연합 부대는 유인, 매복, 섬멸 작전으로 일본군을 대파했어. 봉오동전투에서 사살된 일본군은 157명, 그보다 많은 수의 일본군이 부상을 입었어.

봉오동전투에 패배한 일본군은 자존심이 크게 상했어. 그와 동시에 조선 독립군의 전투력이 상상 이상으로 강하다는 걸 알게 됐지. 그래서 일본군은 병력을 증강시켜 만주에서 활동하는 조선 독립군의 뿌리를 뽑으려는 계획을 세웠어. 이 계획을 간파한 홍범도는 독립군 부대를 이끌고 백두산 기슭의 밀림 지대로 이동했지.

홍범도가 이끄는 독립군 연합 부대가 청산리 마을로 들어온 뒤, 김좌진이 이끄는 북로군정서 부대도 청산리 마을로 이동해 왔어. 김좌진은 일제 강점 후 국내에서 독립운동을 하다가 옥고를 치른 뒤 만주로 건너와 북로군정서 사령관이 된 인물이야. 그가 이끄는 북로군정서는 군사와 무기 면에서 어느 독립군 부대 못지않은 규모를 자랑하고 있었어. 북로군정서에는 신흥무관학교 출신 독립군이 많았어.

찬바람이 불기 시작하는 만주의 10월. 일본군 5천 명이 청산리 일대로 진격해 오고 있다는 소식이 들려왔어. 일본군은 만주로 대규모 병력을 파견하기 위해 아주 치밀하게 준비했어. 만주는 원래 중국 땅이어서 일본군이 대규모 병력을 파병하는 건 불법이야. 그것을 알고 있는 일본군은 자작극을 벌였어. 어떻게? 중국인 마적단을 돈으로 매수해 훈춘에 있는 일본 영사관을 습격하게 만든 거야. 그러고는 조선인들이 그랬다며 만주에 군대를 파견하지.

홍범도와 김좌진 연합 부대는 일본군 공격에 어떻게 대응할 것인가를 놓고 회의를 열었어. 처음엔 의견이 갈렸어. 김좌진은 "독립군의 역량을 보전하기 위해 전투를 피해야 한다."고 했고, 홍범도는 "맞서 싸워야 한다."고 주장했어.

의견이 달라서 어찌할지 결정을 내리지 못하고 있을 때 일본군이 이미 퇴로를 차단하며 압박해 들어오고 있다는 정보가 들어왔어. 독립군은 더 이상 피할 수도, 거부할 수도 없는 상황에 다다랐어.

일본군과 맞서 싸우기로 결정한 뒤 김좌진과 홍범도는 각각 부대를 이끌고 헤어졌어. 김좌진 부대는 백운평 계곡으로 방향을 잡았어. 그곳은 천혜의 요지였어. 계곡이 깊고, 계곡 양쪽에 아름드리나무가 빽빽하게 들어차 있어서 몸을 숨긴 채 적을 몰살시키기에 안성맞춤인 지형이었지.

1920년 10월 21일 아침. 김좌진은 부대원들을 계곡 양쪽에 배치했어. 홍범도가 그랬던 것처럼 매복 작전을 폈지. 예상대로 일본군이 백운평 골짜기로 서서히 진입하기 시작했어.

일본군과의 거리는 약 10미터 안팎. 숨소리조차 들리지 않는 고요. 그 고요를 뚫고 천둥 치듯 총소리가 울려 퍼졌어. 총격전이 벌어진 지 불과 이십여 분 만에 수많은 일본군이 쓰러졌지.

결과는 봉오동전투 때와 비슷했어. 독립군의 대승. 청산리대첩의 서막인 백운평전투는 북로군정서군의 KO승으로 끝이 났어. 승리 소식은 홍범도 부대 쪽에서도 날아왔어. 완루구로 이동했던 홍범도 부대가 일본군 2백여 명을 사살했다는 소식이었어.

백운평전투 승리 뒤 김좌진은 일본군 본대가 어랑촌에 주둔하고 있다

• 청산리대첩을 승리로 이끈 북로군정서와 김좌진 장군. ⓒ독립기념관 제공

는 정보를 입수했어. 부대원들이 지쳐 있었지만 김좌진은 냉정하게 명령을 내렸어.

"진격!"

김좌진은 허기로 지친 부대원을 이끌고 조용히 어랑촌으로 이동했어. 어랑촌이 내려다보이는 고지에 이르자 과연 일본군 수천 명이 진을 치고 있었어. 김좌진 부대를 발견한 일본군이 고지를 향해 총을 쏘며 올라왔어. 자칫 독립군이 위험에 빠질 수 있는 상황이었지.

이때 홍범도 부대가 고지 옆으로 진격해 들어오며 일본군을 공격했어. 일본군도 계속된 패배를 만회하려는 듯 물러서지 않고 총을 쏘았지. 아침나절 시작된 전투가 해가 지도록 계속됐어. 하지만 이번에도 일본군은 홍범도와 김좌진 연합 부대의 공격에 수많은 사상자를 낸 채 후퇴해야 했어. 집계 결과 일본군 사상자는 대략 1천 명. 우리 독립군이 일본군과 싸워 이긴 최대 승리였지.

청산리전투의 승리 뒤에는 숨은 공로자들이 있었어. 간도 지역에 살고 있는 조선인들이야. 그들은 독립군에게 식량을 제공하고, 피할 곳을 알려 주고, 일본군의 움직임을 알려 주었어. 일주일 동안 청산리 일대에서 벌어진 전투는 항일 무장 투쟁 역사에서 전무후무한 승리로 역사에 기록됐어. 그렇기 때문에 청산리전투를 한산대첩이나 행주대첩처럼 청산리대첩으로 불러.

토리가 입을 쩍 벌리며 놀라는 시늉을 했다.

"그럼 청산리전투 끝나고 일본군 다 사라진 거야?"

"일본군이 어디 몇천 명뿐인 줄 아냐? 당시 동아시아에서 최고 강한 군대를 보유한 나라였는데. 외려 청산리대첩 이후 우리 동포들과 독립군 부대가 참변을 겪었어. 참 안타까운 일이었지."

"참변을 겪다니, 그렇게 크게 이기고 왜?"

"봉오동과 청산리에서 대패한 일본군이 독립군 근거지를 소탕한다는 명분으로 간도 지역의 조선인 마을을 불태우고 조선인들을 무참히 학살했어. 이때의 비극을 간도 참변이라고 불러. 비극은 독립군에게도 일어났어. 청산리대첩 이후 독립군 부대는 일본군의 추격을 피해 소련 영토인 자유시로 근거지를 옮겼어. 이때 독립군 부대 내에서 지휘권을 둘러싸고 갈등이 생겼어.

이 와중에 일제는 조선 독립군을 소련 영토에서 추방하라고 소련에 압력을 넣었지. 소련이 일제의 압력에 굴복해 우리 독립군에게 무장을 해제하라고 요구하자 일부 독립군이 이를 거부했어. 그러자 소련군과 독립군 내의 일부 파벌이 무장 해제를 거부하는 독립군을 공격했어. 이 싸움으로 우리 독립군이 많이 희생됐는데 이때의 희생을 자유시 참변이라고 해. 항일 무장 투쟁 최대의 승리인 청산리대첩 이후 벌어진 일이어서 그 아픔이 더욱 크게 느껴지는 사건이지."

"헐, 독립군끼리 싸우다니, 어처구니없다."

"내가 생각해도 좀 그래. 하지만 우리 군인끼리 싸우는 비극은 이후에도 또 벌어져. 일제 식민지 내내 독립을 위해 싸웠던 독립군은 해방이 된 뒤에 일부는 북한으로 가고, 일부는 남한으로 들어와서 서로에게 총부리를 겨누는 비극을 맞지. 그 비극이 바로 단군 이래 최대 비극이라 불리는 한국전쟁이야."

토리가 벌린 입을 다물지 못했다.

"어떻게 같은 편끼리 그럴 수 있어?"

"공동의 적이 사라지면 때론 그런 일이 벌어진단다."

내 말에 토리가 새끼손가락을 내밀며 말했다.

"우리는 그러지 말자, 아저씨."

"무슨 소리냐?"

"공동의 적인 턱손이가 사라졌어도 우린 서로 싸우지 말자고. 헤헤."

"난 또, 무슨 소리라고. 우리가 싸울 일이 뭐가 있어. 지구 역사 탐구 잘 마치고 각자 집으로 돌아가면 되는데."

토리는 안심한 듯 생글생글 웃었다.

"그건 그렇고 비극적인 소식 하나 더 전하고 이번 봉오동, 청산리 전투 이야기 마칠게. 역사 인물의 후일담을 알아보는 지금은 뭐 해요? 홍범도와 김좌진 편이야."

김좌진(1889~1930) 청산리대첩을 승리로 이끈 김좌진은 청산리대첩 이후 소련으로 들어가지 않고 만주로 돌아와 계속해서 무장 독립 투쟁을 벌였어. 그러던 1930년 어느 날, 조선 청년이 쏜 총에 맞아 숨을 거두었지. 김좌진은 공산주의를 무척 싫어했는데 김좌진을 쏜 청년은 공산주의자였던 것으로 전해져.

홍범도(1868~1943) 봉오동전투와 청산리전투에서 혁혁한 공을 세운 홍범도는 청산리대첩 이후 소련으로 가서 소련군에 편입되어 독립 투쟁을 벌였어. 그는 한때 소련 지도자인 레닌에게 훈장과 권총을 받는 영광을 누리기도 했는데, 1937년 소련의 스탈린이 조선인들을 중앙아시아로 강제 이주시킬 때 중앙아시아에 있는 카자흐스탄으로 갔지. 카자흐스탄에서 그는 말년에 고려극장의 수위로 일하다가 1943년 숨을 거두었어.

"봉오동전투와 청산리대첩에서 그렇게 크게 이겼는데 간도 참변이나 자유시 참변도 그렇고 허무하게 죽은 김좌진이나 홍범도도 그렇고 결과가 좀 비극적이네. 왜 그런 거야?"

"글쎄다, 우리 옛말에 산이 높으면 골이 깊고, 빛이 강하면 그늘이 짙다는 말이 있는데 혹시 그런 이치가 아닌가 싶구나."

토리가 고개를 갸우뚱했다.

"엥? 그게 무슨 말이야?"

"시련 뒤에 영광이 찾아오고, 영광 뒤에 시련이 따르는 법인데 영광이 클

수록 시련도 클 확률이 대단히 높다, 이런 말이지. 마치 나처럼 대단한 작가가 외계 소년에게 납치돼 인생 최대의 시련을 겪고 있는 것처럼 말이야. 하하하."

"그 반대는 아니고?"

"반대라니?"

"시련의 나날을 보내던 아저씨가 나를 만나 영광을 누리시는. 큭큭."

"어른을 놀려?"

내가 꿀밤 주는 시늉을 하자 토리가 웃으며 말했다.

"알았어. 그만할게. 한 줄 역사 논평으로 마무리해야겠다. 켁켁. 홍범도의 봉오동전투. 백발백중 명사수 홍범도가 일궈 낸 독립군 최초의 승리. 끝."

너무나 평범한 역사 논평에 나는 뭐라 말은 못 하고 잘했다 머리를 쓰다듬어 주고 자리에서 일어났다.

한눈에 보는 한국·중국·일본

1919	1920. 6.	1920. 10.	1921	1923	1924
한 의열단 결성	한 봉오동전투	한 청산리대첩	간도 참변	한 자유시 참변 중 공산당 창당	한 김상옥 종로 경찰서 폭탄 투척	중 제1차 국·공 합작

1926	1927	1928	1929	1931	
한 6·10만세운동 일 쇼와 시대 (~1989)	한 신간회 조직	중 난징 국민정부 수립	한 광주학생항일 운동	일 중국 침략, 만주 사변 한 한인애국단 결성	

• 서울 종로 마로니에공원에 있는 김상옥 열사의 동상.

세 번째 이야기

의열단원 김상옥의
1 대 1000 경성 시가전

밖에는 진눈깨비가 내리고 있었다. 오랜만에 보는 눈이었다. 흩날리는 진눈깨비를 맞으며 섬 둘레를 따라 걸었다.

"진눈깨비 날리는 걸 보니까 1백여 년 전 진눈깨비 날리던 날 새벽, 경성 한복판에서 1 대 1000으로 시가전을 벌였던 한 독립군이 떠오르는구나."

"1 대 100이 아니고?"

토리가 눈을 동그랗게 떴다.

"그렇다니까. 혼자서 쌍권총 들고 일본 헌병 경찰 1천 명과 혈전을 벌였지."

"우왕, 대단하다! 도대체 그분이 누구야?"

"그분이 누구냐, 들어가서 얘기해 줄게."

토리와 나는 큰 바위 하우스로 들어와 탁자에 마주 앉았다.

"그분이 누군지 얘기해 주기 전에 먼저 독립운동을 한번 점검해 보자. 3·1운동 이후 독립운동은 크게 세 방향으로 전개됐어. 하나는 외교 노선이야. 파리 강화 회의에 대표단을 파견한다든가, 상하이 임시 정부가 세계 여론에 독립을 호소하는 활동 같은 거. 두 번째는 민중을 깨우치고 민족의 힘을 길러 독립을 준비하자는 준비론이야.

세 번째 방향은 무장 투쟁이야. 지금 날강도 일본이 나라를 빼앗았는데 언제 힘을 기르고, 누구한테 외교를 해서 나라를 되찾겠냐는 거지. 무장 투쟁은 다시 독립군 부대를 양성해 일본군과 전쟁을 치르자는 무장 독립 전쟁과 조선 총독이나 요인을 암살하고 식민지 통치 기구에 폭탄을 던져 일제를 물리치자는 의열 투쟁으로 나뉘어. 지금 얘기할 1 대 1000의 주인공은 바로 의열 투쟁을 벌인 의열단원이야."

내 말에 토리가 고개를 끄덕이며 말했다.

"아, 그러니까 봉오동전투나 청산리전투는 무장 독립 투쟁이고, 요인 암살하고 폭탄 던지는 건 의열 투쟁이다, 이런 거네."

"그렇지. 의열 투쟁을 벌인 독립운동 단체 중에 일제를 가장 공포에 떨게 했던 단체는 김원봉이 만주에서 조직해 상하이로 옮겨 활동한 의열단이야. 그럼 지금부터 경성을 뒤흔들었던 1923년 의열단 투쟁 현장으로 가 보자."

1922년 12월 밤 경의선 화물 열차가 경기도에 막 들어서고 있었어. 기차가 역에 멈춰 서자 화물칸에서 한 사내가 조심스레 문을 열고 기차에서 뛰어내렸어. 주위를 둘러보던 사내는 눈 덮인 들길을 걷기 시작했지. 특별 임무를 띠고 상하이에서 국내로 들어온 의열단원 김상옥(1890~1923)이었어.

걸어서 경성(서울)에 잠입한 김상옥은 남산 아래 삼판동에 있는 누이동생 집으로 숨어들었어. 김상옥의 임무는 1923년 1월 17일 조선 총독 사이토가 서울역에서 기차를 타고 부산으로 출발할 때 그를 암살하는 것.

삼판동 누이의 집에 머물던 김상옥은 일본 경찰 복장을 하고 서울역에 나가 사이토의 동선을 머리에 그려 가며 거사를 준비했어. 그런데 1월 12일 저녁, 뜻밖의 사건이 터졌어. YMCA 옆에 있던 종로 경찰서에 폭탄이 날아든 거야.

식민 통치의 상징인 종로 경찰서에 폭탄이 날아들자 경성 시내가 발칵 뒤집어졌어. 일제 경찰은 범인을 잡기 위해 혈안이 됐지. 하지만 아무리 조사를 해도 누가 그랬는지 알 수가 없었어.

그때 사냥개로 불리던 고등계 형사 미와의 머릿속에 한 사람의 얼굴이 떠올랐어. 김상옥이다! 미와는 이렇게 대담하게 폭탄을 던질 수 있는 사람은 김상옥밖에 없다고 생각했어. 미와는 김상옥이 국내에 잠입했는지 알아보기 위해 김상옥의 어머니가 사는 효제동 집을 밤낮으로 감시하기 시작했어. 그러던 1월 16일, 미와에게 중요한 첩보가 날아들었어. 권총을 가진 사내가 며칠 전에 삼판동에 나타났다는 정보였지.

미와는 동물적인 감각으로 그가 김상옥이라는 것을 알아차렸어. 미와는 상부에 보고를 올려 은밀하게 김상옥 생포 작전에 나섰어. 작전 시간은 1월 17일 새벽 3시. 난다 긴다 하는 형사 수십 명이 삼판동으로 몰려갔어. 그들 뒤에는 소총으로 무장한 2백여 명의 경찰이 뒤따랐고.

그 시각 김상옥은 아무것도 모른 채 사이토 저격 장면을 머릿속에 그리며 잠이 들었어. 무술 유단자로 짠 체포조 형사들이 김상옥이 잠들어 있는 집을 에워쌌어. 김상옥의 누이동생은 밖에서 들리는 발자국 소리에 잠에서 깼어. 불안한 마음에 밖을 보니 이미 덩치 큰 사내들이 마당에 들어와 있었어. 누이동생은 외마디 비명을 지르며 마루에 주저앉았지.

김상옥은 본능적으로 권총을 손에 쥐었어. 일제 형사들이 누이를 제치고 김상옥이 잠든 방을 향해 조심스레 다가갔어. 그러더니 방문을 열고 어두운 방 안으로 들이닥쳤어. 김상옥은 순간적으로 일본 형사를 발로 차 쓰러뜨린 뒤 빠르게 총을 쏘았어. 총에 맞은 형사가 마루로 굴러떨어지자 뒤에 있던 형사들이 김상옥에게 달려들었지. 김상옥은 쌍권총을 발사해 그들을 쓰러뜨렸어. 밖에 있던 나머지 형사들은 너무 순식간에 자기편 형사들이 쓰러지자 대문 밖으로 도망쳤어. 김상옥은 그때를 놓치지 않고 담을 훌쩍 넘어 남산 쪽으로 달리기 시작했지.

일제 경찰들은 토끼몰이 하듯 촘촘하게 포위망을 구축하고 남산으로 도망친 김상옥을 쫓았어. 김상옥은 신발도 신지 않은 몸으로 힘겹게 산을 타고 왕십리 방향으로 탈출했어. 함박눈이 내려 발이 푹푹 빠지는 눈

길을 헤집고 필사적으로 도망쳤어. 그러다 비탈에서 굴러떨어져 눈밭에 풀썩 주저앉고 말았지. 체력은 바닥날 대로 바닥나고 발바닥은 이미 감각이 없고, 김상옥은 그만 그 자리에 누워 버리고 싶은 심정이었지. 위기의 순간 어머니에게 한 말을 떠올렸어. 며칠 전 어머니와 아내를 한밤중에 몰래 찾아갔을 때 어머니에게 말했어.

"이번엔 단판으로 승부를 낼 생각입니다. 어쩌면 이번이 어머니를 뵙는 마지막이 될지 모릅니다."

어머니는 아무 말도 못 하고 눈물만 흘렸지.

어려서 일찍 아버지를 여읜 상옥은 어머니를 모시며 어렵게 공부를 했어. 언제나 독립운동에 대한 꿈을 간직하고 있던 상옥은 3·1운동이 일어나자 만세 운동에 참가했어. 그때 상옥은 동포들이 일제 총칼에 맥없이 쓰러지는 모습을 보고 좌절했어. 총을 들어야겠다고 생각한 것도 총칼에 쓰러지는 동포들을 보고 나서야. 상옥은 그길로 상하이로 달려가 의열단 단원이 되었지.

어머니 생각에 힘을 낸 김상옥은 가까스로 남산 포위망을 뚫고 동대문 근처에 있는 효제동 이혜수의 집을 찾아갔어. 이혜수는 김상옥이 동대문 교회에 다닐 때 비밀리에 독립운동을 하던 동지였어. 이혜수는 동상에 걸려 어쩌면 잘라 내야 할지도 모르는 김상옥의 발을 치료해 주고 다른 동지들을 집으로 불러들였어. 상옥은 옛 동지들에게 말했어.

"내 비록 사이토 처단에 실패했지만 이대로 물러설 수 없소. 다음 거사의 계획을 짜서 행동에 나설 생각이오."

그 시각 경성 시내 모든 경찰에 비상이 걸렸어. 만주도 아닌 경성 한복판에서 폭탄이 터지고, 독립군의 총에 맞아 경찰이 죽었으니 세계적으로도 악명이 높은 일본 경찰로선 체면이 말이 아니었지.

사냥개 미와는 다시 한 번 감시 레이더를 작동하기 시작했어. 김상옥 동지들의 움직임을 밤낮으로 살피던 미와는 김상옥의 동지 한 사람이 이혜수의 집을 드나드는 걸 포착했어. 미와는 그 사람을 체포해 김상옥이 숨어 있는 곳을 대라며 고문했어. 체포된 동지는 모진 고문을 견디다 못해 김상옥의 은신처를 털어놓고 말았지.

1월 22일 새벽 경성의 모든 경찰과 헌병이 김상옥 체포 작전에 나섰어. 헌병과 경찰 1천여 명이 4중 포위망을 구축하고 김상옥이 숨어 있는 집을 에워쌌지.

밖에서 수상한 소리가 들리자 이혜수는 문틈으로 밖을 내다봤어. 경찰들이 자기 집을 촘촘히 에워싸고 있는 게 보이자 급히 김상옥을 깨웠지.

"김 동지, 어서 옆방으로 피하시오!"

그때 권총을 든 형사 하나가 허공에 공포를 쏘며 소리쳤어.

"김상옥, 너는 포위됐다. 투항하면 목숨은 살려 주겠다. 어서 투항하라!"

답이 없자 형사들이 방으로 들이닥쳤지. 방 안은 어둡고 고요했어. 방 안을 둘러보던 형사들이 벽장문을 발견하곤 서로 눈을 맞춘 뒤 벽장문을 열었어.

그 순간, 김상옥의 7연발 권총이 불을 뿜었어. 일본 형사가 총에 맞아 쓰러지고 겁에 질린 다른 형사들이 뒤로 물러났어. 도저히 일대일로 상대를 못 하겠단 생각이 들자 경찰들이 벽장을 향해 무차별 사격을 가했어. 김상옥은 대응사격을 하며 벽장 뒷벽을 뚫고 옆집으로 몸을 피했어. 잠시 뒤 김상옥이 옆집으로 빠져나갔다는 걸 안 경찰들은 김상옥을 향해 앞뒤에서 무차별적으로 총을 쏘기 시작했지.

김상옥은 담과 장독대에 몸을 의지한 채 쌍권총으로 앞뒤에 있는 일본 경찰을 쏘았어. 김상옥의 쌍권총이 불을 뿜을 때마다 일본 경찰들이 쓰러졌지. 하지만 김상옥도 몸 여기저기에 총을 맞아 움직이기조차 힘들었어. 총알을 막아 주던 담과 장독대가 다 부서지고 더 이상 숨어서 싸울 곳이 없자 김상옥은 변소로 들어갔어.

남은 총알은 단 한 발. 한 놈이라도 더 쏴 죽일 것인가, 아니면…….

그 순간 김상옥은 상하이를 떠나올 때 의열단 단장 김원봉에게 한 약속을 떠올렸어.

"내 생사가 이번 거사에 달렸소. 실패한다면 내세에서나 만납시다. 나는 자결하여 뜻을 지킬지언정 적의 포로가 되지는 않겠소."

김상옥은 마침내 자신의 머리에 총을 겨누었어. 그러고는 미련 없이 방아쇠를 당겼지.

'탕!'

쓰러진 그의 몸에는 수십 발의 탄환이 박혀 있었어.

✺

이야기를 마치자 토리가 두 눈을 커다랗게 뜨며 말했다.

"우왕! 이건 뭐 거의 영화잖아."

"그렇지? 그래서 김상옥이 시가전을 벌인 이야기가 의열단 투쟁을 다룬 영화 〈밀정〉의 앞부분에 나오나 봐."

"그래? 영화에서도 죽어?"

"아쉽게도……. 이번 시간은 여기서 마무리하고 역사적인 인물의 뒷이야기를 알아보는 지금은 뭐 해요? 하고 마쳐야겠다. 의열단장 김원봉 이야기야."

✺

김원봉(1898~1958) 김상옥이 의열단원이라고 했잖아? 그 의열단을 만든 사람이 김원봉인데, 그는 정말 대단한 사람이야. 김상옥의 경성 시가전 이전과 이후에도 밀양 경찰서, 부산 경찰서, 조선 총독부 등에 의열단원이 폭탄을 던졌는데 그 모든 배후에 김원봉이 있었어. 그래서 김원봉은 일제에 가장 위협적인 인물이었고, 그의 목에는 가장 큰 현상금이 걸렸지. 무려 김구보다 많은 현상금이.

하지만 김원봉은 의열 투쟁으로 너무 많은 동지들이 희생되자 전략을 바꿔 무장 독립 투쟁에 나섰어. 김원봉의 궁극적인 목표도 군대를 통한 무장 독립 전쟁을 벌이는 거였거든. 그와 그의 동지들이 만든 조선의용대는 무장 독립 투쟁을 위한 부대였어. 나중에 조선의용대 일부는 김원봉과 함께 임시 정부의 대한독립군으로 편입되고, 다른 일부는 중국 공산군과 함께 항일 무력 투쟁을 벌이지.

해방이 되자 김원봉은 임시 정부 요인들과 함께 고국에 돌아와. 그런데 악질적인 친일 경찰 출신인 노덕술한테 참기 어려운 치욕을 당했어. 일제 강점기 때도 일제에 치욕을 당하지 않았는데 독립된 나라에서 독립군 때려잡던 친일 경찰에게 모욕을 당하자 그는 절망했어. 그래서 1948년 남쪽과 북쪽의 지도자들이 평양에서 남북 협상을 벌일 때 북쪽으로 가서 돌아오지 않았지. 김원봉 이야기는 여기까지.

"토리야, 한 줄 역사 논평으로 마무리해라."

"알았어. 한 줄 논평할게. 켁켁. 의열단원 김상옥. 마지막 남은 한 발, 죽일 것인가, 죽을 것인가!"

"어우, 여운 있네. 앞에 홍범도는 좀 밋밋했는데. 다음 시간엔 전 세계를 놀라게 한 폭탄 투척 사건 이야기를 해 줄게. 김상옥의 혈전이 아무리 대단하다 해도 이분의 의거만큼 충격적이진 않을 거야."

"뭐라고? 김상옥의 경성 시가전보다 더 충격적인 사건이라고? 그게 뭔데?"

"넘겨 보면, 아니지, 들어 보면 알아."

한눈에 보는 한국 · 중국 · 일본

1919. 4.	1919. 9.	1926	1927	1928	1929
한 상하이 임시 정부 결성	한 대한민국 임시 정부 수립	일 쇼와 시대 (~1989)	한 신간회 조직	중 난징 국민정부 수립	한 광주학생항일 운동

1931	1932. 1.	1932. 3.	1932. 4.	1937	1940
일 중국 침략, 만주 사변 한 한인애국단 결성	한 이봉창, 일본 천황에게 폭탄 투척 일 중국 침략, 상하이사변	일 만주국 수립	한 윤봉길, 훙커우 공원 의거	일 중·일전쟁 발발	한 한국광복군 결성

1941	1945
일 태평양전쟁 발발	한 8·15 광복

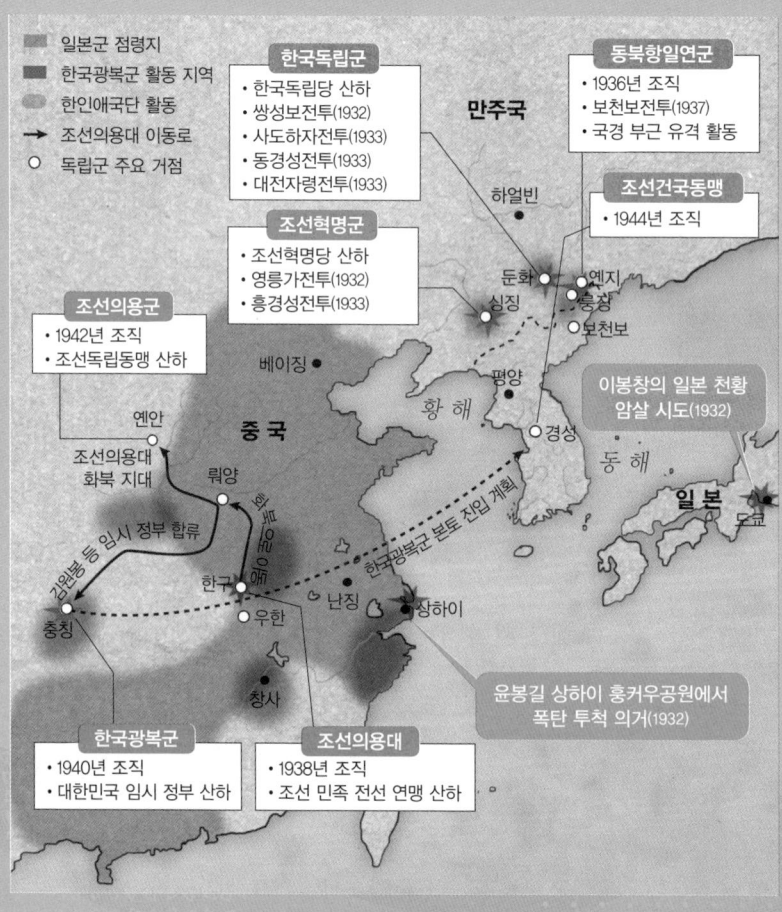

• 1930년대~1940년대 독립군 독립 투쟁

네 번째 이야기

세계를 놀라게 한 훙커우공원 폭탄 투척

"이번 시간엔 세계를 깜짝 놀라게 한 폭탄 투척 사건을 소개할게."

그렇게 말한 뒤 말을 이었다.

"일본 제국주의를 가장 공포에 떨게 만들었던 독립운동가가 김원봉과 의열단 단원들이었다는 건 지난 시간에 이야기했어. 그런데 지금 우리나라에선 김원봉이 누군지 김상옥이 어디에 폭탄을 던지고 언제 시가전을 벌였는지 잘 몰라."

토리가 두 눈을 동그랗게 뜨고 물었다.

"아니 왜? 어떻게 그럴 수 있어?"

"김원봉이 북한으로 갔다는 이유 때문에 남한 사회에서 위험한 인물로 찍혔거든. 그래서 지금까지 다들 쉬쉬했지. 그런데 김원봉은 사회주의자도 아니고 공산주의자도 아니야. 그는 단지 독립을 위해서 공산주의자든 민족주의자든 가릴 것 없이 손을 잡고 싸웠던 독립운동가일 뿐이지."

토리가 그러냐는 듯 고개를 끄덕였다.

"그래서 김원봉과 의열단 단원들은 그들이 이룬 업적에 비해서 존재감이 좀 약한 편이야. 그런데 김원봉이나 김상옥과 달리 우리에게 너무나 잘 알려진 사람이 있어."

"그게 누군데?"

"김구와 한인애국단 소속의 이봉창, 윤봉길 의사."

내 말에 토리가 고개를 갸우뚱했다.

"그럼 그분들은 별로 훌륭하지도 않은데 유명하다는 거야?"

"오우 노! 그런 의미가 아니야. 한 일에 비해 높게 평가받는다는 말이 아니라 한 번 던진 게 잘 터져 주어서 제대로 평가를 받게 됐단 뜻이지."

토리가 애원의 눈빛을 발사했다.

"어우, 궁금해. 토리 빨리 이야기 듣고 싶어요. 빨리 얘기해 주세요옹~."

"토리야, 하지 마. 오글거려. 안 되겠다. 닭살 돋기 전에 얼른 시작해야지."

나는 이봉창과 윤봉길 이야기를 시작했다.

3·1운동의 성과로 상하이에서 임시 정부가 세워졌어. 임시 정부는 비록 임시라는 꼬리표를 달았지만 한 나라의 정부로서 독립운동의 구심체

역할을 했지. 그런데 상하이 임시 정부는 문제가 좀 있었어.

생각이 다른 여러 집단이 모여 있다 보니 서로 손발이 안 맞고 삐걱댔어. 임시 정부 내에서 사회주의 계열의 좌파와 민족주의 계열의 우파가 대립하고, 무장 투쟁론과 외교론이 부딪히고, 상하이파와 만주파가 반목하고, 이런 이유 때문에 임시 정부는 하루도 편한 날이 없었지.

김구는 임시 정부 돌아가는 모양을 보며 깊은 고민에 빠졌어. 도대체 어떻게 해야 분열된 힘을 하나로 모으고 침체에 빠진 임시 정부를 살려 내 독립운동을 활성화시킬 것인가.

고민 끝에 김구는 의열단처럼 의열 투쟁을 벌여 일제에 타격을 가해야겠다고 생각했어. 이런 생각으로 1931년 일본 수뇌 암살과 식민 통치 기구 파괴를 목적으로 한인애국단을 만들었지.

한인애국단 제1호 단원은 이봉창이야. 이봉창(1900~1932)은 한인애국단에 가입해 일본 제국주의의 심장인 도쿄에서 일본 천황에 수류탄을 던졌는데, 이봉창이 한인애국단에 가입하는 건 폭탄을 던지는 일만큼 힘든 일이었어. 왜 그랬을까?

서울에서 태어난 이봉창은 어려서 일본 상인이 운영하는 제과점에서 점원으로 일하며 말하기 힘든 모욕을 당했어. 이봉창은 적을 이기려면 적을 알아야 한다는 생각에 일본으로 건너갔어. 일본에서도 이봉창은 조센징이라 불리며 차별과 모욕을 받았어. 그러던 1931년 마침내 독립운동을 하기 위해 상하이로 건너갔지. 상하이로 간 이봉창은 곧바로 임시 정부를 찾아갔어. 김구를 만난 이봉창이 말했지.

"선생님, 독립을 위해 뭔가 큰일을 하고 싶습니다."

임시 정부 요인들의 반응은 냉담했어. 일본 이름을 쓰고, 일본어를 일본 사람보다 유창하게 구사하며, 일본 옷을 입고, 일본 신발인 게다를 신고 다니는 이봉창이 혹시 일본의 밀정이 아닐까 의심돼서.

밀정은 당시 독립운동을 하던 사람들이 가장 두려워한 존재였어. 독립운동가인 것처럼 행세하며 믿음을 얻은 뒤 결정적인 순간에 우리 독립운동가를 체포하곤 했거든.

김구는 몇 달 동안 이봉창을 가만히 지켜보았어. 그러면서 이봉창을 만나 진짜 목숨 바쳐 독립운동을 하려는 사람이 맞는지 관찰했지. 얼마 뒤 김구는 이봉창의 진심을 확인하고 그를 한인애국단원으로 받아들였어. 그랬더니 이봉창이 대뜸 뭐랬는지 아니? 일본 천황에게 폭탄을 던지겠다는 거야. 김구는 조금 당황했지.

"중국이나 조선에서라면 몰라도 적의 본토에서 폭탄을 던지겠다고요?"

"예. 제가 일본에 오래 살아서 일본 사정을 좀 압니다."

김구의 허락을 받은 이봉창은 그날 비장한 각오로 선서를 했어.

"나는 마음에서 우러나는 참된 정성으로써 조국의 독립과 자유를 위해 한인애국단 일원이 되어 적국의 수괴를 도륙하기로 맹세하나이다."

1932년 1월 8일. 일본 천황 히로히토는 군대를 검열하는 관병식을 마치

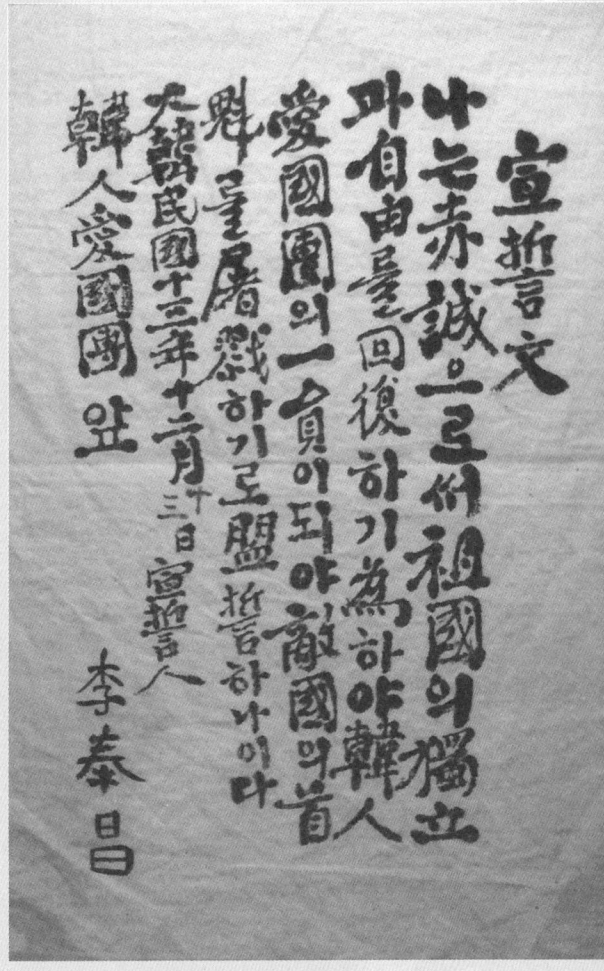

• 이봉창 의사와 의열단 입단 선서문. ⓒ 백범김구선생기념사업협회 제공, 국립중앙박물관 소장

고 궁으로 돌아가고 있었어. 수류탄을 품에 안은 이봉창은 천황이 탄 마차가 가까이 오기를 기다렸지. 이봉창은 마차가 저만치 다가오자 힘차게 수류탄을 던졌어. 그런데 천황이 탄 마차를 명중시키지 못했어. 그래서 한 발을 더 던졌지만 불발되는 바람에 그 자리에서 일본 경찰에 체포됐지.

이봉창이 제국주의 심장 도쿄에서 천황에게 폭탄을 던지자 모든 일본인들이 깜짝 놀랐어. 세계 모든 나라들도 놀라긴 마찬가지였지. 일본의 침략에 신경을 곤두세우고 있던 중국 국민당은 신문에 이봉창 의사의 의거를 소개하며 "불행히도 명중시키지 못했다."고 기사를 썼어.

그러잖아도 이미 만주를 침략한 뒤 중국 본토 침략에 나설 기회만 엿보고 있던 일제는 중국 신문의 기사를 구실로 상하이를 침공했지.

상하이를 점령한 일제는 몇 달 뒤인 1932년 4월 29일 일본 천황의 생일에 상하이 점령 축하식을 열기로 했어. 기념식이 열릴 장소는 홍커우공원. 홍구공원이라고도 하고 지금은 루쉰공원으로 불리는 곳이지.

일제는 아주 신이 났어. 그토록 원하던 중국 본토를 점령하고 승전 축하식을 열게 되었으니 얼마나 기뻤겠어. 하지만 바로 그날 자기 목숨을 바쳐 일본군 수뇌부를 척살하려는 조선 청년이 있다는 사실은 꿈에도 생각 못 했지.

그 청년은 윤봉길이었어. 윤봉길(1908~1932)은 충남 예산에서 태어나 어릴 적에 한학을 배우고 일제가 우리나라를 강제로 병합하자 마을에 야학을 세워 교육 운동을 펼쳤어. 그러던 중 빼앗긴 나라를 되찾으려면 교육만으로는 안 된다는 걸 깨닫고 상하이로 가기로 마음먹었지.

집을 떠나기 전 윤봉길은 시 한 수를 적었어.

"장부는 집을 나서면 살아 돌아오지 않는다."

옛날 중국에서 진시황을 암살하려던 자객 형가가 읊은 시야. 그 시처럼 뜻을 이루지 못하면 돌아오지 않겠다는 각오를 밝힌 거지. 상하이에 도착한 윤봉길은 한인애국단에 가입했고 이봉창처럼 수류탄을 손에 들고 김구와 함께 사진을 찍었어.

거사 이틀 전 전승 축하식이 열릴 예정인 훙커우공원을 답사하고 돌아온 윤봉길은 고향에 있는 젖먹이 두 아들에게 시 한 수를 남겼어. 〈강보에 싸인 두 병정에게〉라는 시야.

너희도 만일 피가 있고 뼈가 있다면

반드시 조선을 위해 용감한 투사가 되어라

태극의 깃발을 높이 드날리고

나의 빈 무덤 앞에 찾아와

한 잔 술을 부어 놓으라.

운명의 날 아침, 윤봉길은 김구에게 시계를 건넸어.

"선생님, 저와 시계를 바꿉시다. 제 시계는 6원짜린데 선생님 시계는 2원

• 홍커우공원 의거 전 김구 선생과 윤봉길 의사의 마지막 기념 촬영._ⓒ 백범김구선생기념사업협회 제공

짜리니 제 것을 쓰세요. 저는 오늘이 지나면 더 이상 필요가 없잖습니까."

김구는 뭐라 말할 수 없는 비통함을 느꼈지.

"윤 동지, 지하에서 만납시다."

두 사람 모두 알고 있었던 거야. 성공하든 실패하든 반드시 죽게 된다는 것을.

윤봉길은 말끔히 양복을 차려입고 손에 도시락과 물통을 챙겨 들고 집을 나섰어. 행사장에선 일본 군인들이 행사에 참석하는 사람들을 철저하게 검사했어. 윤봉길은 일본인처럼 위장해 어렵잖게 행사장으로 들어갔지.

오전 11시 40분. 단상 위에서 상하이 주둔군 총사령관 시라카와를 비롯해 육군 대장, 해군 중장, 일본 총영사, 일본거류민단장 등 내로라하는 일제 수뇌부가 축하식을 즐기고 있었어. 군대 열병식이 끝나고 일본 국가가 울려 퍼졌어. 윤봉길은 떨리는 마음을 진정시키며 사람들 사이를 헤집고 한 발 한 발 단상을 향해 걸어갔어. 단상과의 거리는 5미터. 윤봉길은 물통 폭탄의 안전핀을 뽑아 단상 위로 힘차게 던졌어.

"쾅!"

천지를 뒤흔드는 굉음이 일어나고, 폭탄에 맞은 일본인들이 하늘 위로 솟구쳤다 떨어지고, 쓰러지고 자빠지고, 단상은 순식간에 아수라장으로 변했어. 그날 시라카와 총사령관이 죽고, 일본거류민단장이 죽고, 육군 대장의 다리가 잘리고, 해군 중장의 눈이 멀었어. 그 밖에 많은 일본군

수녀들이 중상을 입었지.

제대로 터진 한 방으로 상하이에 주둔하고 있던 일본군 별들이 우수수 떨어지자 일본, 중국, 한국, 그리고 전 세계가 크게 놀랐어. 중국 총통 장개석은 "우리 중국 100만 군대가 하지 못한 일을 조선 청년 한 사람이 해냈다."며 감격했지.

이봉창과 윤봉길의 연이은 의거 이후 임시 정부를 바라보는 중국인들의 시선이 달라졌어. 장개석은 임시 정부에 자금을 지원하고 우리 젊은 이들을 군관 학교에 입학시켜 군사 훈련을 받도록 해 주었어. 덕분에 임시 정부도 다시 활기를 되찾았지.

하지만 산이 높으면 골도 깊은 법. 이봉창과 윤봉길의 의거 이후 독립 운동가들은 더욱 심한 탄압을 받았어. 임시 정부에서 중요한 구실을 하던 도산 안창호가 윤봉길 사건의 배후자로 지목돼 체포되고, 그 외 여러 독립운동가들이 끌려가 모진 고문을 당했지.

도피 중이던 김구는 더 이상 동지들이 희생당하는 걸 두고 볼 수 없다고 판단해 자기가 이 사건의 배후라고 밝혔어. 그로부터 10년 가까이 김구는 일제의 집요한 추적을 피해 가며 긴긴 도피 생활을 해야 했지. 하지만 두 의사의 의거는 김구를 조선 독립운동의 거두로 각인시키는 데 큰 역할을 했어.

이봉창과 윤봉길의 의거에 김구 못지않게 중요한 역할을 한 여인이 있어. 여성 독립운동가 이화림이야. 이화림은 한인애국단 단원이자 십여

• 일제 수뇌부를 향해 물통 폭탄을 던지고 그 자리에서 체포되어 가는 윤봉길 의사._ⓒ연합뉴스

년간 김구의 비서로 일한 독립운동가인데 이봉창이 천황을 암살하기 위해 일본에 갈 때 수류탄을 몰래 숨겨 갈 수 있도록 이봉창의 바짓가랑이 사이에 비밀 주머니를 만들어 주었어. 윤봉길 의거 때는 거사 이틀 전 현장 답사 때 윤봉길과 부부로 위장해 현장을 둘러보았고. 윤봉길이 의거에 성공한 데는 이화림의 이런 활동이 적지 않은 역할을 했지. 이봉창과 윤봉길 뒤에 숨은 조력자가 있었다는 사실을 기억해 주었으면 해.

바로 이어서 역사 인물의 뒷이야기를 전하는 지금은 뭐 해요? 시작할게.

이봉창과 윤봉길 이봉창은 일본에서 재판을 받고 그해 10월 교수형으로 생을 마감했고, 윤봉길은 그해 12월 총살형을 당했지.

이화림(1905~1999) 이봉창과 윤봉길을 도왔던 이화림은 조선의용대에서 항일 투쟁을 벌이다 중국의 의과 대학에서 의학을 공부한 뒤 의사가 되었어. 한국전쟁 때 북한에 갔다가 김일성에게 숙청되고, 다시 중국으로 돌아와 의사 생활을 하다 세상을 떠났지.

김구(1876~1949) 윤봉길 거사 이후 도피 생활을 하며 임시 정부를 이끌었어. 충칭(중경)에 자리 잡은 뒤에는 한국광복군을 만들어 일제와 독립 전쟁을 준비했지. 충칭 임시 정부에서 해방을 맞은 김구는 해방 뒤 고국으로 돌아왔어. 환국 이후 정부 수립을 위해 김구가 벌인 활동은 현대사 강의 때 자세하게 들려줄게.

이야기를 마치자 토리가 물었다.

"그럼 이제 일제 강점기 수업 다 끝난 거야?"

"아니. 끝날 때까지 끝난 게 아니야."

"그래? 총 쏘고 폭탄 던지고 할 거 다 한 거 같은데?"

"토리야, 나도 너처럼 심플했으면 좋겠다. 성경에 '사람이 떡으로만 살 것이 아니요 하나님의 말씀으로도 살 것이니라.'는 구절이 있거덩. 독립운동이 총 쏘고 폭탄 던지는 것만 있는 게 아니란다."

"그럼 뭐가 더 있는데?"

토리가 입을 삐죽였다.

"우리 땅에서 일제 통치를 받으면서도 실력을 키우기 위해 교육 운동을 벌이고, 물산장려운동 같은 경제 운동을 펼치고, 자기 삶터에서 일제 식민 통치에 저항한 노동자, 농민, 학생 들이 있었어. 다음 시간엔 그 얘길 해 줄게."

"알았어. 이제 한 줄 역사 논평으로 마무리해야겠다. 윤봉길 의사의 홍커우공원 폭탄 투척. 켁켁. 왔노라, 던졌노라, 빵 터졌노라!"

"우아, 이젠 카이사르의 말까지 패러디하네. 한중일 역사 전문가가 아니라 세계사 전문가라고 해야겠어. 하하하."

한눈에 보는 한국·중국·일본

1920	1921	1922	1923	1924	1925
한 조선물산장려회 조직(평양)	중 공산당 창당	한 민립대학 설립 운동 시작	한 형평운동 시작	중 제1차 국·공 합작	한 조선 공산당 창당

1926	1927. 2.	1927. 5.	1928	1929	1931
한 6·10만세운동 일 쇼와 시대 (~1989)	한 신간회 조직	한 근우회 창립	중 난징 국민정부 수립	한 광주학생항일 운동	한 브나로드 운동 시작

1932	1937. 7.	1941	1945
일 만주국 수립	일 중·일전쟁 발발	일 태평양전쟁 발발	한 8·15 광복

- 1920년대 초, 일제 강점기 경성방직주식회사의 국산품 애용 선전 광고이다. '우리가 만든 것 우리가 쓰자'.

다섯 번째 이야기

실력으로 독립을! 물산장려운동과 대학 설립 운동

"자, 이제 36년 독립운동의 대장정을 마쳐야 할 시간이다."

내 말에 토리가 휴우, 하고 안도의 한숨을 쉬었다.

"누가 보면 네가 독립운동 다 한 줄 알겠구나."

"그건 아니지만 여기저기서 뻥뻥 터지니까 정신이 없었다고."

"어구, 그랬어? 우리 토리가 독립운동 하느라 애썼네. 이제 차분하게 마무리를 해 보자. 토리야, 한번 생각해 볼래? 어떤 방법이 독립을 하는 데 가장 효과적이었을지."

토리가 고개를 갸우뚱했다.

"모르겠어? 내가 예를 들어 볼까?"

나는 노트에 하나씩 적어 나갔다.

첫째, 폭력에는 폭력, 암살과 파괴로. 의열단과 한인애국단처럼.
둘째, 힘에는 힘, 무장 투쟁으로. 홍범도와 김좌진 장군처럼.
셋째, 우리는 힘이 없으니 외교로. 하와이의 이승만처럼.
넷째, 우리 민족성이 형편없으니 민족성 개조부터. 이광수처럼.
다섯째, 조선 민중이 벌 떼처럼 들고일어나야. 3·1운동처럼.
여섯째, 아직 일제를 물리칠 힘이 없으니 실력 양성부터.

다 적은 뒤 토리에게 물었다.
"어때, 토리 너 같으면 어떤 방법으로 독립운동을 했을 거 같아?"
토리가 잠시 생각하는 척하더니 말했다.
"이럴 땐 역지사지, 즉 상대 입장에서 생각해 보는 게 좋을 거 같아."
"상대 입장? 누구, 독립군?"
"이렇게 심플하시긴. 당연히 일본이지. 일본이 가장 무서운 게 가장 효과적인 독립운동 방법 아니겠어? 음, 그렇다면 의열 투쟁인 거 같아. 아저씨가 그랬잖아. 일제가 가장 공포를 느낀 게 언제 어디서 폭탄 날아와 자기들 죽일지 모르는 의열 투쟁이라고."
"그럴 수도 있겠네. 하지만 일제가 가장 공포를 느낀다고 그것이 가장 효과적인 독립운동 방식일까? 맨날 암살과 파괴만 한다고 독립이 되겠냐고. 김원봉이 의열단 만들어 암살과 파괴에 나선 건 일종의 과도기적인 투쟁 방법이었어. 군대와 무기와 시간이 충분치 않을 때 소수 정예 요원으로 최대 효과를 보기 위한 투쟁 방법."

"아, 어렵네."

토리가 두 손으로 머리를 감싸 쥐었다.

"너무 절망하지 마. 정답은 없으니까. 중요한 건 어느 한 가지 방법으론 안 된다는 사실이야. 폭탄 던지고, 총 쏘고, 만세 운동 벌이고, 외교 활동 벌이고, 실력 기르고, 이런 모든 것들이 하나로 어우러질 때 큰 힘을 발휘할 수 있지. 그래도 가장 효과적인 방법을 꼽으라면 나는 독립군 군대가 압록강 건너 한반도로 밀고 들어오고 안에서는 때맞춰 민중들이 다 같이 들고 일어나는 방식이 가장 좋지 않을까 싶어."

"그럼 그렇게 하면 되잖아."

토리가 두 눈을 동그랗게 뜨고 말했다.

"말처럼 쉬우면 벌써 독립했게? 당시 일제는 세계 최고의 경찰과 군대를 보유하고 있었어. 그걸 물리치기 쉽지 않았지. 암튼 독립을 위한 여러 노력들이 있었는데 이번 시간은 국내에 사는 우리 조선인들이 어떤 방식으로 독립운동을 했는지 알려 줄게."

나는 국내에서 펼쳐진 실력 양성 운동 이야기를 시작했다.

만주에서 일본군과 총으로 싸우고, 상하이에서 일제의 밀정들 피해 가며 독립운동 벌이고, 몰래 국내로 잠입해 폭탄 던지고, 이런 무장 투쟁도

어렵지만 국내에서 일제의 감시와 탄압을 받으며 독립운동을 벌이는 것도 그에 못지않게 어려웠어.

생각해 봐. 만주와 상하이에서는 도망갈 데라도 있지. 국내에서는 어디 도망갈 데도 없어. 일제의 감시는 집요하지, 잘못 걸리면 바로 감옥에 갇히지. 그러니 국내에서 독립운동을 하는 게 어디 쉬운 일이겠니. 그래서 국내에 있는 많은 민족 운동가들은 총 들고 싸우는 무장 투쟁은 꿈도 못 꾸고 일제가 허락하는 범위 안에서 독립운동을 펼쳐 나갔어.

그 가운데 대표적인 운동이 실력 양성 운동이야. 한마디로 실력을 길러서 독립을 하자, 이런 거. 대표적인 실력 양성 운동으로 물산장려운동과 민립대학 설립 운동이 있어.

물산장려운동은 3·1운동 이후 1920년대 일어난 운동인데 일본 제품 쓰지 말고 우리가 만든 것을 우리가 쓰자는 운동이야. 조선 사람이 짠 옷을 입고, 조선 사람이 만든 것을 먹고, 조선 사람이 만든 것을 쓰자, 이런 거. 물산장려운동은 대표적인 민족주의자인 조만식이 평양에서 시작했는데, 일제에 강제 병합되기 전 1907년 있었던 국채보상운동과 비슷한 면이 있어. 국채보상운동은 일본에 진 빚을 갚자는 운동이야. 〈대한매일신보〉 사장인 영국인 베델과 양기탁이 주도해서 운동을 펼쳤는데 일제가 가만 놔둘 리가 있나. 베델 추방하고 양기탁 구속하고 이런저런 탄압으로 국채보상운동은 좌절하고 말았지. 물산장려운동도 일제가 집요하게 탄압하는 바람에 결국 큰 성과를 내지는 못했어.

실력을 길러 독립을 해야 한다고 생각한 민족주의자들은 실력 양성의 일환으로 민립대학을 설립하는 운동을 벌였어. 민립대학은 말 그대로 민간이 설립한 대학교야. 쉽게 말하면 사립대학교. 민립대학 설립 운동 세력은 대학 설립에 필요한 자금을 모으고, 고등학교를 대학교로 승격하는 운동도 벌이고 여러 방면으로 노력했지만, 이 또한 좌절. 대학교 세워 똑똑한 조선인 학생 길러 내는 걸 일제가 가만둘 리 있겠어? 1920년대 국내에서 펼쳐진 실력 양성 운동은 일제 강점기 하에서 우리가 힘을 기르는 게 얼마나 어려운지를 보여 주는 좋은 예야.

이런 좌절을 겪으며 일부 민족주의자들은 일본에 협력하는 친일파가 되기도 하고 일부는 새로운 운동을 모색하기에 이르러. 그 결과 중 하나가 1927년에 창립된 신간회라는 단체야. 신간회는 민중을 계몽해 독립을 이루자는 취지로 만들었는데, 1920년대 국내에서 일어난 독립운동에서 굉장히 중요한 의미가 있어. 민족주의 세력과 사회주의 세력이 힘을 합쳤다는 점 때문에. 민족주의 세력이 사회주의 세력과 손을 잡을 수밖에 없는 이유가 있어. 3·1운동 이후 국내에 사회주의 사상이 널리 퍼져서 독립운동가 중에는 사회주의, 즉 공산주의 사상을 가진 독립운동가들이 많았어. 그래서 이들을 제외하고 독립운동을 벌이기 힘들었지.

신간회는 일제의 감시와 탄압 속에서도 전국을 돌며 대중 강연을 통해 민중을 계몽하고, 노동자와 농민들이 일제와 싸울 때 뒤에서 지원을 했어. 신간회의 역할이 빛났던 운동이 있는데 바로 광주학생운동이야.

광주학생운동은 1929년 광주에서 조선인 학생들이 일제의 식민지 교육과 조선인 학생 차별을 철폐하라며 벌인 운동이야. 이 운동이 일어난 계기는 나주와 광주를 오가는 통학 기차 안에서 일본인 학생이 조선 여학생을 희롱한 것이었어.

그날 분노한 조선인 학생이 일본 학생에 사과를 요구하자 일본 학생들이 거부하고, 그러다 조선 학생과 일본 학생들이 패싸움을 벌였지. 광주 지역의 조선 학생들은 동맹 휴학을 벌여 거리 시위에 나서는 한편 3·1운동처럼 거국적인 독립운동으로 확대시켜 나갔어. 바로 이때, 학생들의 반일 운동을 뒤에서 도와준 단체가 바로 신간회야. 광주에서 촉발된 학생 시위는 전국으로 확대돼 190여 개가 넘는 학교가 동맹 휴학을 하고 거리 시위를 벌일 정도로 규모가 커졌어. 그래서 광주학생항일운동이 일어난 11월 3일을 학생의 날로 정해 오늘날까지 기념하고 있지.

어떠니? 이 땅에서 일제의 감시와 억압 속에서도 목숨 걸고 항일 운동을 벌인 조선인, 대단하지 않니? 학생뿐만이 아니야. 노동자들은 공장에서 파업을 벌이고, 농민들은 들에서 소작 쟁의를 일으켜 자신들의 권리를 찾기 위해 싸웠는데 학생 운동이든 노동자, 농민 투쟁이든 그 밑바탕엔 일제에 저항하는 반일 운동의 정신이 깔려 있어. 학생 운동이 항일 운동이고, 노동자, 농민 운동도 항일 운동인 거지.

하지만 1930년대 들어 국내의 항일 운동은 점차 수그러들었어. 가장 큰 이유는 점점 심해진 일제의 탄압과 일제가 벌인 전쟁 때문이야. 일제는

1937년 중·일전쟁을 벌이고 1941년에는 하와이 진주만을 기습해 태평양전쟁을 벌이면서 전시 체제로 들어갔어. 그 때문에 가장 고통받는 건 조선인들이었지.

전세가 불리해지자 일제는 총알과 대포 만든다며 가마솥에 놋그릇까지 빼앗아가고, 학생들은 강제 징병으로 끌고 가 총알받이로 삼고, 조선인들을 무기 만드는 공장에 끌고 가 강제로 일을 시켰어. 가장 잔혹한 건 나이 어린 조선의 여인들을 공장에 취직시켜 준다고 꾀어 전쟁터로 끌고 가서 일본군 성노예로 삼은 일이야.

그뿐 아니야. 신사 참배를 강요했어. 신사는 일본이 자기네 신과 전쟁 희생자를 모시는 일종의 추모관인데, 조선인한테 거기에 절을 하라고 강요했어. 그리고 성과 이름을 바꾸는 창씨개명을 강요해 조선 사람 김막동이 갑자기 나카무라가 되었지. 일제가 패망하기 전에 조선인에게 한 짓은 완전히 민족 말살, 막장 정책이었어.

패악이 극에 달하면 패한다는 옛말이 있어. 그토록 극성을 부리던 일제의 막장 드라마는 1945년 히로시마와 나가사키에 떨어진 원자 폭탄 두 발로 막을 내렸지.

"휴우~. 일제 패망까지 줄기차게 달렸더니 숨이 차네. 이것으로 독립운동 36년을 모두 마치겠습니다."

토리가 박수 치는 시늉을 했다.

"아저씨 이제 시원하시겠수."

"꼭 그렇지만은 않아."

"아니 왜?"

토리가 의아한 눈빛으로 물었다.

"미국이 터뜨린 원자탄 두 방에 일제가 항복을 해서 우리가 독립을 했는데 그것 때문에 우리 현대사의 고난이 시작됐거든."

"독립했으면 좋은 거지 그건 또 뭔 소리야?"

"아까 뭐랬니. 독립운동 방법 중에 우리 독립군 군대가 국내로 진격하고, 거기에 때맞춰 우리 민중들이 일제히 들고일어나 일제를 물리치는 게 가장 좋은 방법이라고 했잖아. 그런데 일제가 갑자기 패망하는 바람에 그 기회를 놓쳤거든. 그 때문에 새 정부를 세울 때 우리 뜻대로 하지 못하고 미국과 소련에 의해 분단이 되었지. 그 이야기는 현대사 강의 때 해 줄게."

"당최 무슨 말인지 모르겠네. 아무튼 이 토리가 한 줄 역사 논평으로 대단원의 막을 내리겠습니다. 켁켁……."

"잠깐! 마지막으로 해 줄 얘기가 있어."

"뭔데?"

"열여섯 어린 나이에 홀로 압록강을 건너가 신흥무관학교에 예비 학생으로 입학한 뒤 독립운동의 길을 걷기 시작해 중국에서 조선 독립을 위해 목숨을 바친 독립운동가이자 사회주의 혁명가가 있어. 김산이라고, 《아리랑》

이라는 책의 주인공이야. 왜 당신은 독립운동의 길에 뛰어들었냐고 묻는 외국인에게 김산이 한 대답을 너에게 들려주고 싶어."

비록 독립을 달성하려는 방법은 달랐지만 모든 조선인들은 오로지 두 가지만을 열망하고 있었지요. 독립과 민주주의. 실제로 그것은 오직 한 가지만을 원하는 것이었습니다. 자유!

"총이든 펜이든, 만주든 서울이든, 잘났든 못났든, 민족주의자든 사회주의자든, 농민이든 지식인이든, 여자든 남자든, 일제 강점기를 살았던 모~든 조선인이 갈망했던 건 바로 자유, 자유였다는 말씀."
"올, 아자씨 좀 멋진데!"
토리가 감탄하는 표정을 지었다.
"내가 멋질 게 뭐 있니. 그때 우리 선조들이 멋지지. 한 줄 역사 논평 부탁해."
"오케이. 근데 실력 양성 운동으로 해, 아니면 독립운동 36년으로 해?"
"네 자유!"
"하여튼 갖다 붙이는 데는 선수라니까. 알았어. 이번엔 조선이 독립도 되고 했으니 내가 특별히 아자씨네 민족에게 바치는 헌시로 마무리할게. 켁켁. 독립운동 36년."

어둠은 빛을 이길 수 없다

거짓은 참을 이길 수 없다

조선은 침몰하지 않는다

조선은 포기하지 않는다.

토리의 시를 듣는 순간 눈물이 핑 돌았다. 나는 자리에서 일어나 밖으로 나왔다. 토리가 아자씨가 왜 저러지 하는 표정으로 따라 나왔다.

모던보이와 모던걸,
경성의 젊은이들

쫄래쫄래 따라오던 토리가 새처럼 조잘거렸다.

"아자씨, 왜 그래? 내 시에 감동받았어? 그랬구나. 그랬겠지. 내 시는 무기라니까. 지구인의 심금을 울리는 무기. 하, 이래서 시를 함부로 쏘면 안 되는 건데."

나는 대꾸하지 않고 먼바다를 바라보았다.

"감동받았으면 그렇다고 말을 하지 왜 말이 없수? 내가 이 시를 어떻게 지은 줄 알아? 일본에서 역사 탐구 마치고 한국으로 아자씨 잡으러, 아, 쏘리, 아자씨한테 강의 들으러 올 때였어. 캄캄한 밤에 한반도 상공을 비행하는데 유난히 밝게 빛나는 곳이 있더라고. 그래서 그쪽으로 날아가 봤더니 수많은 촛불 속에서 어린아이의 노랫소리가 들리는 거야. 어둠은 빛을 이길 수 없다, 이런 노래. 좋더라고. 단순한 멜로디가 반복되면서 점차 웅장해지는데 지구에 와서 처음 느낀 감동이랄까. 그래서 내가 그 노랫말을 패러디했지. 문학 용어로 슬쩍 비틀기."

"너 그 노래가 어떤 노랜지 알아?"

"나야 모르지. 느낌이 좋다는 거 말고."

"그 노래는 세월호를 기리는 노래야."

"세월호가 뭔데?"

토리가 물었다.

"2014년 4월 15일 밤 인천을 출발해 제주도로 가는 배가 있었어. 그 배에는 수학여행을 가는 안산 단원고 학생들이 타고 있었어. 밤새 서해를 따라 항해한 배는 다음 날인 4월 16일 아침 진도 앞바다에서 갑자기 침몰했어. 왜 침몰했는지 이유도 모른 채 배는 가라앉았고, 정부는 침몰한 배에서 단 한 생명도 구하지 못했어. 그날 어둡고 차가운 바닷속에서 죽어 간 학생들을 생각하면……. 사람들은 세월호가 왜 침몰했는지, 왜 학생들을 구하지 않았는지 진실을 알려 달라며 노래를 불렀어. 네가 읊은 시가 바로 그 노래야."

토리가 말없이 나를 바라보았다.

"미안해할 거 없다. 이제 세월호도 뭍으로 올라왔고, 진실도 곧 밝혀질 테니까. 생각해 보면 일제 식민지는 조선의 세월호 같아. 500년을 항해하던 조선호가 가라앉은 거니까. 선장인 왕과 고위 관료들이 백성을 구하지 않고 자기들만 살겠다고 빠져나간 조선의 세월호. 흠."

토리가 내 손을 잡으며 말했다.

"너무 슬퍼하지 마. 그래서 내가 조선은 침몰하지 않는다, 조선은 포기하지 않는다, 그런 시를 지었잖아. 아자씨도 나 절대 포기하면 안 돼, 알았지?"

"내가 널 왜 포기하니. 포기하면 내 아들을 포기하는 건데."

우리는 어둠에 잠긴 바다를 한동안 바라보다 큰 바위 하우스로 들어왔다.

"토리야, 조선이 독립도 되고 했으니 명랑명랑한 생활사 3분 특강 들려줄게."

자리에 앉으며 내가 말했다.

"명랑명랑? 나 참, 내가 조선어 사전에서 말랑말랑은 봤어도 명랑명랑은 처음일세."

"밝고 밝다는 말이지. 암튼 지금까지 좀 암울한 이야기를 했는데 이번 생활사 특강에선 말랑말랑한 경성 젊은이들의 사생활 이야기를 해 줄게."

내 말을 들은 토리가 자신 있게 말했다.

"식민지 젊은이들이 뭘 했겠어. 폭탄 던지고, 총 쏘고 그랬겠지."

"꼭 그렇진 않아. 아무리 식민지라지만 모든 젊은이들이 어떻게 다 만주나 상하이에 가서 독립운동에 투신할 수 있겠니."

"그래? 난 모든 젊은이들이 다 독립운동을 하는 줄 알았는데."

"그건 오해야. 식민지 청년들도 지금처럼 학교 다니고, 연애하고, 커피 마시고, 축구나 야구 같은 운동도 하고 그랬어."

나는 톡톡 튀는 1920년대 젊은이들 이야기를 시작했다.

⚹

경성의 모던걸과 모던보이 이야기를 들어 봤는지 모르겠다. 모던걸과 모던보이는 서양의 신식 문화를 적극적으로 받아들여 유행을 선도하던 젊은이들이야. 모던(morden)은 영어로 현대의, 신식의, 이런 뜻이야. 이런 젊은 남녀를 모던걸, 모던보이라 불렀지.

모던걸은 주로 여학교에서 신식 교육을 받는 학생이나 집 밖에 나와 일을 하는 전문직 여성들이었어. 모던걸은 머리 모양과 차림새부터 구식 여성과 무척 달랐어. 모던걸의 스타일을 한번 볼까?

일단 단발머리 정도는 해 줘야 모던걸 소리를 들을 수 있어. 남자들은 단발령 이후 머리를 짧게 잘랐는데 여자가 머리를 단발로 자르기 시작한 건 1920년대 이후야. 1922년 강향란이라는 기생이 중국 이발관에서 머리를 자른 게 여자 단발의 시초인데 그녀가 머리를 단발로 자르자 사회적으로 큰 관심을 불러일으켰지.

머리를 싹둑 자른 모던걸이 경성 시내를 걸어 다니는 모습을 한번 상상해 봐. 가히 충격적이지. 참, 경성 거리라고 할 때 경성은 한성, 즉 서울이야. 하지만 한성의 모던걸이나 서울의 모던걸이라고 표현하면 왠지 부자연스러워 보여서 일제 강점기 때처럼 경성이라고 할게.

머리를 짧게 자르고, 알록달록 양산을 받쳐 들고, 무릎까지 올라간 치마에 뾰족구두를 신고 또각또각 발소리를 내며 경성 시내를 걷는 모던걸. 모던걸들이 시내를 걸어가면 걱정이 많은 어른들은 혀를 끌끌 차며 한마디씩 하곤 했어. "요즘 젊은것들이란⋯⋯." 그러면서 모던걸을 못된걸이라 불렀어.

그러거나 말거나 모던걸들은 양장을 차려입고, 일본 상점들이 즐비한 충무로와 명동에 나가 쇼핑을 하고, 다방에서 차를 마시며 신여성의 자태를 마음껏 뽐냈지. 충무로와 종로에 있는 미츠코시백화점, 지금의 신세계백화점과 화신백화점은 모던걸들이 즐겨 찾는 쇼핑 장소였어.

또한 모던걸 중엔 새로운 차림새만큼이나 새로운 생각을 가진 여자들이 많았어. 신식 여학교나 도쿄에서 새로운 학문과 문화를 접했으니 그에 맞게 생각도 새롭게 하게 되는 건 당연하겠지.

화가 나혜석과 무용가 최승희는 대표적인 경성의 개념 모던걸이야. 나혜석은 이화학당 다닐 때 3·1운동에 참가했다가 5개월 동안 감옥에 갇히기도 했고, 일본에서 미술을 공부할 땐 잡지에 소설을 쓴 소설가였으며, 처음으로 유럽을 여행한 여자 화가였어.

나혜석은 생각도 거칠 것이 없었어. 공공연하게 자유연애를 주장하고, 여성의 정조는 남자들이 강요한 거라며 거부하고, 이혼도 마다하지 않았고, 유부남과 연애를 해서 조선 사회를 떠들썩하게 만들었지. 그래서 그녀가 만주 여행 중에 머리를 자른 것이 〈조선일보〉에 실릴 만큼 사람들한테 큰 주목을 받았어.

무용가 최승희에 대한 관심도 나혜석에 못지않았어. 국내에 온 일본 무용가의 무용을 보고 충격을 받은 그녀는 일본 무용가를 따라 도쿄에 가서 무용을 배우고 돌아왔는데 그녀가 첫 무용 발표회를 열자 좌석이 모두 매진될 정도로 큰 인기를 끌었지.

최승희는 유럽을 돌며 공연을 해서 세계에서도 큰 각광을 받았어. 그녀의 무용을 본 서양 사람들은 동양의 진주라느니 동양의 이사도라 던컨이라느니 하며 찬사를 보냈어. 이사도라 던컨은 현대 무용의 어머니라 불리는 무용수야. 최승희는 유럽 여행 중 연기 좀 한다는 찰리 채플린과 그림 좀 그린다는 피카소와 만나 가까이 지낸 것으로 유명해.

그녀는 일제가 식민지를 찬양하는 영화에 출연하라고 압력을 가하자 만주를 돌며 군인들 위문 공연을 펼쳤어. 이 일 때문에 친일 무용수라는 오명을 남기기도 했는데 해방 후에 사회주의자였던 남편과 함께 월북해 공산주의자라는 오해를 샀지.

경성 거리에 모던걸이 있다면 경성의 다방에는 모던보이가 있었어. 모던보이들은 명동이나 종로에 있는 다방에 모여 진한 커피를 마시며 문학과 예술과 사랑을 논하던 부류였어. 모던보이로 불리는 사람들 중엔 소설가, 화가, 연극배우, 신문 기자, 유학파 출신의 젊은이들이 많았어.

모던보이들은 특이하게 장발을 선호했어. 모던보이들 사이에 장발 머리 모양이 유행한 건 어느 프랑스 화가 때문이었다고 해. 머리 깎을 형편이 안 돼 머리를 기르고 다니는 그 화가의 모습이 경성에 알려지자 경성에서 모던보이들이 장발 스타일을 따라 하기 시작했대.

모던보이는 영화의 주인공이 멋진 안경을 쓰고 나오면 금세 그 안경을 사서 쓰고 다니고, 주인공이 구레나룻을 기르면 같은 모양의 수염을 길렀어. 그래서 걱정 많은 어른들은 이런 세태를 못마땅해하며 모던보이를 못된보이로 부르곤 했지. 조선의 장래를 두 어깨에 짊어진 젊은이들이 다방이나 카페에 들락거려서 되겠느냐며. 이들이라고 왜 나라 잃은 울분이 없었겠어. 그들도 그들 나름대로 문학과 예술을 논하며 식민지 청년의 울분을 삭이지 않았을까 싶어.

이쯤에서 토리가 뭐 하는지 한번 볼까? 배재학당에서 신식 공부를 한 모던보이 토리는 경성의 모던보이들이 주로 모인다는 다방에 들러 문학 토론을 해. 그 다방은 〈오감도〉라는 시와 소설 〈날개〉로 유명한 이상이 운영하는 다방이야. 유성기에서 바흐와 모차르트의 음악이 흘러나오는 제비다방에서 토리는 진한 커피를 마시며 시인 이상과 소설가 박태원 등 문학청년들과 어울려 문학과 예술과 철학을 논하곤 하지.

경성에는 이들 말고도 진짜 운동, 즉 스포츠를 즐기는 청년들도 많았어. 이들이 가장 즐겨 하는 운동은 축구와 야구야. 그중에서도 경성 청년들이 가장 좋아하는 스포츠가 축구야. 우리나라에서 축구가 시작된 게 언제인지 아니?

1882년 인천 제물포에 정박한 영국 군함 플라잉피시호의 병사들이 배에서 내려 공을 찬 게 시초야. 1896년에는 대한축구구락부라는 축구팀이 창단되고, 1899년엔 황성기독교청년회, 즉 YMCA 축구팀이 만들어졌어. 이후 배재학당, 경신학교, 평양의 대성학교와 숭실학교에도 축구부가 생겼지.

그런데 우리나라에서 축구를 하기 시작한 건 꽤 오래전 일이야. 기억할지 모르겠구나. 삼국 시대 때 김유신과 김춘추가 둥근 모양의 공을 차는 축국을 했다고 한 거 말이야. 그날 김유신은 일부러 김춘추의 옷자락을 밟아 동생 문희에게 김춘추의 옷을 꿰매게 했지. 그 인연으로 김춘추와 김유신의 동생 문희는 결혼을 했고, 김유신과 김춘추는 처남 매부 사이가 돼 삼국 통일을 향해 달렸다는 거.

우리나라에서 축구 경기가 처음 열린 건 1905년 6월 1일이야. 내가 한국 축구 역사책을 보니까 그렇게 기록돼 있더라고. 기록에 보면 그날 서울훈련원에서 대한축구구락부 팀과 황성기독청년회 팀이 처음으로 공개 시합을 벌였어.

일제 식민지가 된 이후에는 조선 청년들이 운동을 통해 체력을 단련하고 강한 정신을 길러 독립의 꿈을 키워야 한다는 생각으로 조선체육회가 만들어지고, 1921년 조선체육회 주최로 제1회 전조선 축구 대회가 열렸어. 이때 경성과 평양을 대표하는 배재학당과 숭실학교의 경기 열기가 대단했대. 역시 스포츠는 라이벌 팀이 있어야 뛰는 선수들도 긴장하고 응원하는 사람들도 재미가 있어. 그래서 1929년 10월에는 경성과 평양 대표팀이 경기를 치르는 경평 축구 대항전이 처음 열렸어.

경평 축구 대항전이 열리는 날이면 경성의 상인들은 가게 문을 닫고, 기생들도 영업을 쉰 채 경성공설운동장으로 몰려들었어. 경성공설운동장은 동대문운동장으로 이름이 바뀌었다가 지금은 동대문 디자인 플라자로 변신한 곳이야. 경평 축구 대항전에서는 오늘날과 같은 슈퍼스타도 탄생했어. 스타를 보러 여인들도 어렵게 용기를 내 축구를 보러 오곤 했지.

축구만큼은 아니지만 야구도 경성 시민들에게 인기 있는 스포츠였어. 우리나라에서 야구 시합이 처음 열린 건 1906년 3월 15일이야. 그날 서울훈련원에서 황성기독교청년회 야구팀과 덕어학교 팀이 야구 시합을 펼쳤지. 황성기독교청년회 야구팀이 활약한 이야기는 〈YMCA야구단〉이라는 영화에 나와. 시간 있으면 토리 너도 한번 봐라.

그런데 일제 강점기를 통틀어 운동 열기로 가장 뜨거웠던 순간은 축구나 야구 시합이 펼쳐지던 때가 아니라 마라톤 선수 손기정이 제11회 베를린올림픽 마라톤 시합에서 우승했을 때야. 1936년 8월 9일. 일본 대표로 출전한 손기정은 섭씨 30도가 웃도는 폭염 속을 달려 세계 신기록인 2시간 29분 19초로 1등을 차지했어.

손기정이 올림픽에서 우승했다는 소식이 알려지자 광화문에 쏟아져 나온 시민들이 손기정 만세를 부르며 기뻐했어. 시민들은 손기정과 3위를 차지한 남승룡 만세를 외치며 그동안 쌓이고 쌓였던 식민지 국민의 설움을 날려 버렸지. 토리야, 한국 사람 대단하지 않니? 한 올림픽 마라톤에서 1등과 3등을 다 차지했으니 말이야.

시상대에 선 손기정은 그러나 왠지 시무룩한 표정이었어. 왜 그랬을까? 그건 아마 가슴에 일장기를 달고 시상식에 설 수밖에 없는 식민지 청년의 설움 때문이었을 거야.

손기정의 슬픔은 독립운동가 여운형이 사장으로 있는 〈조선중앙일보〉

• 1936년 제11회 베를린올림픽 마라톤 대회에서 금메달과 동메달을 딴 손기정과 남승룡 선수의 모습이다. 월계수 화분으로 일장기를 가린 손기정 선수와 일장기를 가슴에 달고 있는 남승룡 선수의 표정은 그리 밝지만은 않다. _ⓒ 연합뉴스

의 기사에 그대로 표현되었어. 〈조선중앙일보〉는 시상대에 오른 손기정의 사진을 실으면서 가슴에 있는 일장기를 지워 버렸어. 열흘 뒤 〈동아일보〉도 〈조선중앙일보〉처럼 손기정 가슴에 있는 일장기를 지운 채 기사를 내보냈지. 그러자 일제 경찰은 〈조선중앙일보〉를 탄압해 결국 폐간하게 만들고 〈동아일보〉는 정간시켰어. 이 사건이 일장기 말소 사건이야.

자, 여기서 경성의 멋쟁이 모던걸과 모던보이, 운동으로 식민지 청년의 설움을 날려 버린 조선 젊은이들 이야기는 마치도록 할게.

이야기를 마치자 토리는 〈YMCA야구단〉을 보자고 졸랐다. 피곤했지만 둘이 영화를 본 지 오래되었고 강의 내용과 관련이 있는 영화여서 함께 보기로 했다. 토리와 나는 큰 바위 하우스를 나가 늘 앉던 바위 의자에 앉았다. 토리가 손을 뻗자 곧 밤하늘 스크린에 영화가 펼쳐졌다. 1900년대 경성의 거리 풍경이 신기한 듯 토리가 두 눈을 동그랗게 뜨고 화면을 쳐다봤다. 종로를 달리는 전차 모습이며 상투와 단발이 공존하는 거리 풍경, 그리고 처음 보는 야구를 신기한 듯 구경하는 사람들의 표정이 무척 흥미로웠다.

주인공이 때린 야구공이 스크린 밖으로 나오더니 어둠을 뚫고 날아갔다. 어둠 속으로 날아간 야구공은 그대로 별이 되어 밤하늘에 박혔다. 참 별일이네. 토리가 영화에 빠져 있는 내내 나는 그 별만 바라보았다.

다섯째 날
식민지 시대 사람들

첫 번째 이야기	〈조선혁명선언〉 신채호
두 번째 이야기	한 손엔 시, 한 손엔 총 이육사
세 번째 이야기	날아라! 안창남
네 번째 이야기	끌려간 소녀들 일본군 '위안부' 이야기
판타스틱 생활사 3분 특강	일제 강점기 베스트셀러

첫 번째 이야기

〈조선혁명선언〉 신채호

또 하루가 밝았다. 탁자에 앉자마자 토리는 지구를 떠날 때 야구공과 방망이와 글러브를 챙겨 가지고 가서 친구들과 야구를 하겠다는 둥, 자기가 친 공이 혹시 지구로 날아오더라도 놀라지 말라는 둥, 되지도 않는 소리를 마구 지껄였다. 이쯤에서 이야기를 끊어 줘야 할 것 같단 생각이 들어 토리의 말을 잘랐다.

"알았어. 돌아가서 야구 열심히 하고, 지금은 이 아저씨 얘기 들어. 좋은 소식과 나쁜 소식 있는데 어떤 것부터 들을래?"

토리는 턱을 괴고 잠시 생각하는 척하더니 "좋은 소식." 하고 말했다.

"오늘 강의가 끝나면 근대편이 모두 끝난다."

"나쁜 소식은?"

"다음 주만 지나면 지구 역사 탐구 한국사 수업이 모두 끝난다는 사실."

내 말에 토리는 그게 왜 나쁜 소식이냐는 표정을 지었다.

"토리 넌 안 섭섭해? 수업 다 끝난다는데?"

토리는 생글생글 웃으며 말했다.

"섭섭하긴 뭐가? 수업 빨리 마치고 우리 별로 돌아가면 좋은 거지. 헤헤."

"아, 그렇구나. 그렇지. 너도 오래 집을 떠나 있었으니 집에 얼른 가고 싶은 게 당연하지. 실은 나도 그래. 집에 가고 싶어 미치겠어."

말은 그렇게 했지만 왠지 서운한 마음이 들었다. 토리와 헤어지는 걸 참새 눈물만큼이나마 섭섭해했던 게 무안할 지경이었다. 근데 이 녀석은 정말 아무렇지도 않나? 나는 자존심 때문에 다시 묻지 않고 곧바로 이야기를 시작했다.

"오늘은 일제 강점기에 별처럼 빛났던 사람들 이야기를 들려줄게. 앞에 소개한 많은 독립운동가들도 다 훌륭하지만 오늘 이야기할 사람들은 조금 독특한 면이 있어."

"그래? 어떤 점이 독특한데?"

"들어 보면 알게 될 거야. 첫 시간은 도무지 타협이라고는 몰랐던 원칙주의자에 민족주의 사학자이자 가장 폭력적인 방법으로 일본 제국주의를 타도해야 한다고 주장한 선동가에 일체의 회유를 거부하고 옥중에서 순국한 독립운동가 이야기야."

토리가 숨차다는 듯 입을 벌리고 숨을 몰아쉬었다.

"누구신데 이렇게 길어?"

"너도 들어 본 인물일 거야. 고려 시대 수업 때 묘청의 서경 천도 운동 얘기했잖니. 그때 서경 천도 운동을 조선 역사 1천 년래 제1대 사건이라고 평했던 사람."

"아하!" 토리가 박수를 치더니 "역사학자 신채호!" 하고 말했다.

"와, 강의할 맛 나는데. 그걸 기억하다니. 좋았어. 그럼 지금부터 신채호가 어떤 사람이었는지 알려 줄게."

신채호(1880~1936) 하면 가장 먼저 떠오르는 게 〈조선혁명선언〉이 아닐까 싶어. 〈조선혁명선언〉은 1923년 의열단 단장 김원봉이 신채호에게 부탁해 지은 의열단 행동 강령이야. 일제의 폭력에는 폭력으로 맞선다는 의열단답게 행동 강령인 〈조선혁명선언〉은 무척 살벌해. 하지만 선언문 문장은 참으로 유려해. 신채호는 어떻게 이처럼 살벌한 내용을 세련된 문장으로 표현할 수 있었을까?

어린 시절부터 읽은 책 덕분일 거야. 1880년에 태어난 신채호는 서너 살에 《천자문》을 읽기 시작해 여섯 살 때부터는 중국 역사책인 《통감》과 《논어》,《맹자》,《대학》,《중용》의 사서와 《시경》,《서경》,《역경》의 삼경을 읽어 열세 살 무렵에 사서삼경을 통달했어. 그 무렵 한시에도 재능을 보여 당나라 시 수천 편을 외웠다고 해.

신채호가 그 많은 책을 짧은 시간에 섭렵할 수 있었던 건 할아버지가 가르쳐 준 독특한 독서법 덕분이기도 했어. 신채호의 할아버지는 열 줄을 한눈에 보는, 소위 일목십행(一目十行) 독서법을 손자에게 가르쳐 주었어. 일종의 속독법이지. 신채호는 이 독서법을 통해 그 많은 책을 읽을 수 있었던 거야.

신채호가 학문에 두각을 나타내자 재상 출신인 신기선이라는 사람이 신채호를 성균관에 천거했어. 성균관에 입학한 신채호는 거기서도 단연 두각을 나타내 스승들로부터 최고의 학생으로 인정받았지. 그 시절 신채호가 얼마나 학문에 열중했는지 보여 주는 일화가 있어.

어느 날 방에서 신채호와 친구들이 책을 읽고 있는데 어디선가 똥 냄새가 나더래. 친구들이 코를 싸쥐고 어디서 나는 냄샌가 둘러보니 신채호가 똥을 싼 줄도 모르고 계속 앉아서 책을 읽고 있더래. 그러기를 한참, 신채호는 마치 대단한 걸 깨달은 양 기쁜 얼굴로 일어나 방을 나서더래.

신채호는 자기가 바지에 똥 싼 걸 몰랐을까? 알았을 거야. 알았지만 지금 똥 싼 거 해결하는 것보다 읽고 있던 책의 내용을 깨닫는 게 중요했기에 그냥 뭉개고 앉아 책을 읽었고, 깨달음을 얻은 뒤에야 자리에서 일어난 거지. 이 일화는 장차 신채호의 삶을 예고하는 예고편 같은 것이었어. 집요함, 열정, 비타협, 마이웨이!

신채호는 1905년 〈황성신문〉에서 논술 기자로 일하기 시작했어. 그의 논설은 수천 편의 시와 문장으로 단련된 논리와, 똥 싼 걸 뭉개고 앉아 깨달을 때까지 책을 놓지 않았던 열정과, 일제에 대한 과도하다 싶을 만큼 살벌한 분노가 융합돼 무척 예리하고 강렬했지. 몇 년 뒤 신채호는 〈대한매일신보〉로 자리를 옮겨 일제 침탈을 비판하는 논설을 선보였어.

하지만 거기까지가 신채호가 할 수 있는 최선이었어. 아무리 애쓴들 일제가 조선을 식민지로 만드는 걸 막을 수 없었어. 신채호는 일제가 조선을 강점하기 전 1910년 여름 압록강을 건너 중국 땅에 발을 디뎠어.

고국을 떠날 때 신채호의 짐 속에는 의미심장한 책이 한 권 들어 있었어. 18세기 실학자이자 역사학자인 안정복이 집필한 《동사강목》이라는 역사책이야. 이 책은 단군부터 고려 말까지 우리 역사를 유교적 입장에 실학사상을 접목하여 지은 당대 최고의 역사책으로 평가받던 책이지.

신채호가 망명길에 오를 때 이 역사책 한 권만을 가져갔다는 건 장차 그가 가는 길이 어떤 길이 되리라는 걸 예고했지. 그는 독립운동을 벌이는 와중에도 만주와 요동 지역을 여행하며 고조선과 부여와 고구려와 발해 유적지를 돌아보았는데 그러고 난 뒤 그는 《조선상고사》를 집필하기 시작했어.

《조선상고사》는 고조선의 역사를 강조하고 고조선의 영역을 요서로 확장하고 고조선에서 부여, 고구려로 이어지는 우리 민족의 계통을 확립한 근대 민족주의 역사학의 교과서 같은 책이야. 이 책에서 신채호는 역사를 '아(我)와 비아(非我)의 투쟁'이라는 유명한 정의를 내렸어. 신채호가 본 당시의 '아'는 조선이고, '비아'는 일제였지.

베이징(북경)에서 역사책을 집필하고 중국 신문에 논설을 기고하고 학교에서 강의를 하며 지내던 신채호는 1919년 3·1운동 이후 임시 정부 수립에 참여하기 위해 상하이로 갔어. 임시 정부가 수립되고 오늘날의 국회 같은 임시 의정원이 구성될 때 신채호는 충청도를 대표하는 의정원이 되었어. 하지만 상하이에서 임시 정부 활동은 그리 오래가지 못했어. 임시 정부 초대 대통령으로 누구를 세울 것인지 하는 문제 때문에.

임시 정부 의정원은 임시 정부 초대 대통령으로 이승만을 세웠어. 그러자 신채호는 즉각 반대하고 나섰지.

"미국에 조선을 맡아서 통치해 달라고 부탁한 이승만은 이완용보다 더 큰 역적이오. 이완용은 있는 나라를 팔아먹었지만, 이승만은 아직 나라를 되찾기도 전에 팔아먹으려 하질 않소. 그런 자가 대통령이라니!"

그러나 결국 이승만이 임시 정부 대통령에 취임하자 신채호는 베이징으로 떠났어. 신채호는 그런 사람이었어. 아닌 건 죽어도 아니고, 불의와 절대 타협하지 않는 비타협의 결정체. 일제에 고개 숙이지 않겠다며 세수할 때도 허리를 숙이지 않았다는 골수 강경파.

신채호의 문장력과 비타협적 성품을 알고 있는 김원봉이 어느 날 베이징으로 신채호를 찾아갔어.

"선생님, 의열단을 위해 선언문을 하나 만들어 주십시오."

신채호는 의열단의 무장 투쟁 방향에 100퍼센트 공감했기에 기쁜 마음으로 의열단 강령인 〈조선혁명선언문〉을 써 주었지. 6천4백여 자에 이르

• 신채호가 1923년 의열단의 독립운동 이념과 행동 강령을 적은 〈조선혁명선언〉이다. 1923년 1월 초판 선언문의 앞부분과 끝부분 내용이다._ⓒ 한중문화협회 제공

는 긴 문장인데 이 선언문 안에 일제가 왜 나쁜지, 우리가 어떻게 독립운동을 해야 하는지에 대한 내용이 다 들어 있어. 핵심만 간추려서 읽어 볼게. 〈조선혁명선언〉!

강도 같은 일본이 우리나라를 빼앗고 우리가 살아가는 데 필요한 것들을 모두 박탈했다. 이에 우리 민족은 발 디딜 땅이 없어 산으로, 강으로, 서간도로, 북간도로, 시베리아 황야로 쫓겨나 떠돌이 신세가 되고 말았다. 현실이 이러함에도 근래 들어 외교론을 주장하는 한심한 자들이 있다. 실로 한바탕의 잠꼬대 같은 소리일 뿐이다. 이런 이유로 우리는 외교니, 준비니 하는 헛된 꿈을 버리고 민중의 직접적인 혁명으로 독립을 이룰 것을 선언하는 바이다. 혁명이 아니고는 강도 일본을 몰아낼 방법이 없다. 민중의 폭력적 혁명은 '민중'과 '폭력'이라는 두 가지가 들어 있을 때 진정한 의미가 있다.

이제 조선 민중은 일치단결하여, 일본이 망하지 않으면 내가 망한다는 생각을 가지고 폭력과 파괴로써 강도 일본 세력을 몰아낼 것을 선언하는 바이다. 민중은 우리 혁명의 근거지요, 폭력은 우리 혁명의 유일한 무기이다. 민중 속으로 가서 민중과 손을 잡고 끊임없는 폭력과 암살, 파괴와 폭동으로 강도 일본의 통치를 타도하고, 이상적인 조선을 건설해야 할 것이다. 1923년(단기 4256년) 1월.

어때? 폭력은 우리 혁명의 유일한 무기이다! 무척 과격하지? 하지만 신채호는 마지막에 인류로서 인류를 억압하지 않는 이상적인 사회를 건설하자고 호소해. 우리를 억압하지 않으면 우리도 폭력으로 맞설 이유가 없다는 거지.

의열단 단원들은 이 선언문을 권총, 폭탄과 함께 필수품으로 가지고 다니며, 수백 번 읽고 또 읽고, 반드시 죽게 될 줄 알면서도 폭탄을 던졌어. 신채호는 〈조선혁명선언〉을 지은 이론가에 머무르지 않았어. 베이징에서 이회영이 후원하는 항일 비밀 결사 조직인 다물단의 고문으로 있으면서 이회영과 함께 무정부주의 사상을 받아들였어. 무정부주의가 뭐냐고? 신흥무관학교 설립한 이회영 강의 때 잠깐 말했는데 국가나 정부 따위의 억압을 거부하는 사상. 일제 때 무정부주의자들이 무장 폭력 투쟁을 벌였는데 신채호도 그랬어.

그러던 신채호는 독립운동 자금을 마련하던 중 1928년 일제 경찰에 체포됐어. 그 뒤 재판에서 10년 형을 선고받고 뤼순(여순)감옥에 갇혔지.

감옥에 있는 동안 신채호는 병이 들어 목숨이 위태로워졌어. 보다 못한 가족들이 병보석을 신청해 신채호를 꺼내려 했어. 병보석은 감옥에 갇혀 있는 죄수가 병이 들 경우 석방하는 제도야. 하지만 신채호는 스스로 병보석을 거부했어. 자기를 꺼내 주려고 보증을 선 사람이 친일 행위를 한 사람이라는 이유로.

1936년 신채호는 안중근이 처형당한 그곳에서, 독립운동 동지였던 이회영이 고문으로 숨진 그곳 뤼순감옥에서, 이제껏 그랬던 것처럼, 일제와 일체 타협을 거부한 채 숨을 거두고 말았지."

◎

이야기를 마치자 토리가 대뜸 말했다.

"다들 좀 너무한 거 아냐?"

"뭐가 너무해?"

"왜 폭력, 폭력, 투쟁, 투쟁, 이러면서 그렇게 자기 목숨을 버리느냐고."

"여태 뭘 들은 거야? 빼앗긴 나라를 되찾으려고 그런 거잖아."

"그래도……. 목숨이 아깝잖아. 그렇게 하지 않아도 일본이 원자탄 맞고 항복하는 바람에 자연히 독립이 됐다면서."

"물론 그렇지. 하지만 우리가 독립운동을 안 하고 누가 독립을 가져다주겠지 하며 손 놓고 있었어 봐. 그랬다면 아마 세계에서 바보 나라 취급당했을걸. 자기 나라 빼앗기고도 되찾을 노력도 안 한 바보라고. 그래서 우리 선조들이 자기 목숨을 버려 가며 독립운동을 한 거야. 후손들에게 떳떳한 나라를 물려주려고. 알겠니?"

토리는 긍정도 부정도 아닌 애매한 표정을 지었다. 나는 더 이상 이야기하지 않았다. 토리가 이해하기엔 너무 어려운 문제가 아닌가 싶어서. 내가 아무 말이 없자 토리는 한 줄 역사 논평, 하고 외쳤다.

"한 줄 역사 논평, 켁켁. 신채호의 붓은 칼보다 강하다. 끝"

"어떻게 그런 생각을 했어?"

"직접 총 들고 싸우진 않았지만 신문 기자로, 역사학자로, 또 〈조선혁명선언〉을 지은 이론가로 일본을 떨게 만들었으니까."

나름 일리가 있는 듯해 나는 고개를 끄덕여 주었다.

두 번째 이야기

한 손엔 시, 한 손엔 총 이육사

첫 강의를 마치고 잠시 짬을 내 시를 읽고 있는데 토리가 뭐 읽어, 하며 읽고 있던 책을 낚아챘다.

"엥? 이거 시잖아."

"응. 내가 시를 워낙 좋아하잖니."

내 말에 토리가 눈을 흘겼다.

"나한테는 나라를 빼앗겼는데 지금 시나 읽고 있을 때냐면서 시도 못 짓게 해 놓고."

"그랬지. 그런데 이 시인의 시는 차마 안 읽을 수가 없어."

"어째서?"

"시가 아름다운 데다, 한 손엔 펜을 들고, 한 손엔 총을 들고 일본군과 싸운 행동이 너무 대단해서. 더 대단한 건 이 시인이 지은 시가 너무 낭만적이라는 거야."

"그래? 얼마나 대단한지는 시 천재가 읽어 보면 알지."

토리가 펼친 쪽을 읽기 시작했다.

> 내 고장 칠월은 청포도가 익어 가는 시절
> 이 마을 전설이 주저리주저리 열리고 먼 데 하늘이 꿈꾸며 알알이 들어와 박혀
> 하늘 밑 푸른 바다가 가슴을 열고 흰 돛단배가 곱게 밀려서 오면
> 내가 바라는 손님은 고달픈 몸으로 청포를 입고 찾아온다고 했으니
> 내 그를 맞아 이 포도를 따 먹으면 두 손은 함뿍 적셔도 좋으련
> 아이야, 우리 식탁엔 은쟁반에 하이얀 모시 수건을 마련해 두렴.
> 〈청포도〉, 이육사.

시를 다 읽은 토리가 고개를 갸우뚱했다.

"무슨 의민지 잘 모르겠네. 7월에 열린 청포도가 맛있다는 건가?"

"하, 나도 너처럼 단순했으면 좋겠다. 그런 의미가 아니고 독립을 바라는 간절한 마음과 독립에 대한 강한 확신을 서정적으로 표현한 거야. 푸른 바다가 가슴을 열고 흰 돛단배가 곱게 밀려오듯이, 독립을 가져다줄 손님이 올 거라는 믿음 말이야. 이해가 돼?"

내 말에 토리가 입을 삐죽였다.

"그래서 뭐, 이번 시간엔 역사 시간에 시 공부하기, 그런 거야?"

"그건 아니고, 자기가 지은 시처럼 아름답게 살다 간 시인을 소개하려고. 일제 강점기 때 빼어난 시를 지은 시인도 많고, 일제에 항거하다 세상을 떠난 시인도 많지만, 이분처럼 끝까지 일제와 싸우다 죽은 투사 시인은 드물어."

"그 시인의 이름이 이육사야? 이름이 되게 웃겨. 큭큭."

"웃기긴. 이름에 담긴 의미를 생각하면 그 웃음 절로 사라질걸?"

토리는 금세 궁금한 낯빛이 되어 물었다.

"그 이름의 의미가 뭔데?"

"264."

그렇게 대답한 뒤 나는 이육사 이야기를 시작했다.

1927년 10월 어느 날이었어. 대구에 있는 조선은행에 소포 한 통이 배달됐어. 한 직원이 뭔가 하고 소포의 포장지를 여는데 이상한 화약 냄새가 났어. 직감으로 위험을 느낀 그 직원은 소포를 잽싸게 은행 밖으로 내던졌지.

내던져진 소포는 곧 요란한 굉음과 함께 폭발했어. 조선은행 유리창이 박살 나고 은행은 순간 아수라장이 되었지. 이건 누가 봐도 테러 공격이었어. 민중들에게 돈을 빌려 주고 고리대를 일삼는 일제 은행에 대한 명

백한 테러.

 일본 경찰은 즉각 범인 검거에 나섰어. 하지만 의열단처럼 현장에 나타나 폭탄을 던진 게 아니니 범인을 잡기가 어디 쉽나. 일본 경찰은 일단 대구에 사는 위험인물들을 닥치는 대로 잡아들였어. 잡혀 온 사람 중에 이원록이라는 스물네 살 청년이 있었어. 이원록은 일제의 주요 감시 대상이었는데 그의 형과 동생 등 4형제가 모두 붙잡혀 왔지.

 일제 경찰이 이원록의 형제들과 다른 혐의자를 심문했지만 이들이 범인이라는 단서를 잡지 못했어. 당연하지. 이들이 이 사건의 범인이 아니었으니까. 그래도 일본 경찰은 잡혀 온 사람들을 감옥에 가두고 풀어 주지 않았어. 그러면서 혹독하게 고문했어. 그렇게 2년이 흐른 어느 날 은행에 폭탄을 배달시킨 조선 사람이 일본 오사카에서 붙잡혔어. 그제야 일본 경찰은 죄 없이 붙잡혀 온 사람들을 풀어 주었지.

 풀려난 이원록은 감옥에 있을 때 받았던 수인 번호, 즉 죄수에게 매겨진 번호 264를 자신의 호로 삼았어. 그가 수인번호 264를 자신의 호로 사용한 이유는 감옥에서 일제로부터 당한 고통과 치욕을 잊지 않기 위해서야.

 그 뒤 이원록은 이육사라는 이름으로 살기 시작했지. 이육사(1904~1944)가 일제 경찰의 감시를 받기 시작한 건 몇 년 전 중국의 한 대학에서 의학 공부를 할 때 의열단 동지들을 만나고 돌아오면서부터야. 귀국 이후 이육사는 일본 경찰로부터 배일사상이 투철한 불령선인으로 찍혀 집중 감시를 받았어. 불령선인이란 일제에 저항하는 불량한 조선인이란 뜻이야.

2년여 감옥살이를 하고 풀려난 이육사는 〈조선일보〉 대구 지국에서 신문 기자 생활을 시작했어. 그러던 1930년 이육사는 또다시 일본 경찰에 체포됐어. 1930년 11월 대구 시내 거리와 전봇대에 나붙은 격문 때문에.

그때는 몇 달 전 광주에서 일어난 광주학생항일운동의 여파로 대구 지역 학생들도 동맹 휴학을 벌이며 일제에 맞서던 시기였어. 바로 그 시기에 대구 시내 여기저기에 이런 격문이 나붙은 거야.

"수개월 전 광주에서 일어난 학생 운동으로 나이 어린 학생들이 철창에 갇히는 신세가 되었다. 광주 학생 탄압은 일본 제국주의자들의 최후의 발악으로, 우리 조선인은 우리들의 생명이 없어질 때까지 일제와 맞서 싸우자!"

조선은행 폭탄 사건이 채 수그러들기도 전에 민중을 선동하는 격문 사건이 발생하자 일제 경찰은 충격과 공포를 느꼈어. 격문을 본 대구 민중들이 큰 저항 운동을 일으킬까 봐. 일본 경찰은 즉각 범인 검거에 나섰지. 하지만 이번에도 누가 범인인지 알 수 없었어. 그래서 또 이육사와 그의 동생을 잡아들였지.

이육사는 지난번보다 더 혹독한 고문을 당했어. 두드려 패고, 대꼬챙이로 손톱 밑을 쑤시고, 거꾸로 매달아 물을 먹이고, 또 두드리고, 고문을 당할 때마다 시인의 몸은 만신창이가 되고, 입고 있던 옷은 피에 젖어 너덜너덜해졌어. 나중에 밝혀졌지만 대구 시내에 나붙은 격문은 이육사가 신문 배달원을 시켜 거리 곳곳에 붙이게 한 거였어. 그렇지만 이육사는 끝내 자백하지 않아 풀려날 수 있었지.

'총을 들어야겠다!'

혹독한 고문을 받고 풀려난 이육사는 그런 각오로 중국으로 가는 기차에 몸을 실었어. 그가 찾아간 곳은 난징(남경)에 있는 김원봉이었어. 의열단 단장 김원봉은 중국 국민당의 지원을 받아 중국 난징에 조선혁명군사정치간부학교라는 학교를 세웠어. 이 학교는 군인 간부를 양성하는 군사학교인데 겉으로는 중국군의 간부를 가르치는 것처럼 위장했지만 실제로는 의열단 간부를 양성하는 학교였지.

1932년 조선혁명군사정치간부학교 1기생이 된 이육사는 펜을 놓고 마침내 총을 들었어. 이 학교의 교육은 무척 고됐어. 아침 6시에 일어나 오전엔 중국 역사와 조선 독립사를 공부하고, 오후엔 야외에서 체계적인 전투 훈련을 받았어. 요인 암살을 위한 사격술을 익히고, 철도와 다리를 폭파하기 위한 폭탄 제조와 설치 기술을 배우고, 적지에서 비밀 연락을 취하는 법과 암호 해독법 등 최정예 군인이 되기 위한 훈련을 받았지.

6개월의 혹독한 교육을 마치고 졸업을 앞둔 어느 날 김원봉은 이육사를 불렀어.

"이 동지, 동지는 조선으로 돌아가 언론 활동을 통해 농민과 노동자들의 민족의식을 고취시키는 활동을 펼쳤으면 하오. 총 들고 일본 놈들과 싸우는 것도 중요하지만 조선 민중들에게 독립 의식을 고취시키는 일 또

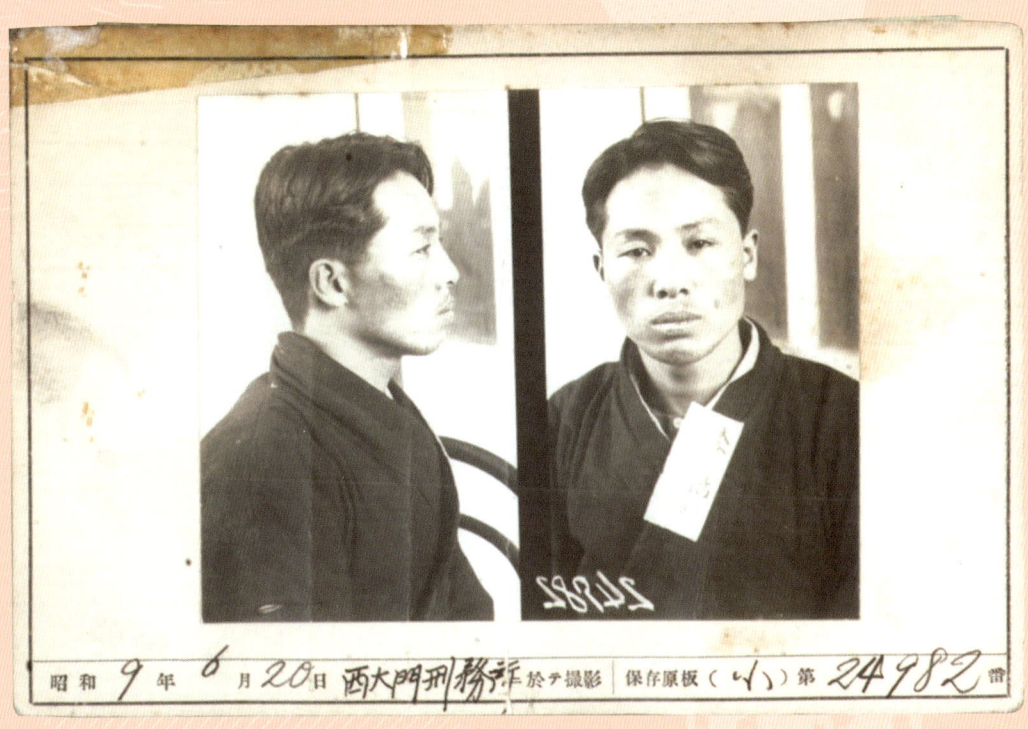

• 서대문형무소 수감 당시 1934년 6월 20일 이육사의 신원 카드._ⓒ 이육사문학관

한 중요한 일이오."

1933년 이육사는 그런 임무를 띠고 국내로 잠입했어. 일제 경찰은 이육사가 사라진 2년 전부터 이육사의 행방을 추적해 왔어. 그러다가 이육사가 국내로 잠입한 사실을 파악하고 검거에 나섰지. 국내 잠입 후 이육사는 함께 군사 학교를 다녔던 동지의 배신으로 또다시 체포되고 말았어.

서대문형무소에서 수감 생활을 하다 풀려난 이육사는 시를 쓰기 시작했어. 앞서 읽었던 〈청포도〉는 이육사가 1939년 〈문장〉이란 문학지에 실은 시야. 시를 쓰고, 문인들과 어울려 문학 활동을 하던 이육사는 가끔 만주로 여행을 다녀오고, 국내에서 활동하는 독립운동가를 만났어. 그럴 때마다 일본 경찰은 이육사를 체포해 감옥에 보냈다 풀어 주기를 반복했지.

그렇게 몇 년이 지난 1943년, 이육사는 비밀 임무를 수행하기 위해 다시 중국으로 떠났어. 비밀 임무란 국내로 무기를 들여오는 일이었어. 당시는 일제가 태평양전쟁을 일으켜 전선이 중국에서 동남아시아와 태평양 섬으로 확대돼 패망이 짙어 가던 때였지.

국내외 독립군은 시기를 놓치지 않고 일제와의 대대적인 전쟁을 준비했어. 이육사가 중국으로 가 무기를 들여오려 했던 것도 국내에서 전쟁을 준비하기 위한 것이었어. 하지만 워낙 비밀리에 일을 준비했기 때문에 이육사가 누구와 어떤 작전을 준비했는지는 아직까지 전해지지 않아.

비밀 임무를 맡아 중국에 간 이육사는 그해 여름 어머니가 돌아가시는 바람에 잠시 국내에 잠입했어. 이육사의 움직임에 촉각을 곤두세우고 있던 일본 경찰이 이를 놓칠 리 없지. 일본 경찰은 잠입한 이육사를 또다시 체포했어. 그들은 이육사가 다시는 국내에서 활동하지 못하도록 이육사를 중국 베이징에 있는 일본 총영사관 감옥으로 보내 버렸어.

이번이 열일곱 번째 수감. 지난 17년 동안 수없이 감옥에 처박히고 그럴 때마다 풀려나곤 했지만 이번엔 달랐어. 베이징의 겨울은 몹시 추웠고, 일제의 고문은 추위보다 혹독했지. 1944년 1월 16일. 차디찬 감옥에서 눈을 감으며 그는 자기가 지은 시를 머릿속에 떠올렸을지도 몰라.

까마득한 날에
하늘이 처음 열리고
어데 닭 우는 소리 들렸으랴

모든 산맥들이
바다를 연모해 휘달릴 때에도
차마 이곳을 범하던 못하였으리라

끊임없는 광음(光陰)을
부지런한 계절이 피어선 지고
큰 강물이 비로소 길을 열었다

지금 눈 나리고

매화 향기 홀로 아득하니

내 여기 가난한 노래의 씨를 뿌려라

다시 천고(千古)의 뒤에

백마 타고 오는 초인이 있어

이 광야에서 목 놓아 부르게 하리라.

강의를 마치자 토리가 말했다.

"캬, 좋네. 지금 눈 나리고 매화 향기 홀로 아득하니 내 여기 가난한 노래의 씨를 뿌려라!"

"어구, 토리 대단하구나. 그 구절 좋은 줄 다 알고."

"내가 한 시 하잖아. 근데 무슨 의미야?"

"〈광야〉라는 신데, 지금은 눈 내리는 추운 겨울이지만 언젠가 따뜻한 봄날이 오리라는 확신이지. 봄은 물론 조국의 독립일 테고. 백마 타고 오는 초인은 〈청포도〉 시에 나온 손님이 아닐까 싶어. 조국의 광복을 가져다줄 의인."

"그렇구나. 그런데 이육사는 정말 대단한 거 같아. 어떻게 17년 동안 열일곱 번이나 감옥에 가고도 계속 독립운동을 할 수 있지?"

"글쎄, 아마 이런 게 아닐까 싶은데. 이육사는 1904년 경북 안동에서 조선 성리학의 최고봉인 퇴계 이황의 14대손으로 태어났어. 어려서부터 형제들과 함께 할아버지한테 유학을 배웠는데 유학이란 게 뭐야, 충과 효를 목숨처럼 여기는 사대부의 학문이잖아. 《논어》에 이런 구절이 있어. 견리사의(見利思義) 견위수명(見危授命). 사대부는 이익을 보면 의리를 생각하고, 위태로움을 보면 목숨을 바친다! 안중근을 비롯한 수많은 독립운동가들이 바로 이 말을 온몸으로 실천한 거야. 퇴계 후손인 이육사도 마찬가지였고."

내 말에 토리가 고개를 끄덕였다. 그러더니 역사 논평을 하겠다며 목을 가다듬었다.

"켁켁. 한 줄 역사 논평. 저항 시인 이육사. 식민지 광야에 피어난 순수의 결정체."

"우아, 좋은데!"

나는 토리의 머리를 쓰다듬어 주었다.

세 번째 이야기

날아라! 안창남

이육사 수업을 마치고 토리와 나는 큰 바위 하우스를 나왔다. 오후의 햇살이 바다에 내리쬐고 있었다.

"아저씨, 우리 걷자!"

토리가 내 팔을 잡아끌었다.

"왜 이래, 다정하게. 왠지 불안해지려 그러네."

"불안하긴 뭐가 불안해. 아저씨도 좋으면서."

우리는 손을 잡고 따스한 햇볕을 받으며 천천히 섬 둘레를 걸었다. 어느새 토리와 나는 산책의 기쁨을 아는 몸이 되었다. 산책을 가장 반긴 건 물론 토리였다.

섬을 반 정도 돌 즈음 서쪽 하늘로 비행기 한 대가 날아가는 게 보였다.

토리는 고개를 들어 비행기를 바라보았다.

"저 비행기는 어디로 날아가는 거야?"

"글쎄다, 바다 건너 서쪽으로 날아가는 거 보면 중국으로 가는 게 아닐까?"

나는 별생각 없이 대답했다. 토리는 저렇게 천천히 날아서 언제 도착하느냐는 둥, 자기네 고대 유물 박물관에 있는 비행기를 실제로 보게 돼 반갑다는 둥 너스레를 떨었다. 비행접시 타고 다닌다고 떴다 떴다 우리 비행기를 아주 우습게 아는 거지, 얘가.

"그냥 궁금해서 그런데, 지구에선 언제부터 비행기를 타고 다녔어?"

"1903년 미국의 라이트 형제가 비행에 성공한 이후야."

비행기 이야기를 주고받는 사이 서해 상공을 날아가던 비행기가 꼬리를 감췄다. 비행기가 사라진 하늘엔 구름처럼 하얀 연기가 띠처럼 남아 있을 뿐이었다. 그 연기가 다 사라질 즈음 우리는 큰 바위 하우스로 돌아왔다.

"마침 잘 됐다. 비행기 이야기 나온 김에 이번 시간엔 조선의 비행사 이야기를 해야겠어."

내 말에 토리가 킥킥거렸다.

"에이, 뭐가 또 마침이야. 원래 하려던 수업이 비행사 이야기 아니었어?"

요 녀석 봐라.

"그래. 내가 비행기 얘기하려고 공항 관제탑에 전화해서 비행기 띄웠다."

나는 토리를 노려보는 시늉을 한 뒤 경비행기 한 대를 그렸다.

"이번 시간엔 요렇게 생긴 비행기를 타고 조선 사람으로는 처음으로 경성 하늘을 날았던 식민지 시대의 영웅 안창남 이야기를 해 줄게."

"영웅? 요런 장난감 같은 비행기로 하늘을 난 게 뭐가 대단하다고."

"안창남은 단순한 비행사가 아니었어. 놀라운 비밀을 간직한 비행사였다고."

내 말에 토리가 두 눈을 동그랗게 뜨고 나를 쳐다봤다.

"놀라운 비밀? 그게 뭔데?"

"안 가르쳐 주~지. 하하."

나는 안창남의 비행 이야기를 시작했다.

1917년 경성 하늘에 경비행기 한 대가 날아올랐어. 용산에서 이륙한 비행기는 몇 분 동안 경성 하늘을 자유롭게 날아다녔어.

"와! 도대체 저 쇳덩이가 어떻게 하늘에 떠 있을 수 있지?"

땅에서 비행 모습을 지켜보던 사람들은 벌어진 입을 다물지 못했지. 그날 미국인 비행사 아트 스미스의 비행을 지켜보던 사람 중에 열일곱 살 소년이 있었어. 소년은 스미스의 비행을 보며 자기도 비행기를 타고 마음껏 하늘을 날고 싶은 꿈을 꾸었지. 암담한 식민지의 현실에서도, 어머니와 아버지가 없는 집에서도 훨훨 벗어나고 싶은 꿈. 그 소년의 이름은 안창남이었어.

1901년 서울에서 태어난 안창남(1901~1930)은 아버지 어머니와 행복하게 살았어. 그런데 어려서 어머니가 돌아가신 뒤부터 시련이 시작됐어. 새로 들어온 엄마는 안창남을 몹시 구박했어. 그래도 아버지가 계실 땐 괜찮았는데 아버지마저 돌아가시자 안창남은 의지할 데 없는 외톨이가 되었지.

안창남은 다니던 학교를 그만두고 일본으로 떠났어. 일본에 있는 비행학교에 입학하기 위해서. 1919년 안창남이 찾아간 곳은 아카바네라는 비행기 제작소였어.

'비행기를 조종하려면 비행기가 어떤 물건인지 알아야겠다.'

안창남은 정비 학교에서 비행기의 구조와 고장 났을 때 고치는 방법을 열심히 익혔어. 그리고 난 뒤 1920년 비행술을 배울 수 있는 도쿄의 오구리비행학교에 입학했지. 비행 학교에서 열심히 비행술을 익힌 안창남은 다음 해인 1921년 일본에서 처음 실시된 민간 비행사 자격시험에 응시했어. 모두 열일곱 명이 시험에 응시했는데 조선 사람은 안창남 혼자였어.

안창남은 힘차게 하늘을 날았지. 구름 사이를 뚫고 바람을 헤치며 멋지게. 그날 비행 시험에 합격한 사람은 단 두 명이었어. 안창남과 일본인 한 명. 그중 안창남이 일등을 했어. 일본인들은 조선 청년에게 일등을 빼앗긴 것이 못내 서운했지만 그래도 어쩌겠어, 안창남의 비행 기술이 워낙 좋은 걸.

비행 자격시험에서 일등을 차지한 이후 안창남은 일본에서 유명 인사가 되었어. 그래서 다음 해 11월 열린 도쿄와 오사카 사이 왕복 비행 대회에 출전할 수 있었지. 대회가 열린 날은 바람이 심하게 불어 날씨가 무척 안 좋았어. 하늘 아래 날씨가 안 좋으면 하늘 위는 더 안 좋아. 안창남은 폭풍우를 뚫고 하늘을 날았어. 그런데 비행기가 고장 나는 바람에 겨우 착륙할 수 있었어.

그날 대회는 다시 출발지로 돌아가야 하는 경기여서 안창남은 망가진 비행기를 고치기 시작했어. 비행술을 배우기 전에 비행기 고치는 법을 배운 덕분에 안창남은 망가진 비행기를 고쳐 타고 도쿄로 돌아올 수 있었지. 망가진 비행기를 고쳐 가며 몰아치는 폭풍우를 뚫고 대회를 무사히 마쳤을 때 안창남은 이전보다 더 유명한 비행사가 돼 있었어.

안창남이 죽음을 무릅쓰면서까지 비행에 나선 건 꿈 때문이었어. 비행사가 되어 조국의 하늘을 나는 꿈. 그는 여러 번 추락해 죽을 고비를 넘기면서도 그 꿈을 포기하지 않았어. 그리고 마침내 그 꿈이 실현되었지.

안창남의 고국 비행이 열리는 1922년 12월 10일. 안창남을 보기 위해 5만이 넘는 사람들이 여의도로 몰려들었어. 당시 경성 인구가 30만 명이었으니 도대체 얼마나 많은 사람이 몰려온 건지 짐작이 가지?

5만 군중의 환호와 박수를 받으며 안창남의 비행기가 하늘로 날아올랐어. 하늘로 날아오른 비행기는 십오 분 남짓 경성 하늘을 날았어. 비행기 옆면에는 금강호라는 글자가 쓰여 있었고 꼬리 부분에는 금강산 모양의 무늬가 새겨져 있었지. 안창남이 고국 비행을 위해 직접 날개를 달고 금강호 세 글자를 그려 넣은 거야.

여의도를 출발한 금강호는 용산을 거쳐 남대문을 지나 무악재 방향으로 날아갔어. 발아래 독립문이 보이자 안창남은 독립문 옆 서대문형무소 위를 한 바퀴 천천히 돌았어. 서대문형무소는 독립운동을 하다 붙잡혀 온 수많은 독립운동가들이 수감된 곳이야. 안창남은 서대문형무소를 내려다보며 생각했어.

'저 감옥에서도 내 비행기가 나는 모습을 보고 있겠지. 저들은 내가 여기까지 날아온 마음을 알까?'

 그런 생각을 하며 안창남은 여의도로 돌아갔어. 다시 비행기가 나타나자 그를 기다리던 군중들이 환호와 갈채를 보냈지. 안창남은 군중들이 지켜보는 가운데 십여 분 동안 곡예비행을 선보였어. 이날 안창남의 비행을 본 사람들은 조선 민족의 자긍심을 느꼈어. 일제에 억압받고 무시당하고 차별받던 설움을 한 번에 날려 보내 준 거지.

 안창남이 고국 비행에 성공한 이후 안창남의 인기가 얼마나 높았는지 사람들 사이에서 이런 유행가가 널리 퍼졌어.

"떴다 보아라, 안창남 비행기, 내려다보아라, 엄복동 자전거."

 엄복동은 조선인 자전거 선수였는데 경주 때마다 일본 사람을 이겨서 사람들한테 인기가 많았던 선수야.

 안창남의 인기가 하늘을 찌르자 국내에서는 안창남에게 비행기를 사주자는 모금 운동이 일어나고, 안창남도 고국에 돌아와 비행 학교를 세워 조선인 비행사를 양성할 계획을 세웠어. 하지만 모금 운동은 생각했던 만큼 성과가 없었어. 안창남은 아쉽지만 일단 일본으로 돌아갔지.

  고국 비행이 있은 지 1년이 채 안 된 1923년 9월. 안창남에게 크나큰 시련이 찾아왔어. 일본 관동 지역에 큰 지진이 일어나 집과 건물이 파괴되고 수많은 사람들이 건물에 깔려 죽었어. 너무 많은 사람이 죽고 국가가 혼란에 빠지자 일본의 우익들은 조선 사람들을 희생시켜 그 혼란을 덮으려고 했어. 그들은 조선 사람이 우물에 독약을 타서 일본 사람이 죽게 됐다고 거짓 소문을 퍼뜨렸지.

  일본 사람들은 떼로 몰려다니며 조선 사람 사냥에 나섰어. 죄 없는 조선 사람 수천 명이 지진이 아닌 일본인들에게 희생을 당했어. 안창남도 일본인의 습격을 당해 죽을 뻔했어. 그때 만약 한 일본 여인이 안창남을 구해 주지 않았다면 그는 일본 땅에서 죽었을지도 몰라. 여인은 일본인들이 안창남을 죽이려고 찾아오기 전 안창남에게 "남편인 것처럼 행동하라."고 말해 주었어. 그 덕에 안창남은 목숨을 건질 수 있었지.

  가까스로 목숨을 건진 안창남은 이 모든 시련이 나라를 빼앗겼기 때문이라고 생각했어. 그래서 고국으로 돌아가 독립운동을 벌여야겠다고 마음먹었지. 고국에 돌아온 안창남은 국내에서 독립운동을 벌이는 게 쉽지 않다는 걸 알고 중국으로 갈 결심을 했어. 안창남이 중국 상하이로 건너간 건 1925년이야. 상하이에서 안창남은 임시 정부 요인들을 만나 비행기를 몰고 적과 싸울 수 있는 독립군을 양성해야 한다고 설득했어. 하지만 임시 정부는 그럴 돈이 없었지.

어느 날 여운형이 낙심해 있는 안창남을 불렀어.

"안 동지, 중국 군벌 중에 내가 아는 사람이 있소. 소개해 줄 테니 한번 만나 보시오."

여운형의 소개로 안창남은 산서성 군벌인 염석산을 만났어. 군벌이란 당시 지방의 정치, 군사, 행정을 장악한 군인으로, 중국 내에는 여러 군벌들이 자기 지역을 통치하고 있었어.

산서성의 군벌 염석산은 마침 항공 부대를 만들 계획이 있었어. 그래서 비행사 출신인 안창남에게 호의를 베풀어 항공 학교에 교관으로 일하게 해 주었지. 항공 학교 교관으로 있으면서 안창남은 독립운동을 펼칠 계획을 세웠어. 그는 뜻이 맞는 동지들과 함께 항일 비밀 무장 조직인 대한독립공명단을 조직했어.

안창남의 목표는 독립군 군대를 만들어 함경도와 평안도로 진격해 일본군과 싸우는 것이었어. 자신도 비행기를 몰고 국내로 들어와 일본 군대와 시설을 파괴할 계획을 세웠지. 계획을 실현하기 위해 첫 번째 한 일은 전쟁을 위한 자금을 마련하는 일이었어. 이를 위해 안창남은 공명단 단원 세 사람을 국내에 잠입시켰지.

1929년 4월 18일. 현금을 실은 우편 차량이 춘천을 떠나 경성으로 달리고 있었어. 현금 수송 차량이 경기도 마석에 있는 마치고개에 이르렀을 때 대한독립공명단 단원 세 사람이 차량을 공격했어. 단원들은 차를 세우고 일본인들을 끌어낸 다음 싣고 가던 현금을 모두 빼앗았어. 그리고는 유유히 사라졌지.

　일제 경찰은 서울과 경기도 경찰을 총동원해 현금 수송 차량 습격 사건의 범인을 찾아 나섰어. 공명단 단원들은 추적을 피해 경기도 양주의 어느 산속으로 숨어들었는데 그만 위치가 발각되는 바람에 총격전을 벌이다 모두 체포됐어. 체포된 세 명의 단원들은 모진 고문을 당하면서도 안창남의 이름을 대지 않았지.

　중국에서 이 소식을 들은 안창남은 비통한 심정이었어. 조직이 드러나고, 동지를 잃고, 전쟁 자금 모집도 실패했기 때문이야. 하지만 안창남은 비행기를 몰고 국내로 들어와 일본 군대와 싸운다는 계획을 포기하지 않았어.

　그러던 1930년 4월 12일. 항공 학교 연병장에서 비행기 한 대가 하늘로 날아올랐어. 하늘을 날던 비행기는 날개가 흔들리는가 싶더니 갑자기 엔진이 꺼지면서 땅으로 곤두박질치기 시작했어. 추락한 비행기 안에는 조선 독립의 꿈을 안고 하늘을 날았던 안창남이 타고 있었지.

토리가 안타까운 표정을 지었다.
"안됐네. 안창남이 탄 비행기가 왜 갑자기 추락한 거야?"
"처음엔 단순한 엔진 고장인 줄 알았는데 얼마 뒤 어처구니없는 음모가 숨겨져 있다는 사실이 밝혀졌어."

"어처구니없는 음모라고?"

"응. 사고가 아니라 살인이었어. 항공 학교 교장인 중국인이 돈을 빼돌리기 위해 고장 난 엔진 두 개를 새것처럼 꾸며 사들였는데 안창남이 그 사실을 알고 항의하자 교장은 안창남한테 원한을 품었대. 그래서 어느 날 안창남에게 그 엔진을 단 비행기를 타라고 명령했대. 안창남은 꺼림칙해 타지 않겠다고 말했지만 교장은 명령이라며 타라고 강요했다지 뭐야. 비행기 추락 사고는 바로 그날 벌어졌어."

"헐! 자기 잘못을 감추려고 조선인 최초의 비행사를 죽게 만들다니."

"그러게 말이다. 그런데 참, 안창남이 조선인 최초의 비행사는 아니야. 최초의 비행사는 노백린이야. 노백린은 1920년 미국 캘리포니아에 만든 비행사 양성소를 졸업한 한국인 비행사였어. 하지만 안창남이 조선의 하늘을 처음 비행한 비행사는 맞아. 말 나온 김에 최초의 여자 비행사 이야기도 해 줘야겠다."

나는 권기옥과 박경원 이야기를 시작했다.

우리나라 최초의 여자 비행사는 권기옥이야. 권기옥(1901~1988)은 3·1운동 때 만세를 부르다 경찰에 붙잡히기도 하고, 풀려난 이후엔 국내에서 임시 정부의 연락 책임을 맡아 활동도 했어. 그러다 발각돼 6개월 동안 감옥에 갇혔다 풀려났지. 이후 그녀는 중국으로 망명해 1925년 운남육군

• 동료들과 함께 있는 권기옥 모습(가운데). _ⓒ 국가보훈처

항공학교를 졸업한 뒤 비행사가 됐어. 중국 군대에서 군인이 된 그녀는 일본이 상하이를 침공한 1932년 전투기를 몰고 일본군과 싸웠지.

권기옥 말고 여자 비행사가 또 한 명 있어. 박경원이야. 박경원(1901 또는 1897~1933)은 안창남이 고국 비행을 하는 모습을 보고 비행사가 되어야겠다고 결심한 뒤 일본으로 건너가 비행사가 됐어. 1926년 비행 학교를 졸업하고 1927년 비행사 자격증을 딴 박경원은 6년 뒤인 1933년 꿈에 그리던 고국 비행을 위해 일본을 출발했지.

8월 7일, 그날은 비바람이 불고 날씨가 무척 안 좋았어. 그래서 다들 출발을 말렸지만 박경원은 고국에서 기다리는 사람들이 있다며 끝내 비행기에 올라탔어. 하지만 그것이 그녀의 마지막 이륙이 될 줄 박경원 자신도 몰랐을 거야. 박경원은 푸른 제비라는 뜻의 청연호를 몰고 하늘을 날아오른 지 한 시간 만에 폭풍우를 만나 일본 산속으로 추락했어. 반 토막 난 비행기와 함께 그녀도 숨을 거두고 말았지.

이야기를 마치고 토리에게 물었다.

"조선의 비행사 안창남 이야기 재미있었냐?"

"재미보다는 안타까운 생각이 들어. 뜻을 못 이루고 추락했잖아. 근데 조선 사람들은 모두 독립운동가야? 비행사도, 역사학자도, 시인도?"

"나라 잃은 사람들의 숙명이지. 기승전독립운동이라고 할까? 하지만 그들 말고도 이 땅에서 일제의 탄압을 견디며 묵묵히 살아간 사람들의 삶 자체도 독립운동이긴 마찬가지였어. 모든 국민이 총 들고 싸우다 죽었으면 광복 뒤 나라가 없었을 거야. 국가는 영토와 국민이 있어야 하니까. 이상 안창남 이야기 끝!"

수업을 마치려 하자 토리가 "잠깐." 하고 손을 들었다.

"끝날 때까진 끝난 게 아니지. 한 줄 역사 논평 남았잖아. 켁켁. 하늘을 나는 안창남, 독립의 꿈을 안고 날아오른 조선의 독수리."

네 번째 이야기

끌려간 소녀들 일본군 '위안부' 이야기

안창남 수업을 마친 뒤 나는 자리에서 일어나 거실 안을 서성거렸다. 다음 이야기를 어떻게 시작해야 할지, 해 준다고 토리가 이해를 할지, 하는 게 옳은 건지 당최 판단이 서질 않았다. 그렇게 한참을 서성거리자 보다 못한 토리가 한마디 했다.

"아저씨, 뭐 해? 빨리 마지막 수업 마치고 파티 해야지."

"파티라니?"

"쫑파티 몰라? 근대 편 수업 마친 기념으로."

어린 게 별걸 다 아네. 하지만 나는 쫑파티 할 기분이 아니었다. 마지막 강의를 어떻게 시작해야 할지 여전히 머리가 복잡했기 때문에.

"이야기 시작하기가 쉽지 않구나."

"뭘 그렇게 복잡하게 생각해? 일단 시작해. 우리 별 속담에 일단 시작하면 우주가 도와준다는 말이 있거덩."

"좋아. 지금부터 잘 들어. 일제가 1931년 만주 사변과 1932년 상하이 사변과 1937년 중·일전쟁과 1939년 태평양전쟁을 일으켜 지구촌 온 동네를 들쑤시고 다닐 때 일이야. 일본군은 점령지에 위안부를 두었어."

"위안부? 그게 뭔데?"

토리가 물었다.

"일본 군인을 상대하는 성노예."

토리는 여전히 무슨 말인지 모르겠다는 표정으로 멀뚱히 나를 바라보았다.

"거봐. 이래서 내가 이번 수업을 어떻게 시작할지 망설인 거야. 나이 어린 네가 이해하기 어려울 것 같아서. 그래도 위안부 문제는 일제가 저지른 범죄 중 최악의 범죄니까 이야기를 해야겠어."

그렇게 말한 뒤 나는 위안부 이야기를 시작했다.

"일본군은 전쟁터에 나가 있는 일본군의 성욕을 해결하려고 식민지와 점령지 여성들을 위안부로 끌고 갔어. 식민지인 조선의 어린 소녀들이 가장 많이 끌려갔는데 적게는 5만에서 많게는 10만 명이 넘었다고 해. 일본군에 의해 강제로, 혹은 공장에 취직시켜 주겠다는 꾐에 넘어가 전쟁터로 끌려간 소녀들은 강압에 못 이겨 일본 군인들을 상대해야 했어. 그렇게 인간 같지 않은 생활을 하던 위안부는 일제가 패망한 뒤 학살을 당하거나, 몸을 더럽혔다는 이유로 집으로 돌아오지 못하거나, 돌아오더라도 손가락질을 당하며 한평생 마음과 육체의 상처를 간직한 채 살아가야 했지."

"정말이야? 도저히 믿을 수가 없어. 나카무라 상은 그런 이야기 안 해 줬는데."

토리가 놀라며 말했다.

"안 해 줬겠지. 양심이 있다면 차마 그런 얘길 못 했겠지. 아닌가? 양심이 있다면 솔직하게 이야기를 해 줬어야 하는 거 아닌가? 어쨌든 위안부 문제는 일본인들이 가장 숨기고 싶고, 격하게 부인하고 싶은 이야기야. 나도 지금 너한테 설명하기가 쉽지 않아. 너무 고통스럽고 슬프고 분노가 이는 이야기여서."

"들어 볼게. 우리 아빠가 그러셨거든. 역사의 진실을 외면하는 자에게 미래는 없다고."

"좋아. 그렇다면 이 아저씨가 얼마 전에 경험한 이야기를 들려줄게."

나는 소녀상 이야기를 들려주었다.

어느 겨울밤 광화문 옆 일본 대사관 앞에 갔을 때였어. 대사관 앞 의자에 앉아 있는 소녀상이 보이더라. 위안부로 끌려간 소녀를 모델로 만든 동상이지. 소녀는 눈을 맞으며 아무 말 없이 앞을 바라보고 있었어.

나는 가까이 다가가 소녀의 눈을 들여다보았어. 한참을 그렇게 소녀와 눈을 마주 보고 있는데 어디선가 앳된 여자아이의 목소리가 들리는 거야. 주위를 둘러보았지. 주위엔 나 말고 아무도 없었어. 무서운 생각이 들더라. 하지만 나는 자리를 뜨지 않고 계속해서 소녀를 바라보았어. 그때 소녀의 목소리가 다시 들려왔어.

"안녕. 내 얘기를 들어 줄래?"

내 이름은 순이(가명, 16세)야. 나는 전라도 시골에 살고 있었어. 봄이면 산에 꽃이 피고, 들에는 온갖 봄나물이 자라는 조용한 마을이었어. 그날 나는 들에 나가 바구니에 봄나물을 한가득 캐서 집으로 돌아오고 있었어.

집으로 돌아오는 길, 윗동네 명식이 오빠가 자전거를 타고 내 앞을 지나갔어. 읍내에서 학교를 다니는 잘생긴 오빠. 나는 얼른 자라서 오빠한테 시집가 알콩달콩 살면 얼마나 좋을까 생각했어. 그런 행복한 상상을 하며 집으로 돌아오는데 뒤에서 낯선 남자들이 나를 따라왔어. 일본 순사와 또 한 명의 남자는 무서운 표정으로 내게 다가와 나를 어디론가 끌고 갔어.

트럭에는 나 말고 다른 언니 동생들이 타고 있었어. 우리는 어디로 가는지도 모른 채 한참을 달렸어. 우리가 도착한 곳은 일본군 부대가 있는 만주였어. 도착한 다음 날 밤부터 내 방에 일본 군인들이 들어왔어. 그들은 내가 싫다는데도 나를 덮쳤어. 싫다고 반항하면 마구 때렸어. 하루에도 몇 명씩, 주말에는 열 명, 스무 명이 넘는 일본군이 내 방에 들어왔어.

너무 무섭고 고통스러웠어. 도망치고 싶었어. 그곳에서 나는 인간이 아니었어. 약을 먹고 죽으려 했지만 실패했어. 옆방 언니는 일본군에 반항하다 맞아 죽었어. 그렇게 3년이 넘는 세월을 짐승처럼 살았어. 명식이 오빠랑 혼인해 살겠다는 꿈도 모두 깨졌어. 그러다 일본이 망하고 나는 어렵게 고향에 돌아왔어. 몸과 마음이 모두 망가진 채로.

고향에서 사는 건 만주에서 사는 것만큼 힘들었어. 사람들은 내가 일본군에게 몸을 팔다 왔다며 손가락질했어. 일본군을 상대할 때보다 더 마음이 아팠어. 엄마 아빠 보기가 너무 미안했어. 그래서 몇 년 뒤 6·25전쟁으로 피난 갈 때 몰래 엄마 아빠와 헤어졌어. 그렇게 나는 혼자가 되어 지금까지 살아왔어.

순이의 슬픈 목소리는 거기서 멈췄어. 그러더니 다른 목소리가 들려왔어.

안녕. 나는 열다섯 살 명자(가명)야. 나는 충청도 시골 마을에 살고 있었어. 우리 집은 머슴도 있고 기와집에 살 만큼 넉넉한 편이었어. 그런데 어느 날 일본 순사들이 우리 집에 와서 아버지에게 놋그릇을 모두 내놓으라고 윽박질렀어. 일본군이 전쟁 무기를 만드

• 일본군 위안부 피해자들의 명예와 인권 회복을 위해 만든 평화의 소녀상이다. _ⓒ happylism

느라 놋그릇과 수저와 세숫대야까지 빼앗아 가던 시절이었어.

아버지는 절대 빼앗기지 않겠다며 그릇들을 땅에 파묻었어. 그런데 머슴 하나가 일본 순사한테 일러바쳤어. 그 일 때문에 아버지는 집에 있는 모든 것을 빼앗기고 일본 순사한테 잡혀갔어.

나는 아버지를 뵙기 위해 읍내 주재소에 갔어. 아버지는 여긴 네가 올 데가 아니라며 나를 돌려보냈어. 나는 돈만 있으면 아버지를 주재소 감옥에서 풀려나게 할 수 있다는 걸 알았어. 집에 돌아온 날 밤, 일본 사람과 마을 이장이 우리 집에 찾아와 엄마한테 말했어. 일본 공장에 가면 돈을 벌 수 있다고. 명자가 가서 2, 3년만 고생하면 돈을 벌어 아버지도 구하고 집안도 일으킬 수 있을 거라고. 명자를 그곳에 보내는 게 어떻겠냐고.

나는 어린 마음에 공장에 가겠다고 말했어. 엄마는 보낼 수 없다며 말렸지만 나는 그들의 말에 꾀여 그들을 따라갔어. 하지만 내가 간 곳은 일본에 있는 공장이 아니었어. 아주 큰 배를 타고 몇 날 며칠을 간 곳은 인도네시아 자카르타의 어느 섬이었어. 그곳에 일본군 부대와 위안소가 있었어. 나는 그곳에서 순이 언니가 그랬던 것처럼 밤마다 일본 군인을 상대해야 했어.

죽지 못해 살았어. 돈을 벌기는커녕 일본군의 성노예가 되어 살아가야 하는 비참한 삶이었어. 나는 죽으려고 말라리아 병을 고칠 때 쓰는 알약을 수십 알 모아 입에 털어 넣었어. 그러다 3일 만에 깨어났어. 죽지도 못하는 내 자신이 너무 미웠어. 그렇게 몇 년을 일본군 성노예로 살다가 일본이 망하는 바람에 집에 돌아왔어. 아버지 어머니는 다 돌아가시고 형제들도 뿔뿔이 흩어지고 집에는 아무도 없었어. 단란했던 우리 집은 다 깨어지고 나는 몸과 마음이 망가진 채 긴긴 세월을 홀로 살아왔어.

명자의 목소리가 멈추자 이번에는 다른 목소리가 들려왔어. 명자보다 더 앳된 목소리였어.

내 이름은 꽃분이(가명)야. 명자 언니보다 한 살 어린 열네 살이야. 나는 경상도 어느 시골에 살고 있었어. 그날 엄마가 나한테 집에 먹을거리가 떨어졌다며 이장님 집에 가서 배급을 타 오라고 시키셨어.
이장님 집에는 나에게 줄 배급품이 없었어. 대신 낯선 남자가 있었어. 그 남자는 일본 순사였어. 일본 순사가 이장과 무슨 얘기를 주고받았어. 그러더니 이장님이 나에게 말했어. 저 순사를 따라가면 돈을 벌 수 있단다. 일본 순사가 나를 데려갔어. 너무 무서웠어. 감히 일본 순사에게 저항하는 건 생각지도 못했어.
배에 태워져 얼마나 갔는지 몰라. 배에는 나 말고도 수십 명의 소녀들이 타고 있었어. 우리는 대만으로 갔어. 일본군 위안소에서의 짐승 같은 생활은 말하고 싶지 않아. 줄을 선 일본 군인들이 끊임없이 내 방에 들어와 내 몸을 더럽혔어. 나는 매일 밤 엄마를 부르며 울었어. 엄마, 엄마, 집에 가고 싶어요.

일본이 망하고 해방을 맞았을 때 나는 그곳에 있던 한국 사람의 도움으로 배를 타고 고향에 돌아왔어. 멀리 집이 보였어. 보고 싶은 엄마가 사는 집. 하지만 나는 집에 들어가지 못했어. 내가 어디서 무엇을 하다 왔는지 엄마에게 알릴 용기가 없었어. 그길로 나는 고향을 떠나 홀로 살아왔어. 그날 이장 집에서 일본 순사에게 끌려가지 않았다면, 용기를 내 도망쳤더라면…….

꽃분이의 목소리는 거기서 멈췄어. 나는 말없이 소녀상을 바라보았어. 내리던 눈이 그치고 하얗게 날이 밝아 올 때까지.

이야기를 마치자 토리는 슬픈 눈으로 나를 바라보았다.

"정말 그런 일이 있었다니 믿겨지지 않아. 너무 화가 나!"

"나도 처음엔 진짠가 했어. 너무나 충격적이고 도저히 믿기 어려운 얘기들이어서. 하지만 이 이야긴 모두 사실이야. 소녀들이 일본군에 끌려간 것도, 가서 차마 인간으로 할 수 없는 일을 강요당하며 산 것도."

토리는 휴, 하고 한숨을 내쉬었다. 그러고는 물었다.

"그런 일이 있었다는 게 어떻게 알려졌어? 일본이 먼저 밝히지 않았다면."

"한국과 일본의 양심 있는 사람들 덕분에 세상에 알려지게 됐어. 일본군 위안부 문제는 가해자인 일본도 우리도 선뜻 드러내기 어려운 문제였어. 가해자인 일본군은 너무나 숨기고 싶은 역사였고, 피해를 당한 할머니들도 너무 치욕적이고 가슴이 아파서 세상에 드러내지 못했지. 그러던 중 우리나라 대학교수 한 분이 이 문제를 제기하면서 세상에 드러나게 되었어."

나는 어둠 속에 묻혀 있던 위안부 문제가 세상에 드러나게 된 사연을 이야기했다.

위안부 소녀들과 같은 시대에 태어났던 이화여대 윤정옥 교수가 있었어. 윤 교수는 위안부 문제를 끊임없이 조사해 왔어. 1987년 한국이 민주화되고 나서 윤 교수는 마침내 이 문제를 세상에 알렸어. 일제 강점기 일본군과 일본 정부가 조선과 아시아 여성들을 위안부로 끌고 가 성노예로 삼았다고.

그러자 일본 정부는 펄쩍 뛰었지. 그런 일이 없었다며. 윤 교수는 일본의 주장이 허위라는 걸 반박해 줄 피해자의 증언이 필요했어. 그러나 어느 누구도 선뜻 나서서 자기의 치욕스런 과거를 밝히기를 꺼렸어.

생각해 봐. 우리 역사에서 전쟁 때 여성들이 어떤 손가락질을 당했는지. 병자호란 때 청나라에 끌려갔던 여자들이 돌아왔을 때, 자기의 부인과 딸을 지키지 못한 사대부들은 돌아온 여인들을 환향녀라 멸시했어. 청나라에서 몸을 더럽히고 귀향한 여자라고. 그래서 지금도 품행이 바르지 못한 여인을 화냥녀라 부르는데 이 말은 환향녀에서 유래한 말이야. 이런 편견이 우리나라에 있었으니 위안부로 끌려갔던 할머니들이 어떻게 자기가 위안부였다고 말할 수 있겠니.

그때 "내가 바로 일본군 위안부였다."며 당당하게 밝힌 할머니가 있어. 김학순 할머니야. 김학순 할머니는 1991년 8월 14일, 광복절을 하루 앞둔 날, 위안부 문제를 제기해 온 한국정신대문제대책협의회 사무실에서 공개 기자 회견을 열었어.

"일본군에 당한 것만도 치가 떨리는데 일본 정부가 그런 사실이 없다고 말하는 게 너무 기가 막혀 증언을 하게 됐습니다. 절대로 이건 알아야 합니다. 그런 사실이 있었다는 걸 역사에 남겨야 합니다. 앞으로 다시는 그런 일이 일어나선 안 됩니다."

할머니의 증언은 충격이었어. 한국과 일본은 물론 전 세계가 놀라움을 금치 못했어. 그러나 일본에선 이미 며칠 전 그 내용이 신문을 통해 알려졌어. 할머니의 공개 증언이 있기 며칠 전 일본의 〈아사히신문〉에 김학순 할머니에 관한 기사가 실린 거야. 그 기사를 쓴 우에무라 기자는 "중·일전쟁과 제2차 세계대전 때 여자정신대봉사단이라는 이름으로 전쟁터에 끌려가 일본군을 상대로 성노예 행위를 강요당한 조선인 위안부가 서울에 살고 있다."고 밝혔어.

- 일본 대사관 앞에서 열린 수요 집회에 선생님과 함께 나온 초등학생들이 일본 정부의 사죄를 촉구하고 있다._ⓒ연합뉴스

김학순 할머니의 공개 증언과 우에무라 기자의 기사가 나오자 위안부 피해 할머니들의 증언이 잇따라 터져 나왔어. 일본 정부는 더 이상 버티지 못하고 위안부 문제를 인정하고 사과했어. 그렇다고 일본 정부가 온전하게 사과를 한 건 아니야. 현재 일본 정부는 "위안부가 강제로 끌려간 사실은 있지만 일본 정부와 군이 주도한 게 아니라 민간 직업 소개업자들이 위안부를 끌고 간 것."이라고 주장하고 있어.

김학순 할머니의 공개 증언이 있은 뒤 자신이 위안부였다고 밝힌 할머니들이 1992년 1월 8일 일본 대사관 앞에서 수요 집회를 시작했어. 위안부 할머니들의 수요 집회는 지구에서 가장 오래 지속된 집회로 기네스북에 올랐어. 그 시위가 1천3백 회를 넘겨 오늘까지도 이어지고 있지.

피해 할머니들은 일본에 요구하고 있어. 일본 정부와 일본군이 위안소를 설치하고 관리했다는 걸 인정하라고. 일본군이 조선의 여성들을 강제로 끌고 가 성노예 생활을 강요했다는 걸 번복할 수 없는 공식적인 방식으로 사죄하라고. 사죄의 증거로 피해자에게 배상하라고.

현재 위안부 문제는 한국과 일본 사이에 가장 민감한 문제야. 일본 정부와 우익들은 어떻게든 이 문제를 인정하지 않으려고 해. 그러면서 도의적인 책임은 있지만 법적인 책임은 없다고 발뺌하고 있지.

우에무라 기자처럼 일본 사람 중에도 일본 정부가 벌인 전쟁범죄를 사과하라고 요구하는 양심적인 지식인들도 있긴 해. 사진가 이토 씨와 다큐멘터리 제작자 도이 씨는 위안부 할머니들의 모습을 담은 사진과 다큐

멘터리로 일본 정부를 불편하게 하고 있지.

　그러나 중요한 건 일본이 정부 차원에서 위안부 문제에 대해 공식적으로 사과하고 배상하는 거야. 하지만 아직까지 일본 정부는 그럴 마음이 없는 것 같구나.

✺

내 얘기를 듣던 토리는 도저히 믿기지 않는다는 표정으로 말했다.
"나카무라 상한테 확인해 봐야겠어."
나는 이 문제뿐만 아니라 다른 몇 가지 문제도 공개적으로 확인해 줄 필요가 있다고 생각했다.
"그래, 나카무라 상이랑 왕 서방, 아니 왕 선생 모시고 와라."
"오케이."
토리는 큰 바위 하우스를 나가더니 언제나처럼 딱 구 분 만에 두 사람을 데리고 돌아왔다. 우리 세 사람은 반갑게 인사를 나누었다. 자꾸 보니 친숙해진 느낌이 들었다. 이번에도 토리가 사회를 보고 몇 가지 주제로 공개 토론을 벌였다.

토리 지금부터 한중일 역사 토론을 시작할게요. 미리 부탁드리지만 공연한 감정싸움은 삼가 주세요. 생각이 다르더라도 서로의 의견을 존중해 주시고 명확한 증거를 가지고 논리적으로 토론해 주시길 부탁드려요. 오늘은 특별히 일제 강점기에 대해 이야기를 들었으면 해요. 세 분은 그 시대를 각각 어떻게 이해하고 계신지, 그 시대가 각 나라 역사에 미친 영향은 무엇인지 말이에요. 그럼 먼저 방금 수업한 일본군 위안부 이야기부터 시작할게요. 저도 잘 믿겨지지 않는데요, 나카무라 상부터 말씀해 주세요.

나카무라 상 본의 아니게 위안부 문제로 한국과 아시아 여성들에게 피해를 끼쳐 드린 점 미안하게 생각합니다. 그 부분에 대해선 1993년 관방장관(일본 정부 내각에서 국가의 기밀 사항, 인사, 문서, 회계, 통계 등 총괄적 사무를 담당하는 내각관방의 장.)이 인정하고 사과드렸습니다. 이에 정부는 국민들로부터 돈을 모아 피해 할머니들을 돕기 위한 기금을 마련했습니다. 엄밀히 말하자면 위안부 문제는 1965년 한·일 협정 때 이미 매듭이 지어진 문제입니다. 그때 일본은 한국 정부에 식민 지배에 대한 피해 배상을 했거든요. 따라서 정부 차원의 법적인 배상을 할 수 없다는 게 일본 정부의 입장입니다. 최근 2015년 12월 일본과 한국은 최종적이고 불가역적인 방법으로 위안부 문제를 해결했다고 합의를 보았습니다. 일본이 10억 엔을 기금으로 내놓겠다고 약속했고요. 위안부 문제를 더 이상 문제 삼는 건 외교 결례라 생각합니다.

이작가 1993년 관방장관이 인정하고 사과한 건 맞습니다. 최근 아베 총리가 우리 대통령에게 전화로 사과했다지만 피해를 당하신 할머니들에게 직접 사과한 건 아닙니다. 국가 차원의 법적인 배상을 한 것도 아니죠. 일본의 우익들은 아예 위안부 자체가 없었다고까지 이야기합니다. 이것이 무슨 의미겠습니까. 아직도 일본은 진정한 사과나 반성을 할 마음이 없다는 증거입니다.

1965년 한·일 협정으로 이 문제가 매듭지어졌다는 것도 문제가 있는 말입니다. 그때 협정에는 위안부 문제가 들어가 있지도 않았습니다. 따라서 이 문제는 다시 논의되어야 하고 일본 정부가 공식적으로 인정하고 사죄하고 법적인 배상을 해야 한다고 생각합니다.

2015년 5월에 전 세계 역사학자 5백여 명이 "아베 총리는 역사를 왜곡하지 말라."며 "위안부 문제와 과거사를 사죄하라."는 성명서를 발표했습니다. 일본의 양심적인 역사학자들도 위안부 문제를 왜곡하지 말라고 일본 정부에 요구했습니다. 2017년 유엔은 한·일 위안부 합의에 문제가 있으니 다시 협상을 하는 게 좋겠다는 의견을 냈습니다. 현실이 이렇습니다.

왕 선생 위안부 문제로 가장 많은 피해를 당한 분들이 한국 여성들입니다. 하지만 우리 중국에도 위안부 피해자가 많습니다. 일본은 제대로 사죄하고 진심으로 반성하길 바랍니다. 그리고 일본이 저지른 전쟁범죄에 대해서도 사실을 인정하고 사과하기를 바랍니다. 일본은 중·일전쟁을 일으켜 중국에 막대한 피해를 입혔습니다. 특히 1937년 난징을 점령했을 때 30만 명에 가까운 중국인을 죽이고 중국 여성들을 강간했습니다. 그러나 일본은 그런 일이 없다고 발뺌하고 있습니다. 이래서는 이웃으로 함께 살아가기가 힘듭니다.

토리 위안부 문제는 알겠고요. 왕 선생님이 말씀해 주신 대로 일본이 왜 이렇게 이웃 나라에 고통을 주었는지 궁금해요. 일본은 왜 그랬나요?

나카무라 상 조선 식민 지배에 관해서도 일본 정부는 유감의 뜻을 밝힌 바 있습니다. 한·일 합방 100주년이 되는 2010년 당시 간 나오토 총리가 "3·1운동의 격렬한 저항으로 알 수 있듯이 한국 사람들은 자신의 의사에 반해 강행된 식민 지배로 민족

적 자존심을 심각하게 훼손당했습니다. 이러한 식민 지배로 막대한 손해와 고통을 끼친 걸 사죄합니다."라고 유감의 뜻을 밝혔습니다. 그런데 실은 우리가 조선을 병합한 건 국제법적으로 정당한 절차를 걸쳐 이루어진 것입니다.

이작가 그렇게 생각하는 게 문젭니다. 강제로, 제대로 절차도 거치지 않은 조약이 무슨 조약입니까. 말로는 사죄하고 반성한다고 하면서 일본은 왜 그토록 사과를 번복하는 것입니까? 사과를 하려면 제대로 하고, 다시는 헛소리를 하지 말아야죠. 얼마 전 일본에서 가장 인기 있는 소설가 무라카미 하루키가 뭐라 그랬습니까. "상대국이 그 정도 사죄했으면 됐다고 할 때까지 일본 정부는 사죄해야 한다."고 하지 않았습니까.

또 노벨 문학상을 받은 오에 겐자부로는 "일본이 한국에 저지른 범죄에 대해 일본이 충분히 사죄했다고 생각하지 않는다."며 "아베 총리는 일본의 끔찍했던 과거를 부정하고 있다. 일본은 전쟁에 대한 깊은 반성을 통해 새로운 현실을 만드는 상상력을 가져야 한다."고 충고하지 않았습니까. 일본 정부는 일본 내 양심적인 목소리에 귀 기울여야 합니다. 그리고 독일처럼 진정한 반성을 해야 합니다.

독일의 메르켈 총리는 "피해국에 영구적인 사과를 할 것"이라고 말했습니다. 이것이 일본과 독일의 차이입니다. 현재 일본 정부는 진정한 사과나 반성은커녕 전쟁을 수행할 수 없게 만든 일본의 평화헌법을 어떻게든 고쳐 다시 전쟁할 수 있는 나라가 되려고 하고 있어요. 지난 과오를 진심으로 반성하는 마음이 없다는 방증이죠.

왕 선생 맞습니다. 최근 일본은 동아시아의 평화를 위협하는 군사 행동을 하고 있습니다. 이는 물론 일본 혼자만의 문제가 아니고 미국과 군사 동맹을 강화해서 벌이는 일입니다만, 일본은 정말 왜 이러는지 모르겠습니다. 지난 세기 아시아 나라들에 그렇게 피해를 주고도 아직도 정신을 못 차리는 겁니까?

나카무라 상 그건 왕 선생님 자신이 더 잘 알지 않나요? 중국이 21세기 강대국으로 부상하면서 동아시아 패권국이 됐잖습니까? 그래서 해양 세력인 일본은 대륙 세력의 진출을 막고자 미국과 힘을 합쳐 방어하려는 것입니다.

이 작가 1백여 년 전 러·일전쟁 때는 러시아의 남하를 막는다며 영국과 미국의 지원을 받아 전쟁을 일으키더니 지금 그때와 똑같은 논리를 펴시는군요. 결국 그렇게 되면 일본 본토가 아니라 또다시 한반도가 전쟁터가 될 텐데 그때도 그렇고 지금도 그렇고 일본이 침략 야욕을 거두지 않는 한 동아시아의 평화는 장담하기 어렵습니다.

나카무라 상 우리는 중국의 군사 팽창과 북한의 핵무기에 무척 불안해하고 있습니다. 그래서 방어만 하는 자위대가 아니라 전쟁을 할 수 있는 군대를 기르려고 하는 것입니다.

이 작가 그건 일본이 군사력을 증강해 또다시 아시아를 넘보기 위한 술책 같아 보입니다. 독도 문제도 그렇습니다. 엄연히 역사적으로 지리적으로 한국 영토인 독도를 왜 자기 땅이라고 우기는 겁니까. 일본의 속내는 100년 전, 아니 임진왜란을 일으켰던 4백여 년 전과 똑같은 것 아닙니까?

왕 선생 이 선생 말씀에 동의합니다. 일본은 언젠가 힘이 생기면 또다시 한국과 중국에 피해를 줄 겁니다. 지금 미국과 군사 동맹 맺고 나대는 꼴이 수상합니다. 개가 똥을 끊지, 일본이 그 야욕을 버리겠습니까?

나카무라 상 똥이라니요. 말씀이 너무 지나치신 거 아닙니까? 수천 년 동안 중국이 다른 나라 침략한 건 생각 안 합니까?

토리 아저씨들 그만하세요. 코딱지만 한 별에서 뭘 그렇게 맨날 싸우고 그러세요. 세 분이 친하게 지내시는 것처럼 한중일 세 나라도 서로 친하게 지냈으면 좋겠어요.

이 작가 내 말이 그 말이다, 토리야. 나도 세 나라가 서로 사이좋게 지냈으면 좋겠어. 그러려면 지난 잘못에 대해 가해자가 진정한 사과를 하는 것에서부터 문제를 풀어야 하는데 일본이 그걸 안 하잖냐.

나카무라 상 사죄 많이 했습니다. 한국은 식민지 콤플렉스 때문에 일본을 너무 무시하는 경향이 있습니다. 일본을 무시하는 나라는 지구에서 한국밖에 없을 겁니다. 우리는 세계 경제 3위의 나라이자 노벨상 수상자를 25명이나 배출한 나라입니다.

이 작가 그렇게 잘살고 그렇게 똑똑해서 남의 나라 침략하고 그런 겁니까? 그래도 되는 거냐고요. 정말 나 까무러치겠네. 나카무라 상, 올해 나이가 몇이오?

토리 아유, 아자씬 왜 또 여기서 나이 얘기는 꺼내고 그래? 안 되겠네요. 마지막으로 21세기 한중일 세 나라의 협력 방안에 대해 이야기를 하려고 했는데 그 이야기는 다음으로 미뤄야겠어요. 이것으로 한중일 역사 토론을 마칠게요.

토론을 마친 우리는 언제 그랬냐는 듯 화기애애하게 웃으며 이야기를 나눴다. 나는 나카무라 상에게 "일본 문교부 쪽에 계시니 일본 역사 교과서 문제에 좀 신경을 써서 역사 왜곡이 일어나지 않게 해 달라."고 당부했고, 나카무라 상은 "한국은 역사 교과서를 국정화해 한 가지 역사를 가르치려 한다는 말을 들었다."며 "이 작가 마음이 심란하시겠다."고 말했다. 그래서 나는 국정 역사 교과서는 박근혜 탄핵과 동시에 쓰레기통에 버려진 지 오래라고 말해 주었다.

왕 선생은 토리가 다음 주에 떠난다는데 그 전에 〈찬란하고 위대하신 밍

밍이〉 시나리오를 만들어야 하는 거 아니냐고 말했고, 나카무라 상은 〈너의 이름은 토토로〉를 먼저 만들고 나서 그다음에 만드는 게 어떻겠냐고 제안했다. 나는 토리가 가더라도 우리 세 사람은 서울, 베이징, 도쿄를 오가며 만남을 이어 가는 게 어떻겠냐고 의견을 물었다. 두 사람은 좋은 생각이라며 고개를 끄덕였다.

내가 얘기하는 동안 토리는 나카무라 상 옆에 딱 붙어서 뭐가 좋은지 연신 낄낄거렸다. 나한테 하는 거랑은 다른 모습이었다. 그 모습을 보자 은근 질투가 났다. 얼마 뒤 토리가 두 사람을 데려다주고 돌아왔다. 나는 토리에게 말했다.

"이것으로 근대 편 강의를 모두 마쳤어. 마지막으로 너에게 해 주고 싶은 말이 있어. 우리 민족은 나라를 빼앗긴 1910년부터 나라를 되찾은 1945년까지 단 하루도 독립운동을 벌이지 않은 날이 없어. 이런 일은 세계사에서도 매우 드물어. 그래서 일제 강점기가 비록 우리에겐 아픈 역사이기도 하지만 동시에 우리 민족의 힘을 보여 준 역사이기도 해. 이것으로 근대 편 강의 끝!"

말을 마치자 토리는 뜬금없는 이야기를 꺼냈다.

"오케이. 그런데 일본 식민지 덕분에 조선이 근대화를 이룰 수 있었다고 그러던데 맞는 말이야?"

나카무라 상한테 뭔 소릴 들은 모양이었다. 그러잖아도 아까 토리가 나카무라 상 옆에 붙어서 웃고 떠든 게 기분 나빴던 터라 토리의 질문이 무척 거슬렸다.

"그건 오해야. 일제 덕에 한국이 근대화의 토대를 닦았다는 건 소위 식민지 근대화론을 주장하는 사람들 얘기야. 일본 사람들, 그중에서 침략을 정당화하려는 사람들 얘기라고. 알겠니?"

"아, 그렇구나. 근데 한국 사람이 쓴 책에서도 그런 주장을 하던데. 식민지 덕에 조선이 그나마 근대화를 이뤘다고."

토리가 책 하나를 내밀었다. 은근 화가 났다. 어디서 또 이런 책을 구해 가지고. 하지만 이런 문제로 어린애랑 싸우면 모양이 안 좋은 것 같아 화를 억누르고 조용히 말했다.

"토리야, 우리나라 학자들 중에도 그런 주장을 하는 사람이 물론 있어. 난 그 사람들 의견에 동의하지 않아. 일본의 식민 지배를 받지 않았으면 우리가 근대화를 못 했을 거라고? 우리가 바보야? 일제 식민지가 아니었다면 방향과 속도가 어떻게 달라졌을지 아무도 모르지만 우리도 분명 정치적으로 경제적으로 발전을 이뤄 갔을 거야. 이제 그 이야긴 그만하자. 누가 보면 둘이 싸우는 줄 알겠다."

"보긴 누가 본다고 그래?"

"아무튼 그 얘긴 그만하고, 생활사 3분 특강 하고 이번 주 강의를 모두 마치도록 하자."

토리도 더는 그 문제를 꺼내지 않았다.

일제 강점기 베스트셀러

"생활사 3분 특강을 시작하겠다."

내 말에 토리가 좋다고 박수를 쳤다.

"너 오늘 아주 신났더라. 나카무라 상하고 웃고 떠드는 모습이 아주 눈물 나서 못 봐 줄 지경이었어."

"아유, 아자씨 또 왜 그래. 지금 질투하는 거야?"

토리가 애교 섞인 표정을 지으며 웃었다.

"질투는 무슨. 너 잘 생각해라. 누구랑 지구 생활 더 오래할지."

"알지. 내가 그걸 왜 몰라. 알았으니까 빨리 생활사 3분 특강 해 주세요오."

"아, 됐어. 애교 그만 부려. 오늘 생활사 3분 특강은 일제 강점기 때 베스트셀러는 뭐였는지, 사람들은 어떤 신문을 읽었는지, 그리고 한글과 영어 공부 열풍 따위에 대해서 이야기해 줄게."

"우왕, 재밌겠다. 베스트셀러라면 가장 많이 팔린 책을 말하는 거지? 그거라면 나보다 아자씨가 더 관심이 많을 거 같은데."

"너보다 내가 더 관심이 많을 거 같다고?"

"기억 안 나? 아저씨 처음 만난 날 내가 한국사 강의해 달라고 하니까 아저씨가 역사 강의 못 하겠다고 그래서 내가 그랬잖아. 아저씨가 왜 여태 베스트셀러 하나 없는지 알겠다고. 내 말에 아저씨 얼굴 붉으락푸르락되고 아주 볼 만했는데. 큭큭."

휴. 요 녀석이 오늘 내 속을 긁으려고 날을 잡았구나. 하지만 나는 아무렇지도 않은 척 말했다.

"그럼 먼저 개화기 이후 어떤 신문이 발행됐는지, 어떤 책이 사람들 사이에 인기를 끌었는지 그 얘기부터 해 줄게."

나는 신문과 책 이야기를 시작했다.

신문 이야기하기 전에, 마침 내가 챙겨 온 게 있으니 한번 봐. 이렇게 생긴 게 지구인들이 뉴스를 접하는 신문이라는 거야. 우리나라에서 처음 발행된 신문은 〈한성순보〉야. 1883년 조선 정부에서 발행했지.

〈한성순보〉 전에는 신문이 없었냐. 있었어. 〈조보〉라고, 국왕 비서실인 승정원에서 조정 소식을 손으로 써서 만든 신문이야. 승정원에서 그날의 〈조보〉가 나오면 각 관청의 서리들이 승정원에 와서 일일이 베껴 조정의 새 소식을 전하곤 했지. 〈조보〉는 엄밀히 말하면 오늘날의 신문 형태는 아니고 일종의 관보라 할 수 있어. 세상 돌아가는 소식을 두루 전하는 신

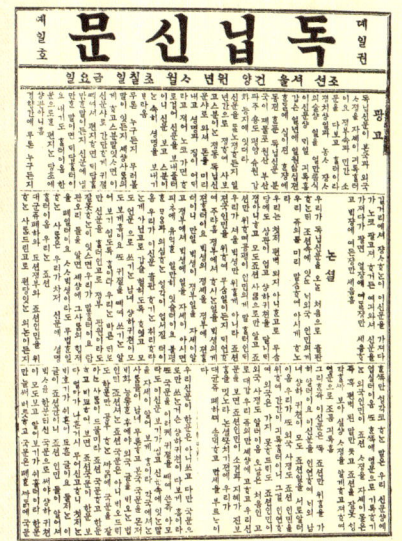
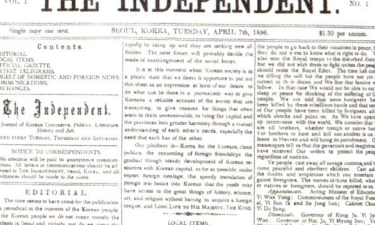
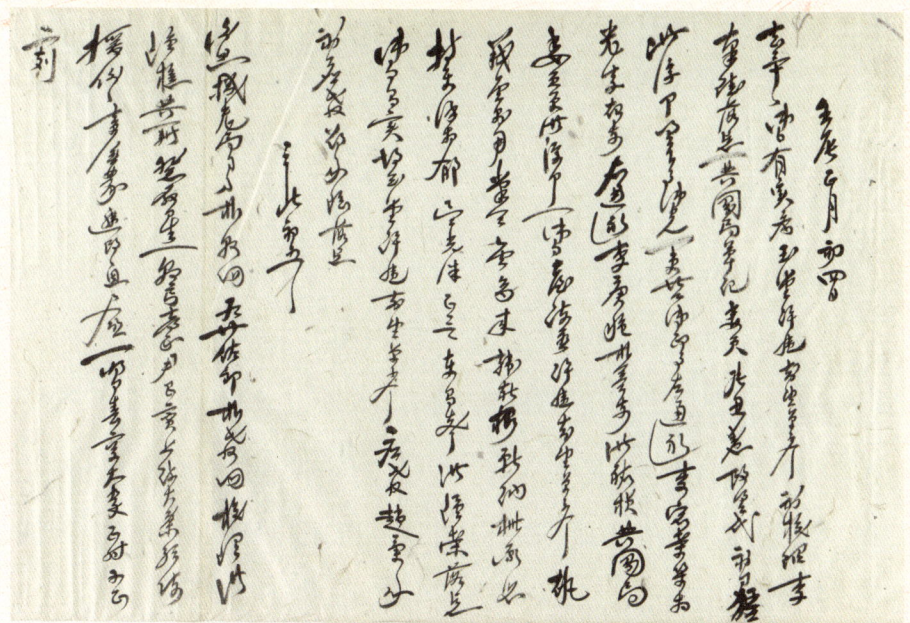

• 〈조보〉는 국가의 행정 사항을 전국에 알리기 위한 목적으로 매일 작성되었으며, 아래쪽 사진은 고종 29년, 1892년 1월 4일자 〈조보〉다. 위쪽은 1896년 4월 7일 금요일자 〈독립신문〉 창간호와 영문판이다. _ ⓒ 경도대학부속도서관 가와이문고 소장, 고려대학교 해외한국학자료센터 제공(〈조보〉), (재)서재필기념관(〈독립신문〉)

문과는 거리가 좀 있어.

〈한성순보〉는 〈조보〉의 한계를 뛰어넘어 본격적으로 나라 소식을 알리는 신문 구실을 했어. 그러나 이 신문은 개화파가 주도해 만들었기 때문에 갑신정변이 일어난 해 폐간됐어. 갑신정변 기억나니? 개화파가 주도한 쿠데타. 군중들은 갑신정변을 일으킨 개화파에 불만을 품고 〈한성순보〉를 발행하던 박문국을 박살 냈어.

그 뒤 1896년 창간된 신문이 〈독립신문〉이야. 갑신정변 실패 뒤 미국으로 망명했던 서재필이 돌아와 만든 신문. 〈독립신문〉이 민간인이 만든 최초의 신문이어서 우리나라에서는 〈독립신문〉이 창간된 4월 7일을 신문의 날로 기념하고 있지.

〈독립신문〉은 과감하게 한글로만 만들었어. 이유가 뭐였는지 아니? 상하 귀천이 다 보게 하려고. 당시에 〈독립신문〉이 어찌나 인기가 많았는지 신문 한 부로 2백여 명이 돌려 볼 정도였어. 참, 〈독립신문〉은 영문판도 발행했어. 서재필이 미국에서 오래 살다 와서 영어에 능통했고, 외국 공사관들에게 조선 소식을 알리기 위해서였지.

〈독립신문〉도 그리 오래가지 못했어. 서재필이 주도한 독립협회가 해산되자 〈독립신문〉도 곧 폐간되고 말았지. 뒤를 이어 〈황성신문〉이 1898년 창간되고, 1904년 〈대한매일신보〉도 창간됐는데 두 신문은 대한제국이 일본에 강제 병합된 1910년 모두 폐간됐어.

〈황성신문〉과 〈대한매일신보〉 이야기는 앞에서 조금 언급했는데 기억

나는지 모르겠구나. 을사늑약이 체결되자 〈황성신문〉 사장인 장지연이 '시일야방성대곡'이란 사설을 써서 오늘은 무척 슬퍼서 많이 울고 싶구나, 했던 거 말이야. 〈대한매일신보〉는 역사학자 신채호가 예리한 논설을 펼쳐 국권을 침탈하는 일제를 신랄하게 비판했다는 것도.

일제 강점기 시작과 함께 조선 사람이 발행하던 신문이 모두 폐간되고 신문의 암흑기가 찾아왔어. 그러다 1919년 3·1운동이 일어나자 일제는 소위 문화 통치 정책을 내세워 신문 발행을 허가해 주었지. 겉으로는 조선 사람에게 언론의 자유를 주기 위해 허가한 것처럼 말했지만 실은 이렇게라도 한국 사람의 숨통을 틔워 주어 다시는 3·1운동 같은 저항 운동이 일어나지 않게 하려 한 거야.

이런 배경에서 1920년 〈조선일보〉와 〈동아일보〉가 창간됐어. 두 신문은 지금도 우리나라에서 발행되고 있는데 창간 때부터 두 신문은 강력한 라이벌이었어. 초창기에는 〈동아일보〉 인기가 더 많았어.

그런데 창간되고 나서 십여 년 뒤 금광 재벌인 방응모가 〈조선일보〉를 인수하면서부터 〈조선일보〉가 〈동아일보〉를 앞지르기 시작했어. 그때 소설가 이광수가 〈동아일보〉에서 〈조선일보〉로 자리를 옮겼는데 기사, 사설, 소설 등 1인 5역을 하던 이광수가 〈조선일보〉로 옮겨 가자 〈조선일보〉가 짱짱해졌지.

지금도 우리나라에서 〈조선일보〉는 자칭 1등 신문인데 그때부터 1등을 하려고 아주 별별 시도를 다 했단다. 신문의 생명은 새 소식을 빠르게 전

달하는 건데 〈조선일보〉는 속보 경쟁에서 앞서기 위해 비행기로 사진을 나르고, 지방에 신문을 배달할 정도였어. 또한 1938년에는 종로에 있는 화신빌딩 옥상에 전광판을 설치해 매일 밤 뉴스를 문자로 보도했지.

그래도 그때 민족지 하면 〈동아일보〉를 더 알아줬어. 혹시 일장기 말소 사건 기억나니? 베를린올림픽에서 우승한 손기정 선수 가슴에 있던 일장기를 지운 사진을 〈동아일보〉가 실었다가 조선 총독부로부터 정간을 당한 사건 말이야. 그 사건으로 〈동아일보〉는 일제에 저항하는 민족 신문으로 사람들 뇌리에 새겨졌지. 물론 〈동아일보〉보다 열흘 먼저 일장기를 지우고 사진을 실은 건 〈조선중앙일보〉지만.

〈조선중앙일보〉는 상하이에서 독립운동을 하다 붙잡혀 서대문형무소에서 3년 동안 수감 생활을 하고 풀려난 여운형이 사장으로 있던 신문인데 〈조선일보〉, 〈동아일보〉와 함께 민족지 3인방으로 불렸어. 〈조선중앙일보〉는 일장기 말소 사건으로 폐간돼서 민족지 경쟁에서 탈락했어.

앞서거니 뒤서거니 하던 〈조선일보〉와 〈동아일보〉는 같은 해 창간했던 것처럼 1940년 같은 해 폐간됐어. 일제에 저항하는 기사를 많이 실어서 그랬다는 설도 있고, 일제가 중·일전쟁과 태평양전쟁 때문에 물자 절약 차원에서 폐간했다는 설이 있는데 공공연하게 천황 폐하 만세를 부르짖고, 일제에 충성하자고 떠들어 댔던 〈조선일보〉가 반일 기사 때문에 폐간됐다는 건 좀 이해가 안 가. 그래도 두 신문은 수십 차례 발행을 중지 당할 만큼 일제에 저항하기도 했으니 두 신문이 우리 민족을 위해 애쓴 노력은 인정해 주어야 할 거야.

　신문 얘기를 했으니 이제 책 이야기를 해 볼까? 1920~1930년대는 문학의 전성시대였어. 이때 우리 문학사에 길이 빛나는 작가들이 밤하늘에 별처럼 쏟아져 나왔어. 이광수, 홍명희, 심훈, 김동인, 김유정, 현진건, 이상, 박태원, 이효석, 채만식, 주요한, 주요섭, 김소월, 윤석중, 이기형 등 요즘 중고등학교 교과서에 반드시 들어가는 소설가와 시인들이 작품을 쏟아 내던 문학의 전성기였지.

　작가들이 주로 작품을 발표한 공간은 신문이었어. 신문에 소설을 연재하고 난 뒤 책으로 출판하는 순서를 밟았는데, 그래서 신문과 문학과 출판은 매우 밀접하게 연관돼 있어. 사람들은 연재된 소설을 보기 위해 신문을 구독하는 사람이 많았어. 그럼 당시 어떤 작가의 책이 베스트셀러였는지 알아볼까?

　근대 문학 최초로 베스트셀러가 된 책은 이광수의 소설 《무정》이야. 《무정》은 〈매일신보〉에 연재되어 1918년 책으로 출간됐는데 1만 부 이상 팔린 우리나라 최초의 베스트셀러였어. 당시 경성 인구가 30만 정도였으니 《무정》의 인기가 어느 정도였는지 감이 오지? 무정은 근대 최초의 연애 소설이야. 전통적인 사랑을 거부하고 자유연애를 하는 세 남녀의 사랑 이야기인데 영어 교사 박형식과 애인인 선형, 그리고 기생이 된 박영채의 삼각관계가 독자들의 마음을 설레게 했지. 《무정》의 열풍은 1930년

• 1917년 1월 1일자 〈매일신보〉에 연재된 이광수의 〈무정〉(아래쪽)과 《무정》 제8판의 표지다. ⓒ 한국근대문학관(《무정》 표지)

대 후반까지 이어져 영화로도 만들어졌어.

《무정》에 버금가는 인기를 끈 소설은 이광수, 최남선과 함께 조선의 3대 천재로 불리던 홍명희의 《임꺽정》이야. 조선 시대 의적인 임꺽정이 못된 탐관오리를 혼내 주고 가난한 민중을 위해 동에 번쩍 서에 번쩍 하는 모습에 독자들이 열광했어. 《임꺽정》이 1928년 〈조선일보〉에 연재되자 〈조선일보〉도 덩달아 인기가 높아지고, 이 소설이 책으로 묶여 나올 때마다 폭발적인 인기를 끌었지. 독립운동을 하던 저자 홍명희가 구치소에 갇힌 적이 있었는데, 신문 연재를 중단할 수 없어서 그 안에서도 소설을 써야 할 정도로.

1930년대는 심훈의 《상록수》가 대단한 인기를 끌었어. 《상록수》는 1935년 〈동아일보〉에 연재되기 시작해 4년 뒤 책으로 출판됐는데 그 인기가 《무정》과 《임꺽정》 못지않았어. 이 소설은 농촌 계몽 운동을 하다 죽은 실제 주인공의 이야기를 소설로 쓴 작품이야. 농촌에 내려가 계몽 운동을 하던 채영신과 박동혁의 사랑 이야기와 영양실조로 죽은 영신의 죽음이 더해져 독자들을 안타까움에 빠뜨렸지. 이 소설을 쓴 심훈은 이육사와 윤동주와 함께 저항 시인으로도 유명해. 그가 쓴 〈그날이 오면〉이란 시는 해방의 감격을 가장 잘 그려 낸 시로 평가받아. 심훈은 시인, 소설가 말고도 영화감독, 독립운동가로도 활동하며 우리 문학사에 큰 발자취를 남겼어.

그 시기에 쏟아진 주옥같은 소설들, 가령 김동인의 〈감자〉, 김유정의

〈봄봄〉, 현진건의 〈운수 좋은 날〉, 주요섭의 〈사랑방 손님과 어머니〉, 이효석의 〈메밀꽃 필 무렵〉, 박태원의 〈소설가 구보 씨의 일일〉 등은 당시는 물론 지금까지도 한국인이 가장 좋아하는 소설로 꼽히고 있어. 당시 출판된 소설이 너무 많아서 지금 다 말할 수 없는 게 안타까울 정돈데 소설 이야기는 여기까지 하고 시 이야기를 잠깐 해 줄게.

오늘날 한국인이 가장 즐겨 낭송하는 시 10편을 꼽을 때 일제 강점기 때 발표된 시가 반드시 꼽혀. 100년 가까이 흘렀는데도 변함없이 사랑받는 걸 보면 그때 시인들이 쓴 시가 그만큼 사람들 마음을 울려서 그런 게 아닐까 싶어.

시는 신문이 아니라 주로 문학잡지에 발표됐어. 1920년대 등장한 인기 시인으로 김소월을 꼽을 수 있어. '나 보기가 역겨워 가실 때에는 말없이 고이 보내 드리우리다. 영변에 약산 진달래꽃 아름 따다 가실 길에 뿌리우리다'로 시작하는 〈진달래꽃〉은 전통적인 우리 시의 리듬감과 님을 보내는 애절한 마음이 합쳐져 당시를 대표하는 시로 평가받고 있지.

1926년 발표된 한용운의 〈님의 침묵〉은 또 어떻고. 〈님의 침묵〉은 '님은 갔습니다. 아아, 사랑하는 나의 님은 갔습니다. 푸른 산 빛을 깨치고 단풍나무 숲을 향하여 난 적은 길을 걸어서, 참어 떨치고 갔습니다.' 하고 시작하는데 '아아, 님은 갔지마는 나는 님을 보내지 아니하였습니다.'라는 마지막 연에 이르면 독자들은 그냥 쓰러져. 가슴이 미어져서. 좀 오버했나? 아무튼 한용운이 3·1운동을 주도한 민족 대표 33인의 한 사람으로

서 죽을 때까지 독립운동을 한 시인이자 승려여서 시에서 말하는 님이 누구냐를 놓고 사람들 사이에 논쟁이 벌어지곤 하지. 그가 말하는 님은 잃어버린 조국, 우리 민족, 혹은 부처일 거라고 해석하곤 해.

 일제 강점기 시인을 이야기할 때 빼놓아선 안 되는 시인이 또 있어. 이육사와 윤동주야. 두 사람의 운명은 참으로 기구해. 한 사람은 중국에서, 또 한 사람은 일본 감옥에서 숨을 거뒀어. 앞에서 독립운동을 하던 이육사가 1944년 베이징감옥에서 모진 고문을 당해 죽었단 얘기했지? 윤동주는 1년 뒤 일본 후쿠오카감옥에서 숨을 거뒀어. 윤동주의 시에 나타난 정서는 독립운동을 한 유학생답지 않게 무척 서정적이고 따뜻해. 한국인이 가장 좋아하는 시 1위에 꼽히는 그의 〈서시〉를 한번 들어 볼래?

 '죽는 날까지 하늘을 우러러 한 점 부끄럼 없기를, 잎새에 이는 바람에도 나는 괴로워했다. 별을 노래하는 마음으로 모든 죽어 가는 것을 사랑해야지. 그리고 나한테 주어진 길을 걸어가야겠다. 오늘 밤에도 별이 바람에 스치운다.'

 한국에서 윤동주의 서시를 모르면 외계인 소릴 들을 정도야. 해방을 반 년 앞두고 일본 감옥에서 쓸쓸히 죽어 간 시인에 대한 안타까움이 더해져서 오늘날까지도 최고의 사랑을 받는 시로 남아 있지.

 일제 강점기처럼 엄혹한 시절에 어떻게 그런 빼어난 소설과 시가 나올 수 있었을까? 한문이 아닌 우리글로 시와 소설을 쓰는 작가가 있고 또

그 작품을 읽어 줄 독자들이 있어서 가능했어.

한글은 개화기 때 교육 계몽 운동을 하던 선각자들에게 매우 중시됐어. 민중들을 계몽하는 게 어려운 한자로 교육하는 것보다 쉬운 한글이 훨씬 효과적이었으니까. 계몽 운동을 활발하게 펼쳤던 〈독립신문〉이 높고 낮은 사람들, 귀하고 천한 사람들 모두가 볼 수 있게 순 한글로 만든 건 그런 이유에서였지.

우리글인 한글을 가장 앞장서서 대중에게 가르친 사람이 있어. 한글을 이야기할 때 세종대왕 다음으로 얘기해 줘야 하는, 바로 주시경이야. 주시경(1876~1914)은 어려서 서당에 다닐 때 왜 쉬운 한글을 놔두고 어려운 한자로 학문을 익혀야 하는지 의문을 품었어. 나라를 빼앗긴 뒤에는 학생들에게 우리글을 가르쳐 나라를 일으켜 세워야 한다고 생각했어. 그래서 전국을 돌며 조선어 강습원을 열어 한글 교육을 시작했지.

주시경은 국어를 국어로 부르지 못하는 현실에 절망했어. 일제 강점기가 시작되면서 우리글은 국어가 아니라 조선어로 불렸고 일본어가 국어가 됐으니까. 1914년 주시경은 무장 투쟁을 벌이기 위해 만주로 갈 계획을 세웠다가 갑자기 병이 나는 바람에 세상을 뜨고 말았어.

주시경이 죽은 이후 그의 제자들은 조선어연구회를 조직해 한글 운동을 벌였어. 이후 조선어연구회가 발전돼 1931년 조선어학회가 만들어졌는데 이 단체는 한글 맞춤법 통일안을 만들어 오늘날과 비슷한 한글 체계를 확립하고 한글 보급 운동에 나섰어.

일제는 1930년대 후반 들어 우리 민족의 얼을 말살시킬 작정으로 한글 사용을 금지시켰어. 학교에서 우리말을 쓰지 못하게 하고 우리말을 하다 들키면 심한 처벌을 했지. 급기야 일제는 1942년 이른바 조선어학회 사건을 만들어 조선어학회 회원들이 독립운동을 했다며 회원들을 구속했어. 이런 탄압을 견디며 한글은 오늘날 세계가 인정하는 우수한 글자로 남았어.

개화기 이후 한글 못지않게 외국어 학습 붐이 일었어. 가장 인기 있는 외국어는 영어였어. 당시 영어는 단순한 다른 나라 말이 아니라 출세의 도구이자 권력의 상징이었어. 영어에 능통해 인생을 바꾼 개화기 4인방을 소개할게.

유길준(1856~1914)은 1881년 조사 시찰단 일원으로 일본에 갔어. 그곳에서 서구식으로 변해 가는 일본의 모습에 강한 충격을 받은 그는 돌아오지 않고 남아서 공부를 했어. 일본에서 공부하고 돌아온 뒤에는 미국에 사절단으로 가게 되었어. 유길준은 미국에 가서 일본에서 놀랐던 것보다 더 크게 놀랐어. 그래서 또다시 미국에 남아 유학을 하게 되었어. 유길준은 한국인 최초의 미국 유학생이자 《서유견문》을 지은 저자로도 유명해. 몰락한 양반 출신 유길준은 과거가 폐지되자 영어가 답이다. 이런 생각을 했고, 미국에서 돌아온 뒤에 개화파 관료로 맹활약하게 되었지.

유길준과 친분이 두터웠던 윤치호는 더 독특한 이력을 지녔어. 윤치호(1865~1945) 또한 아버지가 서자여서 출세를 보장받기 어려운 처지였는

• 1883년 우리나라 처음으로 미국에 파견된 사찰단이다.(위쪽) 뒷줄 왼쪽에서 세 번째가 유길준이다. 우리나라 최초 영어 통역관으로 활약했던 윤치호의 모습이다._ⓒ 국사편찬위원회(윤치호 사진)

데 일본에 조사 시찰단으로 갔다가 눌러앉아 개인 교습으로 영어를 배우고 국내로 돌아와 우리나라 최초의 영어 통역관으로 활약했어. 당시 통역관은 단순히 통역을 하는 사람이 아니야. 영어를 할 줄 아는 사람이 없었으니 그가 미국이나 영국과의 각종 교섭에서 상당한 발언권을 가질 수밖에 없었지. 그래서 고종의 총애를 받는 몸이 되었어.

윤치호는 60년 동안 하루도 거르지 않고 영어로 일기를 썼어. 대단하지? 하지만 3·1운동 때 참여를 제안받았는데 거부했고, 3·1만세운동을 쓸데없는 경거망동이라고 비난해서 조선 민중으로부터 비난을 받기도 했어.

윤치호가 아무리 영어로 출세했다고 하지만 이 사람에 비하면 아무것도 아니야. 바로 이하영(1858~1929)인데, 이 사람은 부산에서 찹쌀떡 장수를 하던 무식자였어. 그런데 고종의 주치의였던 알렌에게 한글을 가르쳐 주면서 영어를 배우게 된 이후 인생이 180도 바뀌었지. 영어 덕에 외무부 말단 공무원 생활을 시작한 그는 미국 공사관에 파견된 외교관으로, 돌아와서는 외무부 대신으로, 그러다가 법무부 대신까지 오르게 되었어. 하지만 그에게도 어두운 역사가 있어. 그는 을사늑약 때 법무대신 자리에 있다가 조약 체결에 찬성하는 바람에 오늘날 을사오적 중 한 사람으로 지탄을 받고 있지. 이런 거 보면 영어 잘해서 출세한 것까지는 좋은데 처신을 잘못하면 안 된다는 교훈을 주는 거 같아.

이하영이 아무리 대단해도 이 사람에 비하면 정말 아무것도 아니야. 이승만 얘기야. 이승만(1875~1965)은 과거를 준비하다가 번번이 낙방했는데 과거제가 폐지되자 절망했지. 그는 이후 배재학당에 들어가 신학문을 접하고 영어만이 살길이다 생각해 독하게 영어 공부를 했어. 이승만은 천재 소릴 들을 정도로 영어 실력이 빨리 늘어 영어를 배운 지 채 반년이 안 돼 배재학당의 초급반 학생들에게 영어를 가르치게 되었어. 이후 미국에 유학 가서 대학을 졸업하고 미국에서 독립운동을 하다가 해방 뒤 돌아와 대통령이 되었으니 이승만과 영어는 떼려야 뗄 수 없는 관계였다고 해도 지나친 말이 아니야. 이것으로 영어 열풍이 몰아치는 개화기에서 영어로 인생을 바꾼 사람들 이야기를 마칠게.

"외국어를 잘하는 게 그렇게 중요해?"
토리가 물었다.
"그럼. 지금도 마찬가지야. 영어가 굉장히 중요해서 우리말을 하기 시작한 어린애들에게도 영어를 가르칠 정도야. 열풍을 넘어 광풍 수준이지. 요즘엔 중국이 경제 대국으로 부상하자 중국어 열풍이 난리지만. 너도 지구에 온 김에 영어나 좀 배워 가던가."
"그딴 걸 뭐 하러 배워."
토리가 입을 삐죽대며 거만한 태도를 지었다.
"그딴 걸 뭐 하러 배우냐니. 영어가 지구 공용어로 사용되다시피 하니까 배워 두라는 거지."

"우리는 배우지 않아도 알아. 언어 패턴만 익히면 바로 말할 수 있다고. 내가 지금 아자씨랑 한국어로 말하는 거 보면 몰라. 그건 됐고 생활사 강의 중에 시가 제일 맘에 들어. 내가 우리 별 이상한 문학상 시 부문 대상 받은 시 천재잖아. 헤헤."

나는 토리의 머리를 어루만졌다.

"어유, 시 천재 소리 오랜만에 듣네. 그래, 어떤 시가 맘에 드니?"

"윤동주. 바람에 이는 잎새에도 나는 괴로워했다, 캬!"

"토리야, 바람에 이는 잎새가 아니고 잎새에 이는 바람이다."

"하, 헷갈리네. 아무튼 〈서시〉가 맘에 들고 그다음은 〈진달래꽃〉. 나 보기가 역겨워 가실 때에는 말없이 고이 보내 드리우리다, 캬! 아주 그냥 입에 착착 달라붙는 거 같아. 아자씨도 나 돌아갈 때 내 앞에 꽃잎 뿌려 줄 거지?"

나는 돌아간다는 토리의 말에 비로소 토리와 함께할 시간이 얼마 남지 않았다는 걸 새삼 깨달았다. 그래, 가는 길에 꽃도 뿌려 주고, 죽어도 아니 눈물 흘리마. 그렇게 생각하면서도 왠지 서운했다. 그래서 한용운의 시를 패러디해서 들려주었다.

"아아, 토리는 갔지만 나는 토리를 보내지 아니하였습니다. 흑흑흑."

내가 우는 시늉을 하자 토리는 진짜 줄 알고 내 손을 잡아 주었다. 어쩌면 이 녀석도 장난을 치고 있는 건지 모른다. 우리는 그런 쇼를 하며 생활사 3분 특강을 마무리했다.

여섯째 날

비행접시 타고 유적 답사

근대의 문을 연 **개항장 제물포**
조선 침략의 원흉을 응징하다 **하얼빈 역**
씻을 수 없는 일제의 만행 **731부대**
독립운동가들의 고통이 서린 **서대문형무소**

근대의 문을 연 개항장 제물포

짹짹 지저귀는 새소리에 저절로 눈이 떠졌다. 집에 있을 땐 아침에 일어나기가 그렇게 힘들더니 이곳에 온 뒤론 일어나려 하지 않아도 자동으로 눈이 떠진다. 맑은 공기 때문인지 토리가 조정해 놓은 최적의 수면 환경 덕분인지 모르겠다.

침대에서 일어나 거실로 나왔다. 언제 일어났는지 토리는 이미 외출 차림으로 거실에 나와 있었다. 생각해 보니 유적 답사 가는 날이었다.

"오늘 유적 답사 어디로 가?"

토리가 생글생글 웃으며 물었다.

"글쎄다, 근대 편 수업을 마쳤으니 근대 유적을 보러 가야 하지 않을까?"

내가 대답했다.

"근대 유적 어디?"

"밤새 생각해 봤는데 근대를 이해하는 네 개의 열쇠를 찾아가면 좋을 거 같다."

"근대를 이해하는 네 개의 열쇠라고? 우왕, 아저씨 준비 많이 했네."

나는 어깨를 으쓱해 보였다.

"준비는 뭐, 내가 귀찮아해서 그렇지 하면 또 제대로 하니까."

"오랜만에 나 잘난 소리 들어 보네. 어서 네 가지 얘기해 주시죠, 나 잘난 작가님."

"네 가지 열쇳말이 뭐냐, 개항~응징~고난~시련과 영광이다."

토리는 무슨 말인지 못 알아듣겠다는 듯 고개를 갸우뚱했다.

"근대가 개항과 함께 시작됐잖아. 그래서 개항의 모습을 간직하고 있는 인천 제물포항을 시작으로 조선을 침략하려는 일제를 응징한 하얼빈 역, 고난의 731부대, 그리고 마지막으로 우리 민족 시련과 영광의 상징인 서대문 형무소까지 가 보려고."

그제야 토리가 알겠다는 듯 고개를 끄덕였다. 토리는 유적 답사에 필요한 장비를 챙기면서도 여전히 싱글벙글이었다. 얘는 앤가 보다. 어디 나간다니 저렇게 좋아하는 걸 보면. 우리는 옷을 챙겨 입고 밖으로 나왔다. 멀지 않은 곳에 비행접시가 있었다.

★

비행접시에 올라탄 토리가 뭐라고 뭐라고 외치자 비행접시가 날아올랐다. 비행접시는 서해를 따라 북쪽으로 날았다. 비행접시가 착륙한 곳은 인천항이 한눈에 내려다보이는 인천 자유공원이었다. 비행접시에서 내린 토리와 나는 투명 갑옷을 입고 천천히 인천항 쪽으로 걸어 내려갔다. 바다가 멀리 보이는데도 짭조름한 바다 내음이 물씬 풍겨 왔다.

"내가 널 인천으로 데리고 온 이유가 있어. 인천 제물포항이 우리나라 개항 1번지거든. 제물포는 당시 항구 이름인데 제물포항으로 서구 문물이 엄청나게 쏟아져 들어왔어. 그래서 인천은 최초라는 수식어가 많이 붙어."

토리는 "최초?" 하며 나를 바라보았다.

"엊그제 생활사 3분 특강 때 말했듯이 영국 군함의 수병들이 축구를 처음 선보인 곳도 인천이고, 최초의 서양식 호텔이 들어선 곳도 인천이고, 최초로 철도가 개통된 것도 서울과 인천을 오가는 경인선이고, 최초의 시외 전화가 연결된 곳도 인천이고, 짜장면을 처음 선보인 곳도 인천이야. 그래서 인천엔 근대식 건물이 몇 채 남아 있는데 조선은행 인천 지점으로 사용되던 건물을 보러 가 보자."

우리는 이런저런 이야기를 주고받으며 산을 내려왔다. 시내 중심부로 내려오자 거리에 사람들 모습이 많이 보였다. 우리는 사람들 사이를 유유히 헤치며 조선은행 건물 앞에 도착했다.

"이 건물이 1899년에 지은 조선은행 건물이야. 일본에서 돌과 벽돌을 직접 날라다 지은 서양식 석조 건물인데 처음에는 일본의 제일은행 인천 지점이었다가 한국은행 인천 지점으로 이름이 바뀌었다가 일제 강점기 때 조선은행 인천 지점으로 쓰였지. 당시 조선은행이라면 뭐랄까, 우리 민중들을 경제적으로 수탈하던 그런 기관이었다고 할까? 지난번 이육사 강의 때 대구 조선은행 폭파 사건 이야기했지? 식민지 수탈의 상징인 은행을 파괴하

• 개항 이후 1890년대 후반의 제물포항(위쪽)이다. 식민지 수탈의 상징 조선은행 인천 지점 건물은 서양식 석조 건물로 지어졌으며 현재는 인천개항장박물관으로 사용되고 있다. ⓒ 인천항만공사 사이버홍보관

려고 했던 사건. 당시 일본계 은행이 그랬어. 높은 고리대로 민중들 어렵게 하는."

은행 건물을 둘러보던 토리는 역시 일본 사람들이 지은 건물이어서 그런지 100년이 지났는데도 아직도 튼튼해 보인다는 둥, 벽면을 장식한 조각이 인간적인 냄새가 풀풀 나는 것으로 보아 이 건축물은 분명 르네상스 양식일 거라는 둥 되는대로 막 지껄였다.

우리는 사람들 사이를 헤집고 건물 안으로 들어갔다. 건물은 인천개항장 박물관으로 쓰이고 있었다. 박물관 안에는 1883년 개항 이후 세월 따라 변해 온 개항장의 모습이 사진과 그림에 담겨 있었다. 토리는 신기한 듯 입을 벌리고 전시된 사진과 그림을 둘러보았다. 나는 전시물을 보느라 여념이 없는 토리를 잡아끌고 박물관을 나왔다.

"왜? 더 보고 싶은데."

"오늘 볼 데가 많아. 그 정도 봤으면 다른 곳으로 가자."

나는 토리를 데리고 인천차이나타운으로 향했다. 조선은행 건물에서 차이나타운까지는 그리 멀지 않았다. 차이나타운에 가까이 가자 익숙한 냄새가 풍겨 왔다.

"이게 무슨 냄새야?"

토리가 물었다.

"대한민국 어린이들이 가장 좋아하는 짜장면 냄새. 냄새의 발원지로 가 보자."

- 우리나라에서 맨 처음 짜장면을 만들어 팔던 공화춘 건물이다. 지금은 짜장면박물관으로 사용하고 있다._ⓒJjw

우리는 한자로 공화춘이라 쓰인 2층 건물 앞에 멈춰 섰다.

"지금 짜장면박물관으로 사용되고 있는 이 건물이 개화기 때 우리나라에서 처음으로 짜장면을 만들어 팔던 중화요리 식당이야."

짜장면 얘기를 하니까 짜장면 냄새가 더욱 짙게 나는 것 같았다. 토리도 그렇게 느꼈는지 내 설명은 듣지 않고 연신 코를 벌름거리며 두리번거렸다.

"집중! 아저씨 말 안 들을 거야? 공화춘은 1908년 한 중국인이 산동회관이란 이름으로 문을 열었는데……, 토리 너 진짜 설명 안 들을래?"

토리는 내 말은 들을 생각도 않고 눈을 감은 채 냄새 맡는 시늉을 했다.

"오우, 스멜. 우리 속담에 우주여행도 식후경이란 말이 있걸랑. 도저히 못 참겠어. 아자씨, 우리 먹고 하자."

토리 말을 들으니 나도 참기 어려웠다. 나는 투명 갑옷을 벗고 근처 중국집에서 짜장면을 두 그릇 샀다. 그러고는 바닷가 근처 한적한 곳으로 토리를 데려갔다. 토리는 짜장면을 보더니 허겁지겁 먹어 치웠다.

"맛있나 보구나. 이 음식이 개항기의 상징적인 음식이야. 개항 당시 중국에서 온 부두 노동자들이 간단하게 끼니를 해결하기 위해 먹던 중국식 면인데, 공화춘 사장님이 거기에 달콤한 캐러멜을 섞어서 우리 입맛에 맞게 만들었어. 지금은 하루에 700만 그릇이 팔리는 국민 음식으로 자리 잡았지. 자, 이제 짜장면 다 먹었으니까 다음 장소로 가 볼까?"

토리와 나는 자유공원 정상으로 날아갔다. 공원 정상에 맥아더 장군 동상이 보였다.

- 인천 자유공원에는 한국전쟁 때 인천 상륙 작전으로 큰 성과를 낸 맥아더 장군 동상이 세워져 있다. _ⓒ 잉여빵

"맥아더 장군이야. 한국전쟁 때 인천 상륙 작전을 성공시킨 미국 군인."

"근데 저 사람 동상이 왜 여기 있어?"

"내일모레 한국전쟁 강의 때 하려고 했는데 이왕 말이 나왔으니 미리 보는 유적 답사 차원에서 잠깐 이야기해 줄게. 한국전쟁 때 대한민국 군대가 북한군에 밀려 부산까지 내려간 적이 있어. 그때 맥아더가 인천 상륙 작전을 지휘해 전세가 역전됐지. 그래서 그걸 기념하기 위해 동상을 세운 거야. 자, 그럼 개항장 모습을 봤으니 두 번째 테마인 응징의 장소로 가 볼까? 출발~."

조선 침략의 원흉을 응징하다 하얼빈 역

하늘로 날아오른 비행접시가 잠시 뒤 하얼빈에 도착했다. 하늘에서 내려다본 하얼빈 시가지는 생각했던 것보다 넓었다. 우리는 시가지에서 좀 떨어진 시골에 착륙했다. 토리와 나는 아이언맨 모드로 변신해 하얼빈 역을 향해 날아갔다.

잠시 뒤 하얼빈 역 광장에 도착했다. 역사 옆에 내가 찾는 건물이 눈에 들어왔다.

"저기다. 안중근 의사 기념관. 먼저 저기로 가 보자."

토리와 나는 안중근 의사 기념관으로 걸어갔다. 토리는 안중근 기념관을 한국이 세웠냐고 물었다.

"아니. 중국 정부가 만든 거야. 2013년 양국 정상이 회담을 할 때 우리 대통령이 안중근 의사의 의거 현장에 기념 표지석을 세워 달라고 요구하자 중국 정부는 하얼빈 역 귀빈실을 개조해 기념관을 만들었어. 역시 왕 서방네 사람들 통 큰 거는 알아줘야 해. 조그만 표지석 하나 세워 달랬더니 기념

• 1909년 10월 26일 안중근 의사가 조선 침략의 원흉인 이토 히로부미를 암살한 하얼빈 역 1번 플랫폼 전경이다. ⓒ 한영빈

관을 지어 주네."

"중국은 왜 그랬대? 일본인을 저격한 한국 사람 기념관을 세워 주다니."

"중국 정부가 일본에 보내는 메시지였을 거야. 일본, 조심하시오, 하는. 당시 일본 정부가 역사 망언을 엄청 해서 중국이 화가 많이 났었거든. 그런 이유도 있고, 중국인들이 안중근을 무척 좋아한대. 자기들이 싫어하는 일본 정치인 이토 히로부미를 처단해 줬다고."

기념관 안에 들어서자 안중근 의사의 동상이 제일 먼저 우리를 맞았다. 토리와 나는 기념관을 천천히 둘러보았다. 안중근이 태어나서 죽기까지의 일생이 한국어와 중국어로 자세히 소개돼 있었다. 전시관 한쪽에 이르자 안중근이 이토를 사살한 1번 플랫폼 현장이 눈에 들어왔다.

"토리야, 저기 바닥을 봐. 세모 표시된 저기가 안중근 의사가 총을 쏜 자리고, 6~7미터 떨어진 곳에 네모로 표시된 저곳이 이토가 쓰러진 자리야."

내 말을 들은 토리는 현장에 한번 가 보자고 말했다. 우리는 기념관을 나와 플랫폼으로 갔다. 토리는 나더러 네모 표지가 박힌 지점에 가서 서 보라고 했다. 내가 그곳에 서자 토리는 안중근이 서 있던 자리에서 나를 향해 총을 쏘는 시늉을 했다. 나는 총에 맞아 쓰러지는 체했다. 기분이 묘했다. 좋은 건지 나쁜 건지 헷갈렸다.

우리는 다음 유적지로 가기 위해 하얼빈 역 구내를 벗어났다. 방금 전 들렀던 안중근 의사 기념관을 지나칠 때였다. 토리가 기념관 건물 중앙에 설치된 벽시계를 보며 한마디 했다.

"왕 선생님한테 전화드려야겠어. 지금 지구 시간이 낮 12시가 넘었는데 저 시계는 9시 30분이라니. 만들려면 좀 제대로 만들지."

"토리야, 시계가 고장 난 게 아니야. 저 시곗바늘이 9시 30분에 고정돼 있는 건 안중근 의사가 이토를 쏜 그 시각을 영원히 기억하기 위해 그렇게 해 놓은 거라고. 뭘 좀 제대로 알고……."

내 말에 토리가 고개를 팩 돌리더니 나를 노려보았다.

"아자씨, 지금 나를 나무라는 거야?"

그렇지, 모를 수도 있는 거지. 나는 미안한 생각이 들어 서둘러 화제를 돌렸다.

"미안. 내가 잘못했다. 우리 빨리 고난의 상징인 731부대로 가자."

씻을 수 없는 일제의 만행 731부대

잠시 뒤 비행접시가 731부대 기념관에 도착했다.

"731? 731이 뭐야?"

토리가 고개를 갸우뚱하며 물었다.

"일제가 만주에 설치했던 부대 이름이야. 세균전을 위해 생체 실험을 했던 악명 높은 곳이지."

"세균전은 뭐고, 생체 실험은 또 뭔데?"

"세균전은 말 그대로 세균을 만들어 무기로 쓰는 거야. 페스트나 탄저균 같은 치명적인 세균을 적군에게 살포하거나 세균 폭탄을 투하하는 거지. 생체 실험은 세균을 배양하고, 사람한테 세균을 집어넣은 뒤 얼마나 있다 죽나 그런 걸 실험하는 거야. 한마디로 실험실의 쥐처럼 살아 있는 사람을 실험 도구로 쓴 거지."

토리는 살아 있는 사람을 실험 도구로 쓴다는 말에 양미간을 찌푸렸다.

"아유, 무서워. 우리 그냥 가면 안 돼?"

"나도 너무 잔인해서 너한테 얘기해 줘야 하나 말아야 하나 망설였어. 하지만 이것도 엄연히 실제 역사니까 불편해도 좀 참아 봐."

나는 토리를 데리고 건물 안으로 들어갔다. 건물 안에는 731부대가 실험을 했던 모습이 모형으로 전시돼 있었다. 차마 눈을 뜨고 귀를 열고 보기 힘든 광경이었다.

"만주를 점령한 일제는 1936년 이곳에 731부대를 만들고 1945년 패망 때까지 한국인, 중국인, 몽골인, 러시아인을 잡아다 생체 실험을 했어. 일제는 러시아와 싸울 준비를 하면서 산 사람에게 동상 실험도 했어."

전시관에는 일본 군의관들이 통나무를 뜻하는 마루타를 대상으로 동상 실험을 하는 모형이 전시돼 있었다. 토리는 입을 다물지 못했다.

"한겨울 만주가 좀 춥냐. 일본 군의관들은 영하 30도가 넘는 혹한에 마루타에게 찬물을 부어 가며 시간이 얼마나 지나면 동상에 걸리는지 실험했어. 저렇게 찬물을 부으면 그대로 얼어 동상에 걸리겠지. 그러면 동상 걸린 팔이 얼마나 아픈지 톡톡 두드려 보면서 마루타 표정 확인하고."

이야기하는 나도 심장이 떨리고 속이 메스꺼웠다. 그래도 안 할 수는 없는 노릇이었다.

"동상 실험만 한 게 아니야. 살아 있는 사람을 칼로 찔러서 얼마나 고통을 느끼는지 그것을 어떻게 치료하면 좋은지 실험하고, 병균을 몸에 주사하고 시간에 따라 몸이 어떻게 망가지는지 관찰하고, 밀폐된 공간에 집어넣고 공기를 줄여 가며 언제까지 버틸 수 있는지 살펴보고, 산 채로 피부를 벗겨

- 중국 헤이룽장성 하얼빈에 있는 731부대 터에는 일본군이 1945년 8월 패전 후 도주하면서 파괴한 시설 잔해가 지금도 남아 있다. 위쪽 사진은 생체 실험 피해자 시신을 불태워 없앤 보일러실의 잔해다. 또한 전시관 내부에는 일제가 산 사람을 대상으로 자행한 각종 실험 장면을 재현해 놓고 있다. 731부대원들이 피실험 대상자에게 동상 실험을 하는 모습이다. ⓒ 연합뉴스

피부 표피 표본을 만들었어. 이 모든 실험을 마취도 안 하고 했어. 그러면서 시간대별로 꼼꼼하게 변화를 관찰했지. 실험 도구인 마루타들은 손발이 묶인 채 칼로 자신의 장기를 도려내는 소리를 들으며 피 흘리며 고통 속에서 죽어 갔고."

"그만!"

토리가 두 손으로 귀를 막으며 소리쳤다. 심각해 보였다. 나는 토리를 데리고 얼른 건물 밖으로 나왔다.

"휴―."

토리가 깊은숨을 내쉬었다.

"나도 너무 끔찍해서 기절할 정도다. 좀 걸으면서 진정시켜야겠다."

우리는 731부대 유적을 벗어나 들판을 향해 걸었다.

"731부대의 목적은 생체 실험을 통해 생화학 무기를 개발하는 거였어. 십여 년 동안 3천여 마루타가 실험에 동원됐다는구나. 그중 항일 운동을 하던 한국인이 수백 명이 넘었대. 일제는 패망 후 만주를 떠나면서 생체 실험 증거를 모두 없애고 건물을 폭파시켜 버렸어. 그때 남아 있던 마루타도 모두 죽여 버렸지."

"일본 너무해."

토리가 말했다.

"너무한 건 일본뿐만이 아니야. 미국에 항복하고 몇 년 뒤 도쿄에서 전쟁범죄자들에 대한 재판이 열렸는데 이때 731부대 관련자들도 재판을 받았어. 그런데 놀라운 일이 벌어졌어. 아까 인천 자유공원에 동상으로 서 계시던 분 있지? 맥아더 장군님. 그분께서 일본이 731부대에서 실험한 실험 자료를 넘겨받는 조건으로 731부대 관련자들을 모두 풀어 주었어. 그 뒤로 731부대의 실체는 철저하게 비밀에 가려졌어. 일본은 이 부대의 존재를 부인해 왔어. 그러던 중 731부대에서 근무했던 군인과 관련자들이 양심선언을 하면서 더 이상 부인하기 힘들어졌지."

만주 들판은 넓었다. 그래서 만주 벌판이라고 하나 보다. 우리는 목적지 없이 만주 벌판을 걸었다. 한겨울 찬바람이 얼굴을 할퀴고 지나갔다. 문뜩 떠오르는 생각이 있었다.

"토리야, 어제 윤동주 시인 얘기한 것 기억나? 반일 운동을 했다는 이유로 체포돼 후쿠오카감옥에서 죽었다는."

"알지. 잎새에 이는 바람에도 괴로워했던 시인이잖아."

"윤동주가 후쿠오카감옥에서 갑자기 죽었는데, 죽은 원인이 뭐였는지 아니? 바로 731부대에서 만든 세균으로 생체 실험을 당해 죽었다고 알려져 있어."

토리는 더욱 괴로운 표정을 지었다.

"네가 그리 괴로워하는 걸 보니 731부대 이야기는 더 못 하겠다."

우리는 한동안 말없이 들판을 걸었다. 마음이 조금 안정되자 비행접시가 있는 곳으로 날아갔다.

"마지막 유적 답사지인 시련과 영광의 서대문형무소로 가 볼까? 출발!"

독립운동가들의 고통이 서린 서대문형무소

하얼빈에서 출발한 비행접시가 잠시 뒤 서울에 있는 서대문형무소에 도착했다. 우리는 근처 숲에서 내려 형무소까지 걸어갔다. 서대문형무소에 거의 도착할 즈음 내가 말했다.

"이곳이 바로 우리 민족에게 시련의 상징인 동시에 조국의 독립을 위해 기꺼이 죽어 간 영광의 장소야. 이곳에 갇혀 모진 고문을 받거나 형장의 이슬로 사라진 독립운동가들이 한두 사람이 아니야. 그래서 그걸 잊지 않기 위해 형무소로 쓰이던 이곳을 기념관으로 만들었어."

형무소 기념관에 들어선 토리는 신기한 듯 전시물과 감옥 풍경을 감상했다. 731부대에서 괴로워했던 정도는 아니지만 여전히 토리는 놀라는 표정이었다. 전시실을 둘러보며 내가 말했다.

"일제는 1908년 경성감옥을 지었어. 일제 강점기인 1923년에는 서대문형무소로 이름을 바꾸고 독립운동가들을 가뒀지."

우리는 서대문형무소 역사관으로 복원된 전시관 2층을 둘러보았다. 기념관에는 일제의 국권 침탈에 맞서 의병 항쟁을 벌이고, 식민 지배에 항거해 독립운동을 펼쳤던 역사가 고스란히 남아 있었다. 우리는 지하 전시관으로 향했다.

"토리야, 봐라. 저게 바로 고문이라는 거야. 몸이 겨우 들어갈 수 있는 공간에 관을 만들어 가두고, 안에 쇠꼬챙이가 박힌 나무 상자에 사람을 집어넣어 굴리고, 손톱 밑을 바늘로 찌르고, 거꾸로 매단 채 콧속으로 물을 들이붓고 그러는 거."

우리는 전시관을 지나 감방이 있는 건물로 갔다. 좁은 감방을 보며 내가 말했다.

"더위와 추위, 배고픔과 구타 등으로 감옥 생활 자체가 고문에 가까웠어. 1919년 3·1운동이 일어나고서는 수감자들이 넘쳐나 감옥 안은 송곳 하나 꽂을 틈조차 없을 정도로 비좁았지. 어제 베스트셀러 강의할 때 언급한 소설가 심훈 있지?《상록수》의 작가. 심훈이 저곳에 갇혀 지낼 때 어머니께 쓴 편지 좀 봐."

> 날이 더워 벽돌담은 화로 속처럼 뜨겁고, 방 안에는 똥통이 끓습니다. 방이 좁아 한 달 동안 쭈그려 앉은 채 날밤을 새웠습니다. 하지만 누구 하나 슬픈 빛이 없이 도리어 눈들이 샛별처럼 빛나고 있습니다.

• 서대문형무소 전경과 유관순 열사가 갇혀 있었다는 지하 감옥, 형무소 내의 사형장 모습이다. _ⓒ 연합뉴스

"느낌이 오니?"

토리는 조용히 감방 문을 열고 들어가 신기한 듯 내부를 살펴보았다. 앉아도 보고 누워도 보고 좁은 창으로 밖을 내다보기도 하면서. 곧 감방을 나온 우리는 사형장을 향해 발걸음을 옮겼다.

"이 길이 사형수들의 마지막 가는 길이었겠지. 그러고 보니 생각나는 사람이 있어. 65세 늦은 나이로 조선 총독에 폭탄을 던진 강우규야. 강우규는 조선에 부임하는 조선 총독부 사이토 마코토 총독에게 폭탄을 던졌다가 체포돼 이곳에 갇혔어. 그러다가 사형을 당했는데 마지막까지도 의연함을 잃지 않았어. 그가 사형장으로 가는 길에 이런 시를 남겼어. '사형대에 서니 봄바람이 일어난다. 몸은 있으나 나라가 없으니 회한을 어찌하리.' 이 시를 읊고 숨을 거두었지."

토리와 나는 사형장까지 둘러본 뒤 서대문형무소를 빠져나왔다. 형무소를 나오자 엉뚱하게 나도 지금 저 형무소에 갇혔던 사람들처럼 토리섬에 갇혀 있는 게 아닐까 하는 생각이 들었다. 오랜만에 서울 거리를 걸으니 집 생각이 절로 났다.

토리에게 "수업 이 정도 했으면 이제 집에 보내 주면 안 되겠냐."고 말하고 싶었다. 하지만 수업을 마쳐야 자기 별로 돌아갈 수 있는 토리한테 할 소리는 아닌 것 같아 입 밖으로 꺼내진 않았다. 또한 대장부가 집을 나가 뜻을 이루기 전에 살아 돌아오지 않는다는 말이 있듯이 기왕 해 온 거 강의를 잘 마무리하고 싶은 욕심도 있었다.

★

나는 잠깐의 갈등을 뒤로하고 비행접시에 올라탔다. 잠시 뒤 비행접시는 바다 한가운데 외롭게 떠 있는 토리섬으로 돌아왔다. 큰 바위 하우스로 돌아오자 긴장이 풀렸다.

멀리 하얼빈까지 다녀와서 그런 건지, 아니면 731부대의 잔혹함을 봐서 그런 건지 몸이 조금 피곤했다. 얼른 들어가 쉬고 싶었지만 하나라도 더 알려 주고 싶은 마음에 의열단 이야기를 다룬 영화 〈암살〉을 보여 주었다.

영화를 재미있게 보고 있는데 토리가 갑자기 엉뚱한 이야기를 꺼냈다.

"아저씨, 이번 주에 일제 강점기 수업했잖아."

"했지. '같이 가서 약산 김원봉을 만나세요!' 캬, 저 대사 끝내주지 않냐? 했는데 뭐?"

"아무리 생각해도 조선이 일본의 식민지가 된 거는……."

"토리야, 저격수로 나오는 저 여배우 너무 예쁘지 않냐? '알려 줘야지, 우린 계속 싸우고 있다고.' 캬! 누나~! 어, 미안. 우리가 식민지가 된 게 뭐?"

"일본이 나빠서라기보다는 조선이 못나서 그런 거 같은……."

"캬! '작전은 오 분 안에 끝내고 우린 살아서 돌아간다.' 그럼. 조선이 못나서, 뭐라고?"

나는 고개를 돌려 토리를 쳐다봤다.

"그게 무슨 친일파 빤쓰 입고 천황폐하 만세 부르는 소리야?"

"우리 별 속담에 한 번 속으면 속인 사람이 나쁜 거지만 두 번 속으면 속은 사람이 멍청해서 그런 거라는 말이 있걸랑. 조선은 임진왜란 때 그렇게 당하고도 일제 식민지가 됐잖아. 그러니까…….”

지금 얘가 나하고 뭐 하자는 거지? 기분이 나빴지만 꾹 참았다.

"흐음. 수업 때 다 얘기한 거 같은데. 우리가 나라를 빼앗긴 건 우리가 힘이 없어서라기보다는 남의 나라 쳐들어가서 빼앗기 좋아하는 전쟁광 일본의 침략 야욕 때문이라고. 그만하고 들어가서 자자. 토리, 착하지?"

"아무리 일본의 침략 야욕 때문이라지만 조선이 힘이 있었다면 나라를 빼앗기지 않았을 거 아냐."

토리가 아픈 곳을 찔렀다. 그렇다고 어린애한테 화를 낼 순 없어서 겨우 참고 토리를 타일렀다.

"토리야, 어제 위안부 소녀 이야기 듣고, 오늘 731부대 보고도 그런 소리 하면 어떡하니. 이제 그만해. 더 하면 아저씨 화낸다. 하하하."

나는 거짓 웃음을 지어 보이며 상황을 정리하려 했다. 그러나 토리는 멈출 생각이 없어 보였다.

"알았어. 근데 조선은 스스로 독립한 게 아니라 연합군 덕에 독립한 거라며? 그래서 오늘날까지도 미국한테 의지해서 살고 있는 거고."

"그만해!"

나는 더 이상 참지 못하고 버럭 소리를 질렀다.

"왜 화를 내. 나카무라 상은 화 한 번도 안 내고 친절하게 가르쳐 주는데."

나카무라 상과 비교당하자 마침내 나는 자제력을 잃고 말았다.

"토리 너, 어제 한중일 토론할 때부터 맘에 안 들었어. 그렇게 나카무라 상이 좋으면 그 사람한테 가. 가서 남은 현대사 수업도 그 사람한테 들어!"

분위기가 심상치 않다는 걸 느꼈는지 토리가 아양을 떨었다.

"아유, 아자씨, 또 왜 그래. 나 포기하지 않는다며. 헤헤헤."

"웃어? 너, 내가 우습지? 수업이고 뭐고 다 필요 없어. 가, 가란 말야!"

토리는 금방이라도 울음을 터뜨릴 것 같은 눈으로 나를 노려봤다. 아, 내가 지금 토리한테 무슨 짓을 한 거지?

"토리야, 아저씨가 좀 심했다. 미,"

"아자씨, 미워!"

토리가 울음을 터뜨리며 문을 박차고 나갔다. 오 마이 갓!

거실엔 폭풍우 뒤의 고요가 감돌았다. 얼른 나가 볼까? 토리가 수업을 못 마치면 자기 별로 돌아가지 못한다고 했는데. 아냐, 나도 자존심이 있지.

나는 어찌해야 좋을지 몰라 한참 동안 거실을 서성거렸다.

'그래, 이왕 이렇게 된 거 다 때려치우고 날 밝는 대로 집으로 돌아가자!'

짐을 싸기 위해 내 방으로 들어가려는데 다락방에서 다급한 경보음이 새어 나왔다.

삐 삐 삐 삐……

저건 또 뭔 소리야? 방으로 들어가려다 말고 다락방을 쳐다봤다. 경보음은 그치지 않고 계속 흘러나왔다. 마치 누군가를 애타게 부르는 것처럼.

알게 뭐야. 나는 삐삐 소리를 무시하고 내 방으로 확 들어와 버렸다.

부록

―

동아시아의 역사 변천

연표로 보는 한국사와 세계사

동아시아의 역사 변천

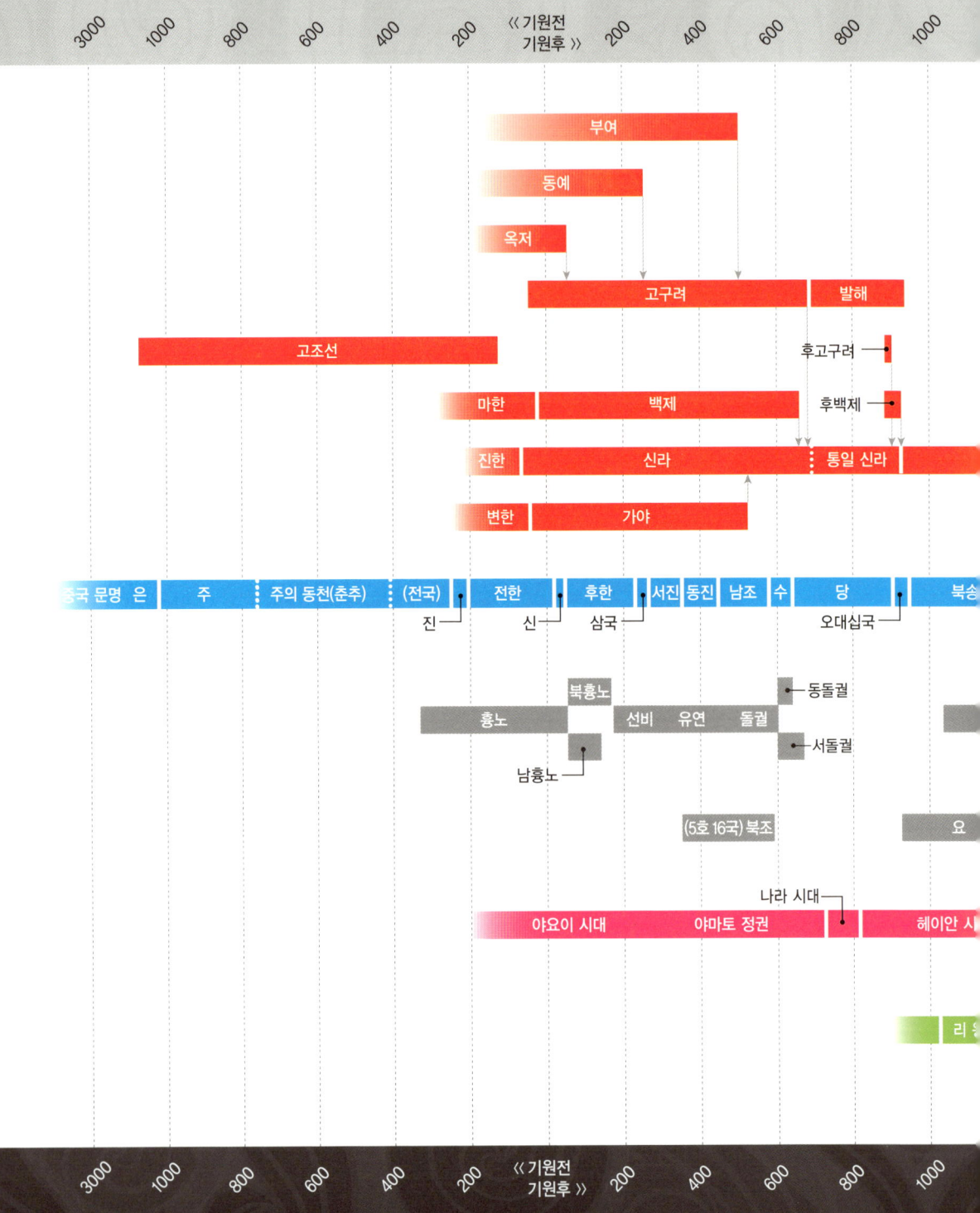

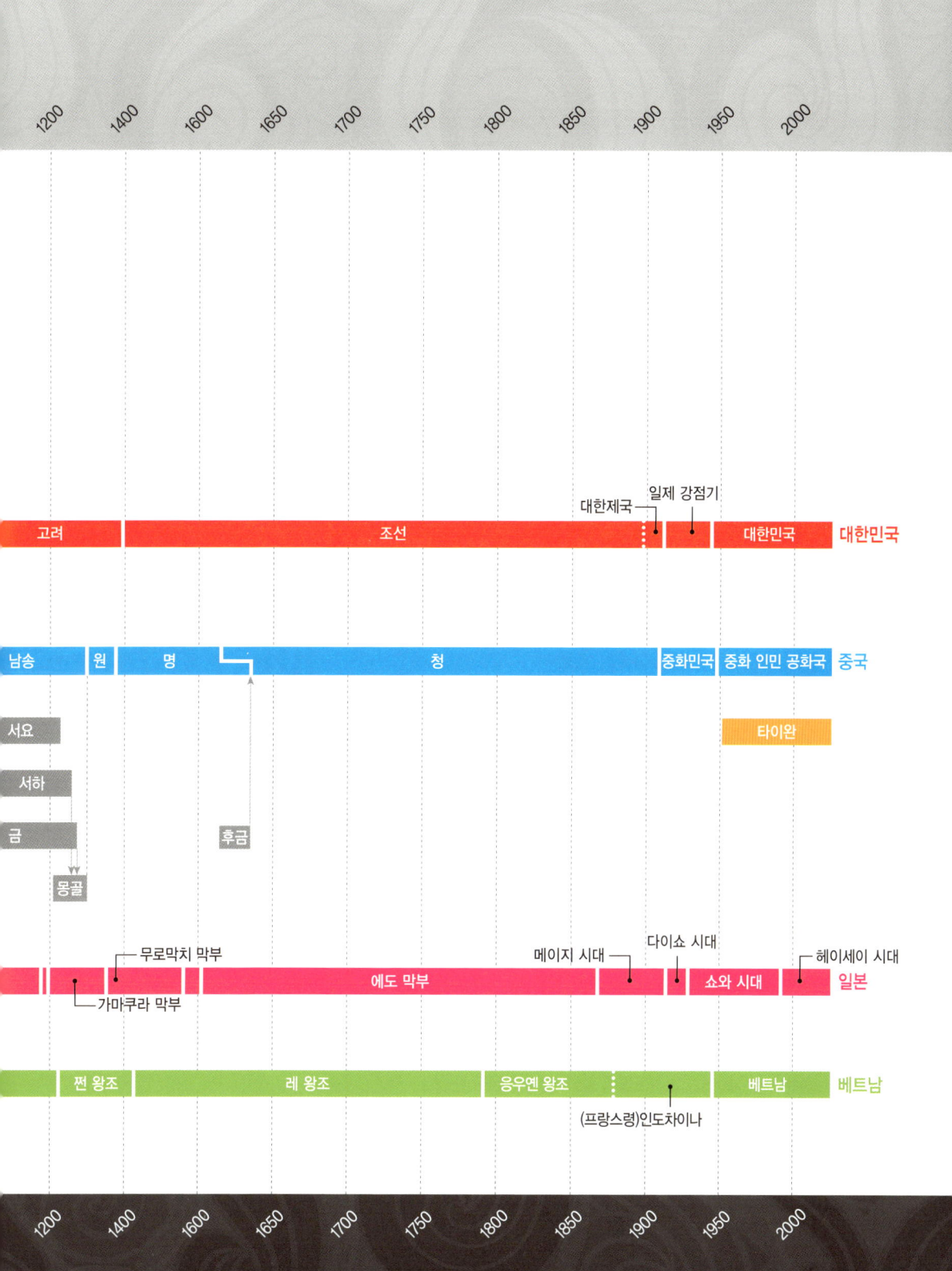

연표로 보는 한국사와 세계사

한국사

강화도 조약 체결 당시를 묘사한 그림

조선 시대

- 1876년 강화도 조약 체결
- 1881년 영선사 청나라에 파견 | 별기군 창설
- 1882년 임오군란 | 미국과 통상 조약 체결
- 1883년 〈한성순보〉 발간 | 영국·독일과 통상 조약 체결
- 1884년 갑신정변
- 1894년 동학농민혁명 | 갑오개혁
- 1895년 을미사변 | 유길준 《서유견문》 간행
- 1896년 아관파천 | 〈독립신문〉 창간 | 독립협회 설립

대한제국

경성 거리를 누비던 전차

- 1897년 대한제국 선포
- 1898년 만민공동회 개최
- 1899년 전차 개통 | 경인선 개통

- 1905년 을사늑약 체결 | 장지연의 '시일야방성대곡' 발표 | 경부선 개통
- 1906년 통감부 설치
- 1907년 헤이그 특사 파견 | 고종 퇴위 | 신민회 결성 | 국채보상운동
- 1908년 일본, 동양척식주식회사 설립
- 1909년 안중근, 이토 히로부미 처단

이토 히로부미를 저격한 안중근 의사 부조

일제 강점기

- 1910년 한일 병합 | 일본의 조선 총독부 설치
- 1912년 토지 조사 사업 실시
- 1919년 3·1운동 | 상하이 임시 정부 수립 | 의열단 창단

세계사

동학농민혁명

1800

독일 통일	1871년
독일·오스트리아·이탈리아 삼국 동맹 성립	1882년
청·프랑스전쟁(~1885)	1884년
청·일본 톈진 조약 체결	1885년
청·일전쟁(~1895)	1894년
제1회 아테네올림픽 개최	1896년

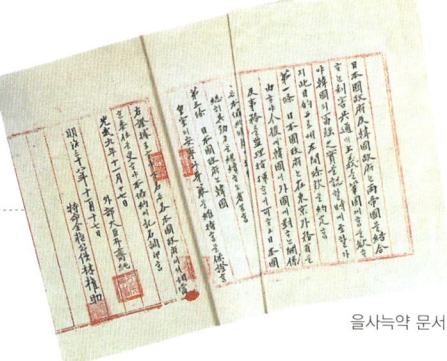
을사늑약 문서

청, 변법자강운동 | 헤이그 만국 평화 회의	1899년

1900

영·일동맹	1902년
러·일전쟁(~1905)	1904년
영국·프랑스·러시아 삼국 협상 성립	1907년
일본, 청과 간도 협약 체결	1908년
중국 신해혁명	1911년
중화민국 성립 | 일본, 다이쇼 데모크라시	1912년
제1차 세계대전(~1918)	1914년
러시아 사회주의혁명	1917년
윌슨 대통령 14개 조의 평화 원칙 발표	1918년

청·일전쟁

일제 강점기

1920년 봉오동전투 | 청산리대첩
1923년 물산장려운동 확산
1925년 조선 공산당 창립
1926년 6·10만세운동
1927년 신간회 조직
1929년 원산 총파업 | 광주학생항일운동

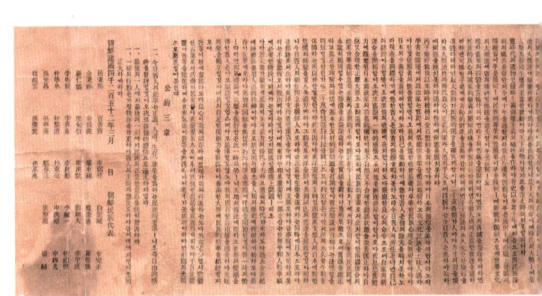
3·1독립선언서

1932년 이봉창, 윤봉길 의거
1933년 한글 맞춤법 통일안 개정
1936년 손기정, 베를린올림픽 마라톤 우승
1938년 일제, 한글 교육 금지

윤봉길 의사 연행

1940년 한국광복군 창설
1942년 조선어학회 사건
1945년 8·15 광복 | 조선건국준비위원회 발족, 38도선 남북 분할,
        모스크바 3국 외상 회의에서 신탁 통치 결정

천안에 있는 독립기념관에 세워진
불굴의 한국인 동상

중국, 5·4운동 | 베르사유 조약 체결 1919년
국제연맹 설립 1920년
중국, 난징에 국민 정부 수립 1927년
세계 경제 공황 1929년

경성방직주식회사의 국산품 애용 선전 광고, '우리가 만든 것 우리가 쓰자'

만주사변 1931년
일본, 만주국 건설 1932년
독일, 히틀러 집권 1933년
중·일전쟁 1937년
제2차 세계대전(~1945) 1939년
일본의 진주만 공격으로 태평양전쟁(~1945) 발발 1941년
카이로 회담 1943년
얄타 회담, 포츠담 선언 | 제2차 세계대전 종결 | 국제연합(UN) 발족 1945년

5·4운동, 천안문광장에서 시위하는 학생들과 시민들

1943년 카이로 회담 당시 장제스, 루즈벨트, 처칠

찾아보기

ㄱ

가쓰라-태프트 밀약 130
간도 참변 258
갑신정변 32~47, 50, 52
갑오개혁 77~78, 152~155
강우규 413
강화도 조약 37
개화사상 39
개화파 36~47
경부선 218
경의선 218
경인선 216~217
고종 79~85, 110~111, 148~149
관민공동회 107~108
광주학생운동 → 광주학생항일운동
광주학생항일운동 291~294
광혜원 214
국채보상운동 290
권기옥 346~348
급진 개화파 39~40
김구 274~285
김규식 230, 246
김상옥 262~270

김소월 382
김옥균 32~47
김원봉 264, 270~271, 319, 330
김점동 215
김좌진 254~260
김홍집 81

ㄴ

나혜석 303
노백린 346
〈님의 침묵〉 382

ㄷ

단발령 78, 156~159
대한독립군 251
〈대한매일신보〉 376~377
대한민국 임시 정부 → 상하이 임시 정부
대한제국 100~115
더글러스 맥아더 398~400
독도 문제 123~126, 369
독립문 104~105

〈독립신문〉 104, 375~376
독립협회 100~115
동학 52~53
동학농민운동 → 동학농민혁명
동학농민혁명 48~63

ㄹ

러·일전쟁 116~127, 130
러시아혁명 230

ㅁ

《마과회통》 156
만국 평화 회의 138~147
만민공동회 105~107, 109~114
《매천야록》 202~204
맥아더 장군 → 더글러스 맥아더
명성황후 70~75
《무정》 379~380
무정부주의 322
무정부주의자 195~196
물산장려운동 286~290
민립대학 설립 운동 287~291

민비 → 명성황후
민영익 38~39, 41~42
민족 자결 원칙 230~231

ㅂ

박경원 348
박규수 39
박성춘 108, 113
박에스더 → 김점동
박영효 39~41, 44~45
방곡령 91~92
배재학당 210
봉오동전투 248~261
북로군정서 254

ㅅ

삼국 간섭 69~70
3·1운동 226~247
《상록수》 381
상하이 임시 정부 274~275
서광범 39, 41, 44~45
서대문형무소 410~413
〈서시〉 382

《서유견문》 385
서재필 44~45, 104, 112, 376
손기정 309~311
송병준 143
수구파 36~47
수신사 41
신간회 291~294
신돌석 163, 166, 170
신민회 190
신채호 314~324, 377
신한청년당 230~231
신흥강습소 192
신흥무관학교 185~197
심훈 381, 411

ㅇ

아관파천 76~87
아나키스트 195~196
안중근 173~183, 401~404
안창남 336~349
어윤중 39
여운형 230~231, 246, 344
오경석 39

5·4운동 245
온건 개화파 39~40
우금치전투 60
원산학사 210~211
위안부 → 일본군 위안부
위정척사 37
유관순 239~244
유길준 39, 385
유대치 39
유인석 165
육영공원 212
윤동주 383, 409
윤봉길 272~285
윤치호 385~387
을미개혁 78, 152, 156~158
을미사변 64~75
을미의병 164~166
을사늑약 123, 128~137
을사오적 135~136
을사의병 166~167
을사조약 → 을사늑약
의열단 264
이광수 379~380
이봉창 272~285
이상룡 192~194

이상설 138, 140~142, 149, 189~190

이승만 113, 388

이완용 133, 143, 146, 198, 203~205

이원록 → 이육사

이위종 138, 140~142, 145, 149

이육사 325~335, 383

이인영 168

이재명 204

이준 138, 140~142, 146

이토 히로부미 70, 132~133, 135, 143, 145~146, 174~176

2·8독립선언 232

이하영 387

이화림 282~284

이화학당 212~213

이회영 185~197, 322

일본군 위안부 350~366

일진회 167, 182, 204

《임꺽정》 380

임오군란 40

ㅈ

자유시 참변 258

전봉준 48~63

전주 화약 58

전차 215~216

정미의병 167

정약용 156

제중원 214

조만식 290

《조선상고사》 318

조선어연구회 384

조선어학회 384~385

조선은행 394

조선의용대 271

〈조선혁명선언〉 314~324

종두법 156

주시경 384~395

중·일전쟁 295

지석영 156

집강소 59

ㅊ

채응언 171

청·일전쟁 59, 69, 117~118, 123

청산리대첩 248~261

청산리전투 → 청산리대첩

촛불 집회 114~115

최승희 303, 306

최시형 53, 60

최익현 166, 170, 91, 93

최제우 52

731부대 405~409

ㅌ

태평양전쟁 295

텐진 조약 46~47, 58

ㅍ

파리 강화 회의 231

포츠머스 조약 122~123, 131

피의 일요일 사건 121

ㅎ

한·일 협정 364~365

한국광복군 284

한규설 131~135

〈한성순보〉 374, 376

한용운 382~383

한인애국단 274

한·일 의정서 120

헌의 6조 107~108

헤이그 특사 138~150

홍명희 381

홍범도 251~260

홍영식 39~40, 42, 45

홍종우 113

황국협회 109

〈황성신문〉 376~377

황현 198~207

흥선대원군 71~73